Escucha al amor

Diario de un camino espiritual

Escucha al amor. *Diario de un camino espiritual*

1ª edición: Febrero, 2009

D.R. © 2009, Perla Salas Z. Patoni

D.R. © Ediciones B México, S.A. de C.V.
Bradley 52, Colonia Anzures. 11590, México, D.F.

www.edicionesb.com.mx

ISBN: 978-607-480-042-5

Perla Salas Z. Patoni

Escucha al amor

Diario de un camino espiritual

EDICIONES B
GRUPO ZETA

Barcelona • Bogotá • Buenos Aires • Caracas • Madrid • México D.F. • Montevideo • Quito • Santiago de Chile

Agradecimientos

Lo que eres es lo que Dios te regala;
lo que haces de ti, es lo que le regalas a Dios.

A Dios, por ser en mí, porque sin ti, no soy.

Por tu inagotable paciencia y por el amor del que me has rodeado siempre. Por este fantástico y divertido camino que me permites caminar y en el que no has dejado de acompañarme. Por todas tus bendiciones y por las lecciones que me has hecho aprender. Porque nunca has soltado mi mano y porque caminas al lado de mis seres queridos. Porque yo soy en ti. Te amo.

A las cuatro mujeres más importantes de mi vida:

Mamá, porque tú eres mi fuente y mi luz. Porque sin ti, no sería; sin ti, este libro no existiría. Porque sin tu generosidad, tu ejemplo de fortaleza y ternura, tu amor incondicional e inagotable paciencia, yo no sería lo que soy. Porque tu vida es mi guía y tu amor, mi espejo. Bendita seas por seguir amándome.

Abuela Lola, por tu generosidad, tu entrega a todo lo que amas, tu valor, tu entereza, tu fortaleza y tu fantástica calidad humana. Gracias abue, por ser la mejor amiga que he tenido y tendré en esta vida. Gracias por quererme tanto y tan desinteresadamente y gracias, sobre todas las cosas, por haberme enseñado a no dejarme caer. Dios me ha dado la mayor de las bendiciones con tu amor y le pido que te bendiga todos los días con el Suyo.

Tía Cristy, por ser la reina de las guerreras espirituales y por estar siempre dispuesta a cargar la cruz de otros sin pedir nada a cambio. Tu cariño me ha hecho grande el corazón y tu ejemplo me ha hecho grande el alma. Dios te bendiga a ti y a toda tu familia, a quienes no podría querer más.

Abuela Rebeca, gracias por enseñarme lo que es la familia, lo que es la fortaleza y la incondicionalidad. Tus ganas de vivir, tu alegría ante la vida y tu integridad me llevan a dar las gracias cada día por ser parte de tu familia. Gracias por mi padre, por mis tíos y mis primos, gracias por mantenernos unidos y gracias por seguir aquí. Dios te bendiga, hoy y siempre.

A los hombres de mi vida:

Papá, porque nunca has perdido la fe en mí, porque tú eres mi fortaleza y mi refugio. Porque gracias a tu apoyo y tu sonrisa, tu tolerancia y tu compasión, he logrado comprender mejor la naturaleza y el amor de Dios. Por seguir aferrándote al amor que te rodea; porque la ternura que hay en ti es la única capaz de derribar todas mis barreras. Por ser mi padre divino en la tierra y por la bendición de tu ser.

Salvador, porque yo no estaría en esta vida si no hubiera tenido por misión dejarme encontrar por ti. Por todas las vidas que me esperaste y por haberme encontrado en esta. Por cada día que caminas a mi lado en este camino, que es más nuestro que mío. Porque tú eres la razón de ser de este libro, la inspiración, las preguntas y las respuestas. Porque sin importar nuestras dudas y momentos oscuros, tu luz y amor me recuerdan cada día que nací para amarte hasta que nos volvamos a encontrar. Que Dios te llene de tantas bendiciones como tú lo has hecho conmigo.

Y a toda la gente que me ha acompañado en este camino:

Edith, porque abriste la puerta de mi vida a la luz de lo divino y me trajiste de la mano hasta el profundo conocimiento de mi verdadero ser. Ni distancias, ni tiempos, ni diferencias de egos podrán eliminar jamás mi profundo agradecimiento por haberme hecho entender el sentido de mi misión. Que Dios te llene de luz y te bendiga por ser la guerrera espiritual que eres.

A todas mis amigas, incluyendo a aquellas de la Madre Patria y particularmente a ti, angelito gallego, porque me han enseñado la fuerza del perdón y el significado de la verdadera amistad por encima de tiempos y distancias. Dios sabe que pido todos los días por que cada una de ustedes encuentre el amor y la luz en cada ámbito de su vida. Siempre estaré aquí para ustedes, en pequeño pago por todas las veces que han estado ahí para mí. "Si no estás tú, no estamos todas".

A todos mis ex compañeros de viaje, antiguos y actuales colegas, amigos y compañeros de escuela y de vida. Cada uno ha sido mi espejo, en la luz y en la oscuridad, y el reflejo de cada cosa que encontré no me dejó más opción que bendecirlos y agradecerles por haber aceptado, aún sin saberlo, ser mis maestros espirituales en esta vida. Que sus caminos y sus vidas estén llenos de luz y amor.

A mis niños de la estrellas: Vivi, Beto, Fer, Caro, Mario, Rebeca, Sofía, Ana Lucía, Marco, Paulina, Andrea, Sofi, y a todos los pequeñitos que están por llegar, incluyendo a mis principitos. Su luz y su inocencia, su incondicionalidad para amar y su risa son mi ejemplo. Quiero ser como ustedes cuando sea grande.

A Ediciones B México, por creer en esta propuesta y darme la oportunidad de compartir la luz. Que el éxito y las bendiciones los acompañen siempre.

A cada una de las personas que se llegue a tomar el tiempo de leer este libro, porque además de ser para ellas, por cada una que lo lea, el mundo estará un poquito más cerca de su verdadero ser. Así sea.

Y gracias a la vida, sobre todas las cosas, por permitirme vivir para crear y dejarme llegar hasta este momento en el que, más que nunca, empiezo a vivir.

Perla Salas Z. Patoni
Naucalpan, Estado de México.
Julio 2008

Índice

Introducción 13

Parte 1. Espiritualidad diaria 15
  Escuchando la voz interna. 17
  Preguntas fundamentales. 24
  Del día a día 29
  Del mandamiento universal 32
  Educación y prejuicios 37
  Sanación y proceso creativo. 44
  Las propias creaciones 52
  La magia de la creación 59
  La oración. 66
  Otras formas de manifestación 71
  Voluntad última 75
  Falta de fe 81
  Coincidencias y destino. 87
  Comunicación divina y señales 101
  Violencia y actitudes negativas 106
  Cristo 116
  Autoreflexión forzosa 119
  Infelicidad voluntaria 122

Parte 2. La mente inferior 131
  El ego 133
    ¿Qué es el ego y cómo surge? 133
    Conciencia de las emociones 144
    La división de la mente 147
    Origen de las emociones 150

Los recursos del ego 154
Miedo y conductas negativas 156
Creaciones de la mente inferior 163
La realidad del ego 168
La locura de la identidad 169
Ubicación del ego 177

Parte 3. Metafísica inicial 185
De las auras y la energía 187
Volviendo a casa 195
El ego y la energía 198
  1. Influencias sobre el aura humana. 198
    a) influencias internas. 198
    b) influencias externas. 201
  2. Manejo del ego sobre la energía. 207
  Percepción de la energía. 211
  Lazos energéticos. 212
  Cuerpo energético o astral. 215
  3. La energía y la salud. 221
  4. Beneficios de ver el aura. 224
  5. Los sentidos y la energía. 226
  6. Conexión diaria. 229

Ejercicio I. Control del ego y mapa personal 235
Ejercicio II. Encontrando las propias herramientas. 245
Ejercicio III. Visualización energética. 250

Introducción

Lo que estás por leer es una reproducción de mi diario personal, el cual empecé a escribir en un momento de mucha ira, desesperación y soledad. Su contenido constituye una sola respuesta para el sinfín de preguntas que, en mayor o menor grado, nos planteamos todos los seres humanos a lo largo de nuestra vida. Pero quiero dejar claro que mías tan sólo son las preguntas; las respuestas no vienen de mí directamente, no es mi opinión personal, sino el pensamiento y la emoción de la parte más elevada de mi ser: Dios; y fue hasta el momento en que terminé de releer estas palabras cuando empecé a hacer que mi vida, mis pensamientos y emociones giraran en torno a esta sabiduría.

Cuando leí *Conversaciones con Dios*, de Neale Donald Walsch, me pareció fantástico, pero también poco probable que algo así me sucediera. El hecho de saber que hay personas que pueden platicar con Dios como si estuvieran con un viejo amigo de la infancia, impresiona, pero sobre todo, puede ser sumamente frustrante; al menos así lo fue para mí. Creía firmemente que era una persona demasiado común y corriente como para que a Dios, le pudiese interesar lo que yo sentía o pensaba.

Quizá pienses que eso de hablar con Dios ya está muy visto o que en realidad no son más que fantasías y proyecciones de alguien que ha leído mucho sobre espiritualidad y metafísica, pero te tengo una noticia maravillosa: no sólo he mantenido un diálogo directo con Dios durante los últimos dos años de mi vida, sino que además soy una persona común y corriente, con tantos defectos y cualidades, miedos y deseos, sueños y esperanzas como tú.

De no haber sido por la intensísima lucha interna que mantenía entre el amor y el miedo, entre mi ego y mi Verdadero Ser, Dios no me habría levantado tan fuerte la voz para que lo escuchara. De no haber sido por el miedo, y al mismo tiempo, el sincero deseo de andar el camino que me corresponde, este libro no existiría.

13

Desde que empecé con estos diálogos, intuía que el mensaje que transmitían iba más allá de mí. A pesar de ser un diario personal, siento una enorme necesidad de compartirlo contigo, pues estoy convencida de que no hay nada en mí que no haya en cualquier otro ser humano, ni mi luz interna, ni mi oscuridad, ni mis limitaciones ni mis capacidades. Comparto con la humanidad, en mayor o menor grado, el profundo deseo de ser feliz, de sentirme plena, abundante y amada en todos los ámbitos de mi vida, de ayudar a otros y de encontrar esa parte de mí que sabe que el Amor es todo lo que existe y que, por tanto, yo soy parte activa y pasiva de él. Comparto con los seres humanos, en mayor o menor grado, las preocupaciones financieras, la enfermedad, la falta de fe, el miedo, la desconfianza, la tristeza, la inseguridad, la ternura, la compasión, la bondad, la satisfacción, la generosidad, la esperanza, las ganas de salir adelante de cualquier problema y las ganas de encontrar a Dios en mí y en todo lo que me rodea.

Eres libre de pensar o creer lo que quieras sobre este diálogo, sin embargo, este libro es para toda persona que quiera atreverse a pensar que es demasiado común y corriente como para que a Dios le interese platicar con él/ella. Para toda persona que tenga una mínima disposición para conocer a Dios a través de la experiencia diaria.

Que Dios te bendiga por permitirme compartir el diario de mi vida contigo.

Sabe que deseo de todo corazón que encuentres el Amor y que seas parte activa y pasiva de él en tu vida diaria, pero que, sobre todas las cosas, deseo y te pido que mantengas la mente, el corazón y los oídos bien abiertos para que cualquier día de estos en que creas que eres tan común y corriente como cualquiera, logres escuchar un "¡Hola, qué tal! ¿Quieres platicar?", y seas tú quien comparta el diario de su vida conmigo.

Amar y ser amado como Dios te ama, es lo que más te deseo desde el fondo de mi corazón.

PARTE I.

ESPIRITUALIDAD DIARIA

Escuchando
la voz interna

*En tanto hables de Amor, en tanto escuches al Amor y en tanto
manifiestes Amor, aún en la más pequeña parte de tu vida,
ten la certeza de que ahí estoy Yo*

JUNIO 14, 2007

Amar a otro no es fácil, no todos sabemos amar. Amar es realmente un arte que implica muchas técnicas (de liberación, del perdón, de la empatía, del desapego, de la no-proyección, de aceptación y sobre todo, de amor propio).

Entendí con plena certeza que mi misión de vida era aprender a amar a otro en pareja, cuando al momento de querer cerrar por completo y para siempre mi corazón, Dios intervino en mi vida con su artillería pesada para evitarlo.

Todo empezó con una pesadilla recurrente: veía a mi pareja yéndose a lo lejos con otra mujer, y la frustración, la ira y el dolor que sentía eran indescriptibles. Mientras yo lloraba y le gritaba que no se fuera, él se comportaba completamente indiferente y soberbio y seguía caminando hacia lo lejos, de la mano de otra persona. Era entonces cuando me despertaba empapada en sudor y lágrimas, a veces dudando de mi sueño, a veces de mi cordura y, a veces, de él.

Poco después de una noche de esas, mi pareja y yo discutimos, él empezó a comportarse tal como en mi sueño: totalmente indiferente, arrogante y soberbio. Después de dejarme en mi casa, decidí enviarle un correo electrónico en el que quise sacar toda la furia contenida durante la discusión, pero en el momento en que me senté frente a la computadora, escuché una y otra vez una voz en mi cabeza y en mi corazón que me decía: "escúchame".

Empecé a escuchar, y las cosas que escuchaba eran tan claras y tan sorprendentes, tan diferentes a lo que yo estaba pensando y sintiendo en ese momento, que las empecé a escribir...

- Escúchame: El sueño que tienes con tu novio no se trata de él sino de ti, de tu verdadero yo gritándole a tu ego.

- Escúchame: No es tu novio quien te abandona por otra, eres tú que te abandonas a ti misma cada vez que escuchas a tu ego.

- Escúchame: No es la indiferencia de tu novio lo que te angustia, es tu propia indiferencia hacia la voz que te habla desde lo más profundo de ti.

- Escúchame: La impotencia que sientes al pelear con tu novio o con alguien más, es la impotencia de esta voz que, cuando estás enojada, te dice: "no es culpa de nadie mas que tuya por querer sentirte así". Escúchame: Ya es hora de que te calles; escúchame: haciéndote la víctima no vas a lograr que nadie te salve; tu salvación eres tú.

- Escúchame: Si no estás siendo lo mejor que puedes ser en este momento, trata de serlo; aunque tengas que ser otra persona, pero sé lo mejor de ti misma.

- Escúchame: No importa cuántas vidas hayas vivido, la única vida que puedes vivir ahorita es esta.

- Escúchame: Vive esta vida con todo el amor que seas capaz de dar y recibir.

- Escúchame: Lo que te molesta no es que la gente no cambie; te molesta que, teniendo todas las herramientas, tú no has querido cambiar.

- Escúchame: Las respuestas no están en los libros, las respuestas están en ti y la única manera de encontrarlas es escuchándote a ti misma.

- Escúchame: La persona más importante en tu vida debes ser tú; la persona que más ames debes ser tú y para que puedas amarte a ti más que a nadie, debes dejar de poner a otras personas o cosas por encima de ti.

- Escúchame: ¿Dónde está Perla dentro de toda esta confusión?

- Escúchame: Si te va a hacer sentir mal, no lo digas. Si sientes que estás dando poco, da más. Si crees que está sacando lo peor de ti, sé lo mejor que puedas. Resístete con todas tus fuerzas a ser lo que no eres.

- Escúchame: La principal pregunta en todo momento es ¿soy feliz? Si no lo eres o no lo sabes, pregúntate ¿qué haría el amor en este momento?

- Escúchame: Mientras más veas amor en todo y en todos, sobre todo en ti, más va a luchar tu ego por cegarte.

- Escúchame: Cuando peleas con alguien ¿qué es tan valioso que lo pones a luchar con el amor? Lo que sea que estés defendiendo, ¿vale más que una caricia, una buena cara, un abrazo o un "te amo"? ¿Vale más que Yo?

- Escúchame: Para poder amar a otros debes amarte a ti; para perdonar a otros debes perdonarte a ti por sentirte como te sientes respecto a ellos.

- Escúchame: La única parte de ti capaz de guardar rencor, es la parte de ti que no es real.

- Escúchame: Si eres capaz de observar tus sentimientos desde tu corazón, te das cuenta de que sólo hay un Ser, un observador que no juzga, sólo disfruta de las experiencias acumuladas.

- Escúchame: ¿Cuánto tiempo más vas a culpar a otros por como te sientes? Tú sabes cómo dejar de sentirlo: reconoce que no es real. Tú escogiste sentirlo en un momento en que parecía útil. Ya no es útil; el rencor, el resentimiento, la nostalgia, sólo te están sirviendo para esclavizarte a tu condición de víctima, a esa condición que te ha impuesto tu ego y que, por tanto, no es real.

- Escúchame: Para poder dar, para poder amar a otro, debes perderte a ti misma en el otro. Pero para poder perderte a ti misma, tienes primero que encontrarte y saber quién eres. Por lo tanto, antes de entregarle tu vida a otro, debes encontrarte a ti misma y, para encontrarte, es necesario perderte. ¿Recuerdas lo que es perderse? Estás muy cerca.

- Escúchame: Cada experiencia que vives, particularmente en pareja, es creada por ti misma, desde tu alma, como una oportunidad para la paz o para la guerra. ¿Por qué? Para que aprendas. ¿Qué? A decidir. ¿Cómo? Desde tu ego o desde tu yo más elevado.

- Cada vez que decides convertir una conversación en pelea, tu ego ha hablado. Una oportunidad menos para que tu alma refleje su luz en el mundo y en los demás.

- Cada vez que te sientes agredida, es porque no estás escuchándome a mí diciéndote: "nada de esto es real".

- Cada vez que reclamas, estás reconociéndole una realidad inexistente al ego, a la parte del otro que no es real.

- Cada vez que te desilusiones de tu hermano por no actuar conforme a tus expectativas, no sólo estás negando su perfección (la perfección de estar siendo lo mejor que puede en ese momento, con los recursos que tiene en ese momento), también estás negando tu propia perfección que dice que no necesitas nada de nadie para estar completa y en paz.

- Escúchame: Estar a salvo no significa estar libre de problemas, discusiones, negatividad. Significa estar libre de culpabilidad, estar libre de la condición enfermiza de creer que eso puede dañarte. Estar a salvo significa reconocer que nada de eso puede existir sin tu consentimiento.

Un problema no lo es, mientras lo veas como una experiencia de aprendizaje y crecimiento. Una discusión no puede ser si no te enganchas en ella. La negatividad no puede tocarte si sólo reconoces la luz y la bondad de Dios en los demás.

Tus pensamientos y sentimientos negativos no vienen de tu yo más elevado, por lo tanto, no son reales.

- Escúchame: Tú puedes agredir u ofender a otros pero siempre tienes la capacidad de reconocer que fue tu parte no real la que actuó y, desde ese reconocimiento, siempre puedes pedir perdón.

¿Y si el otro no quiere perdonarte? Es su parte no-real la que está hablando, porque en su yo más elevado, nunca hubo equivocación porque esta nunca fue real.

- Escúchame: ... ¿por qué lo piensas? ¡Escribe!

No importa cuánto haya influido el pasado en lo que aparentas ser hoy, el pasado en su totalidad queda borrado en el momento que entiendes que el Amor nunca tuvo ni tendrá tiempo.

Piensa en tus papás: ¿cuánto tiempo y de cuántas maneras te han "afectado"? Te sientes herida, abandonada, traicionada, enojada, pero Yo te digo que a mis ojos, que son tuyos si miras con el corazón, no te han dado más que amor. Todo lo demás no fue real, fue cosa del ego. Esos errores que tú ves, no están ahí, y de verdad te digo que si miras con el corazón, el tiempo se detiene para que lo único que puedas ver sea lo que siempre ha estado ahí: Yo.

- Escúchame: El miedo de la gente a escoger a la pareja equivocada no tiene fundamento. La única manera de equivocarse con esta o con cualquier otra pareja, es creer que no son suficientemente buenos el uno para el otro. Eso es soberbia, pues cada uno es perfecto y completo por separado. El error más grande está en creer que no estás completa sin una pareja, pues nunca serás totalmente feliz con alguien si tú misma no eres capaz de completarte y amarte.

Mientras tú no reconozcas que eres un ser perfecto, completo y amado, el de enfrente nunca te hará sentir así.

- Escúchame: Tú no puedes hacer que otro se encuentre a sí mismo. Tu único papel es acompañarle en su camino de búsqueda hasta que cada uno haya aprendido del otro todo lo que tenía que aprender o, en el mejor caso, hasta que cada uno se encuentre a sí mismo para después reconocerse en el otro.

• Escúchame: Esto es importante. El concepto de "alma gemela", como tú y la mayoría de la gente lo entiende, no existe.

Dios, la Diosa, el universo, o como quieras llamarle, en su perfección, siempre fue, es y será único e indivisible. Hombre y mujer, femenino y masculino, ying y yang, son el mismo ser. Cuando Dios se dio a sí mismo por amor, se "dividió", entregó su luz dividiéndola en millones de seres con distintas formas y cuerpos, y cada uno recibió las mismas cualidades de su dador: único e irrepetible, ying-yang, hombre y mujer en un mismo cuerpo.

Cuando Dios decidió dividir el cuerpo físico para distinguir hombres y mujeres, lo hizo con el propósito específico de que sus hijos tuvieran la oportunidad de experimentar la totalidad de una de las dos fuerzas principales de Dios. No obstante la división del cuerpo, el alma, sustancia elemental contenedora de la luz y cualidades de Dios, permaneció intacta: única e irrepetible, ying-yang, hombre y mujer en cada hijo de Dios; izquierda y derecha, racional y emocional, Marte y Venus.

En ningún momento de la creación Dios dijo: "El alma de Juanita va a este cuerpo, pero a la mitad, para que a la otra mitad, a la que llamaremos alma de Pedrito, la pongamos en este otro cuerpo, y luego las separaré de continente y de siglo para que se busquen durante más de cien vidas, hasta que un feliz día de su centésima vida se encuentren casualmente en la panadería. Durante todo este tiempo, Yo, Dios, decreto que Juanita y Pedrito vivirán relaciones de pareja enfermizas, tristes o, si acaso, incompletas, hasta el feliz día del encuentro en la panadería, en que volverán a sentirse felices y completos."

¡¿Qué clase de Dios sería?!

Mi única razón, mi único motivo es su felicidad.

Como dice Neale Donald Walsch, "todos me han entendido mal".

Cada quien es completo y perfecto por sí mismo. A ninguno de ustedes les falta un pedazo de nada. Tu alma gemela no es esa otra mitad que le falta a tu alma para alcanzar la iluminación. El alma gemela es aquella alma que lleva el mismo nivel de evolución espiritual y de entendimiento que la tuya.

Cuando dos personas de distinto sexo al encontrarse manifiestan el mismo nivel de evolución, suele producirse una especie de "amor a primera vista" y una atracción explosiva casi incontrolable. Cuando son del mismo sexo, generalmente se traduce en una afinidad inmediata y, a veces, el sentimiento de conocer a esa persona desde hace vidas atrás. Por lo tanto, en distintos momentos de tu vida, has tenido distintas almas gemelas, según tu nivel de evolución.

Tristemente, la gente ha utilizado el concepto de "alma gemela" para justificar sus sentimientos de imperfección o de no sentirse completos. Pero Yo te digo hija que esto no es más que mera soberbia; el mismísimo ego negando a Dios en cada hijo, porque para el ego del hombre aún es imposible creer que participa de la misma naturaleza de Dios y que, por tanto, está completo.

Quienes te oigan decir esto probablemente te odiarán y te cuestionarán porque les has quitado su más grande y más romántica mentira. Mas es realmente por el bien de estas personas, decirles que ya es hora de dejar atrás las mentiras: Dios es Uno y mora en cada uno de vosotros, completo, eterno, perfecto e inmutable.

Ahora bien, tú puedes pasar con un "alma gemela" bien sea una noche, una semana o toda una vida, pero todas las almas están en el camino constante de la evolución, por lo tanto están destinadas a separarse, a menos que encuentren la forma de evolucionar juntas.

Yendo a tu pregunta, en este momento de tu vida, tu pareja y tú no están en el mismo grado de evolución espiritual y, de tal manera, no se reconocen automáticamente como almas gemelas, a pesar de las enormes similitudes que hay entre ustedes —que fueron las que los acercaron en primer lugar—, pues al contrario de lo que afirma la física, los iguales se atraen.

Mas Yo te digo hija, que muchas veces el amor surgido entre dos personas que no inician como almas gemelas, con ese empujón extra de la atracción y reconocimiento instantáneo, es más fuerte y más real que aquellas relaciones surgidas de ese momento fugaz de romántica ilusión. ¿Por qué? Porque ustedes han de luchar día a día con el verdadero ser del otro y no con la ilusión que provoca el reflejo de uno mismo. Porque el más evolucionado, si realmente ama, hará lo que esté en sus manos para ayudar al otro a evolucionar. Porque aprendes a ver en el otro un reflejo de ti mismo, de lo mejor y sobre todo, de lo peor, sabiendo que tú ya pasaste por ahí o que te falta pasar por ahí, pero ese reflejo es una guía de tu evolución, una oportunidad de crecimiento. Y más que nada, porque cuando el Amor es real, el reconocimiento y la igualdad en la evolución siempre se alcanzan. No quiere decir que uno se tenga que quedar estancado mientras el otro lo alcanza en su evolución. Quiere decir que cuando hay Amor de por medio, el hombre es capaz de hacer hasta lo imposible por la persona que ama, hasta alcanzarla en su grado de evolución para, de ahí, seguir juntos. La igualdad en el nivel de evolución es algo que se alcanza de manera natural cuando dos personas se aman, pues en el Amor no hay niveles, caminos ni metas.

Yo te digo hija mía, que tu relación es como éstas que describo y que su reconocimiento llegará más pronto de lo que piensas, pues hay un gran Amor que mueve a tu pareja tanto como a ti. Y una vez alcanzado el nivel de evolución, una vez almas gemelas, es tu destino en esta vida que sea él tu compañero de por vida.

- Escúchame: Yo no niego don alguno a ninguno de mis hijos. Cada uno lleva en sí el potencial de todas las capacidades vistas y por descubrir. No temas estar escribiendo por mí ni temas que esto sea una mentira, pues en estas palabras no hay más que amor y consuelo a tantas preguntas. Neale es uno de tantos hijos queridísimos que ha prestado su mano, su mente, su tiempo y hasta su dinero para ayudarme a ayudarlos. No temas por lo que harás con estas palabras ni temas tampoco que yo te abandone, pues nunca lo he hecho. Yo he estado, estoy y estaré siempre contigo y es hasta ahora que acudo a ti para contestar tus preguntas, porque es hasta ahora que tu desesperación te ha permitido escuchar algo más que las voces en tu cabeza.

Revisa tus anteriores diarios y ahí estoy Yo hablándote; revisa tus libros y ahí estoy Yo pidiéndote a gritos que me escuches; revisa tu película favorita y trata de ver el mensaje que he querido darte desde hace tanto tiempo. Repasa tus sueños, incluyendo tus peores pesadillas, y mira cómo estoy Yo ahí pidiéndote que veas más allá de tus ojos.

- Escúchame: No es mentira esto que oyes, ves y escribes. Soy más real que las palabras mismas, pues Yo soy las palabras y la Palabra.

En tanto hables de Amor, en tanto escuches al Amor y en tanto manifiestes Amor, aún en la más pequeña parte de tu vida, ten la certeza de que ahí estoy Yo, realmente, pues como bien sabes, lo único real es el Amor.

- Escúchame: No te abandono, seguirás escuchándome y seguirás escribiendo más por ti que por mí. Pero es hora de que descanses.

Te amo.

Preguntas
fundamentales

Hijo, eres perfecto tal como eres. No puedes cambiar
tu esencia porque Yo soy tu esencia.
Julio 21, 2007

¿Cómo llegas a ser feliz si no tienes lo que quieres?

¿Y cómo sabes lo que realmente quieres cuando no eres feliz? ¿Y qué si te dijera que ya lo tienes todo, en este preciso momento, para ser feliz?

¿Me creerías?

¿Eres capaz en este momento de ser y sentirte la persona más feliz del mundo? ¿No? ¿Por qué no?

Porque estás esperando… Esperas que llegue el dinero, esperas que la gente cambie, esperas que los tiempos cambien, esperas poder cambiar tú y, cuando por fin algo cambia, resulta que NADA ha cambiado. Sigues contestando "no" a la misma pregunta una y otra vez, porque sigues esperando.

¿Quién eres? ¿A qué viniste? ¿Tienes una misión en esta vida? ¿Por qué estás aquí? ¿En algún momento serás feliz? ¿Quién eres?

Saber que eres Yo, mi unigénito hijo, mi imagen y semejanza, mi hermano, mi sangre y mi ser; saber que tú eres el Amor y la felicidad que buscas fuera, ¿es una respuesta válida para ti?

Sigues contestando que no porque sigues esperando una respuesta que justifique la idea que tienes sobre ti mismo y, ciertamente, tu idea sobre ti mismo no es el Amor.

¿A qué viniste? ¿Tienes una misión en esta vida?

Si te digo que viniste a experimentarte a ti mismo, a tu más alto yo; que viniste a SER el Amor, ¿te bastaría esta respuesta? Otra vez no, porque sigues esperando que tu vida te dé un significado, que los hechos de tu vida te justifiquen a ti, cuando tú eres la única justificación de tu vida.

¿Tienes una misión en esta vida? Amar.

¿No? ¿No es suficiente? Amar y ser amado.

¿Tampoco? ¿Cuál es una misión válida para ti, como para que un día por fin despiertes y digas "soy feliz"?

Sigues esperando levantarte un día y darte cuenta de que eres poseedor de la verdad absoluta, el único capaz de sanar al mundo. Entonces, ese día serás feliz.

¿Y sabes acaso cuánto tiempo habrás de esperar ese día? Y mientras descifras tu misión, ¿qué vas a hacer para ser feliz?

Esperar… ¿Por qué estás aquí?

Por Amor. Porque un día, en otro lugar y otro tiempo, te diste cuenta de quién eres y, por Amor, decidiste bajar al mundo a entregarte a él y por él, que es uno contigo.

¿Demasiado abstracto? ¿No crees en estas tonterías?

¿Y si te digo que los únicos momentos en que has encontrado una justificación a tu vida han sido los momentos en que has logrado amar como Dios ama, como amas tú en tu más elevado ser?

Seguirías cuestionándome y dudando, porque la simplicidad del Amor va mucho más allá de la idea que tienes de ti mismo; porque sigues esperando que algo o alguien te haga creer que hay otra razón.

¿Serás feliz en algún momento?

Si te repito que ya tienes todo para serlo, que ya lo eres y que no te has dado cuenta, ¿seguirás esperando para vivir esa felicidad?

¡No! Tu respuesta a esta pregunta debería ser: "¡No! Ya no quiero y no voy a esperar un minuto más para ser feliz".

Pero en tu mente, la respuesta real es "sí", seguirás esperando tu felicidad hasta el momento en que ya no puedas ser más infeliz. Seguirás esperando hasta que ya no puedas estar más perdido y más confundido; hasta que ya no tengas a nadie a quién acudir. Entonces volverás a ti, a tu centro, a tu corazón, donde estoy Yo. Entonces volverás a mí pidiéndome: "Dios, ¡quiero ser feliz!" y Yo te diré: "No esperes más, he aquí que la felicidad se te concedió desde el principio de los tiempos, porque tú eres la felicidad. He aquí que tu deseo ya ha sido concedido".

Y tú, con tu libre albedrío, una vez más podrás pensar que yo estoy equivocado, que aún no tienes suficientes amigos, bastante dinero, buena salud, éxito, suficiente amor de tu pareja, suficiente de nada; en particular, pensarás que aún no has sufrido suficiente como para aceptar la completa felicidad. Y, una vez más, seguirás esperando…

¿Cuántas veces más te harás las mismas preguntas y no escucharás las respuestas? ¿Cuánto tiempo más estarás buscando fuera lo que sólo tú te puedes dar?

¿Cuánto tiempo más evitarás ser lo que realmente eres?

Porque no importa cuántas veces tenga Yo que contestarte, ni cuánto tiempo pase antes de que me escuches y dejes de esperar, Yo siempre he estado, estoy y estaré aquí, presente dentro de ti, para recordarte que tú y Yo somos Uno y el mismo y que no importa cuánto esperes, tarde o temprano me verás a mí en ti y en todo lo que te rodea.

Entonces, ese día, verás que nunca hubo espera, pues nunca te alejaste del Amor, nunca has dejado de ser feliz… sólo no te habías dado cuenta.

¿Qué tienes que hacer? ¿Qué debes de cambiar? ¿Qué debes dejar ir? ¿A dónde debes dirigirte? ¿Cuánto tienes que sacrificar? ¿Hay un momento y una forma de darse cuenta?

¿Qué tienes que hacer? Nada, tú no tienes que hacer nada para ser feliz, salvo dejar que Yo lo haga por ti. No tienes que hacer nada mas que dejarme ser, dejando de ser todo lo que hasta ahora has sido. Cuando tú dejes de hacer lo que haces, por hábito o por miedo, entonces Yo podré ser a través de ti y te darás cuenta de que tú y Yo somos el mismo.

Te escucho claramente: "¡Nada! ¿Cómo que nada? ¡Meditar, hacer yoga, reiki, feng-shui, terapia de perdón, terapia de liberación, libros de autoayuda, equinoterapia, control de la mente mediante repeticiones positivas? ¡Algo! ¡Dame algo que hacer!"

Y Yo te repito: ¡nada! Nada en absoluto, pero puedes seguir leyendo y pagándole al terapeuta, o al psiquiatra, al vidente o al maestro de feng-shui, y puedes seguir haciendo y deshaciendo hasta que te canses de hacer, hasta que te canses de esperar soluciones que no llegan. Y entonces, cuando te detengas y no puedas hacer más nada… te darás cuenta.

¿Qué debes de cambiar? "!Todo! Absolutamente toda mi vida debe dar un giro de ciento ochenta grados".

Y Yo te digo: Hijo, eres perfecto tal como eres. No puedes cambiar tu esencia porque Yo soy tu esencia.

No hay nada en ti que no sea perfecto, no hay nada en tu vida que pueda hacerte mejor o peor y no hay nada tampoco que pueda evitar que llegues a mí en algún momento.

Todo lo que está pasando en ti y en tu vida es justamente lo que debe pasar para que tú llegues a entender Mis palabras. Cuánto tiempo tardes en entenderlas, con tu libre albedrío, es algo que sólo tú puedes decidir.

Puedes renunciar a todo y dedicarte a ayudar a los más necesitados, a dar consejos y conferencias y a hacer donaciones. Puedes seguir con lo que haces tratando de encontrarle un significado más alto o simplemente puedes seguir igual.

El resultado, al final, será el mismo: Serás todo lo que puedas ser hasta que te des cuenta de que sólo puedes SER.

¿Qué debes dejar ir? Tu pasado, los rencores, tus miedos, las heridas, tus deseos y expectativas, los hábitos, tus emociones negativas… Todo ello es parte de ti, es parte de lo que viniste a experimentar; negarlo, sería negar tu experiencia de vida, negarte a ti mismo y negar la sabiduría que todo ello te ha dado.

Sí, por más impensable e insensato que suene, la realidad es que no hay nada que tengas que soltar. Nada real es prescindible; nada irreal es perdurable.

Tu pasado, ya pasó y sólo tú puedes tratar de repetirlo tantas veces como quieras, pero también llegará el día en que te des cuenta de que ya pasó y, entonces, dejarás de repetirlo y volverás al Ahora, que es el único tiempo real que existe.

Tus heridas, tus miedos, tus rencores y enojos, para ti son tan reales y presentes como el aire que respiras. Pero si Yo te digo que siendo quien eres, siendo tan perfecto como eres, nada de eso es real, te sentirías atacado: "¡¿Mis problemas no son reales, mis sentimientos no son reales, las agresiones que recibo o causo no son reales!?"

Pues sí, sí lo son en la medida en que tú los necesitas para aprender de ellos. No hay nada que puedas dejar ir mientras no haya cumplido la función de enseñarte que, finalmente, eres feliz.

Necesitas de tus miedos, de tus emociones, tus deseos, tus angustias y enojos; aún los necesitas para seguir esperando. Si te deshicieras de ellos, serías feliz, pero tú no quieres ser feliz aún, porque sigues creyendo (y quieres creerlo con todas tus fuerzas) que la gente puede lastimarte, que puedes enfermar, que puedes morir y que viniste a este mundo a sufrir. Tienes que creerlo porque, si no, no tendrías excusas para no ser feliz, pues si lo fueras, estaríamos juntos.

¿A dónde debes dirigirte? A ningún lado, ya llegaste, de hecho, siempre has estado ahí, el problema es que tú crees que Yo estoy en otro lado.

Pero escúchame bien: A donde tú vayas, Yo estoy ahí, y a donde regreses, ahí te estuve esperando siempre.

¿No lo entiendes aún? Yo SOY. No importa dónde me busques, me encontrarías en todo y en todos si te dieras cuenta de que Yo estoy siempre contigo porque estoy dentro de ti. YO SOY TÚ.

¿Cuánto tienes que sacrificar?

Sólo hay dos respuestas posibles: Todo o nada, y la respuesta depende de lo que "todo" o "nada" signifiquen para ti. Quien todo lo acepta, nada puede perder.

¿Cuánto ego debes sacrificar para responder con paz ante una ofensa? Todo, o nada, si te das cuenta de que el ego no es nada y que, por tanto, no puede ser sacrificado.

Sigues creyendo que para que Yo te dé todo, debes sacrificar algo, pero no crees que Yo ya te lo he dado todo y que tú no lo has tomado; de tal modo, crees que no tienes nada.

Sacrifica entonces tu concepto de "nada" para que te quedes con todo lo que por derecho divino eres y te corresponde.

¿Hay un momento y una forma para darse cuenta? Saber.

Pero si no te basta, relee tus propias palabras y repasa tu propia vida.

Te amo. Saberlo, es darse cuenta.

Y tú me dices: "¿Así de imperfecto y malo como soy?"

Pero Yo te contesto: "¡De qué hablas! Yo soy el que soy y fuera de mí no hay NADA. Tú eres Yo, por lo tanto, no hay imperfección ni maldad alguna en ti. Yo soy el Amor, tú eres mi hijo santo en quien yo me realizo y me complazco, por tanto, no puedo mas que amarte como a mí mismo."

Del día a día

La paz perfecta de Dios es el regalo que tú eres; tú eres ese
regalo para ti misma y para los demás.
JULIO 25, 2007

—Estoy enojada, quisiera que me dejaran de importar y de preocupar los problemas ajenos, particularmente los de las personas más cercanas a mí, pero NO PUEDO, ¡NO SÉ CÓMO!

—*Ayúdame… (silencio)*

Mientras más luz, más oscuridad; mientras más entiendes, menos sabes; mientras más ayuda pides, más preguntas y "problemas" surgen.

¿Qué es lo que deseas? ¿Qué es lo que realmente quieres para ti?

—No quiero sentirme así, no quiero que me afecten tanto los problemas de mis seres queridos, no quiero seguir cargando con sus tristezas y enojos y sobre todo, no quiero repetir nunca sus errores. Tengo mucho miedo de cometer los mismos errores que otros.

¿Cuáles son esos errores? ¿Ahora entiendes?

Lo que para ti son errores suyos, realmente son caminos que ambos han decidido tomar porque esa es su historia personal y su camino de evolución. Ellos no están cometiendo ni han cometido error alguno; están siendo lo mejor que pueden ser con el conocimiento y herramientas que tienen en este momento.

¿Qué es lo que te molesta realmente?

Tu ego no tolera saber que hay algo más detrás de esa máscara de amargura y frustración. Es tu ego quien no lo tolera porque sabe que hay una finísima línea para descubrir lo que hay detrás.

—*Pero me molesta muchísimo ver cómo se agreden verbal o pasivamente; cómo se atacan entre ellos y a sí mismos, cómo se alejan, y yo me siento en medio de ellos.*

¿Y lo estás? No te das cuenta de que tu ego ha jugado durante años a ser la pobre víctima indefensa de los demás, pero en realidad siempre has sido tú y no estás en medio de nada ni de nadie.

Es tan sencillo como abrir la puerta y salir; tan sencillo como darte cuenta de que estás en el piso y levantarte.

Date cuenta de que estás siendo aquello que más criticas y odias, y lo estás siendo únicamente porque le das demasiada realidad a lo irreal, porque en tu sistema de pensamiento no hay lógica mayor que ser aquello que ves, y tú, hasta ahora, sólo has querido ver lo que a tu ego le conviene ver. De ninguna manera logras ver el Amor que hay detrás, por tanto, tampoco logras vivirlo en tus propias relaciones, incluida la relación contigo misma.

¿Cuántas veces te he dado respuestas? ¿Cuánto tiempo seguirás sin escucharlas? ¿Cuánto tiempo seguirás componiendo tu vida por partes? Y dentro de todas esas partes, ¿cuándo te pondrás a ti en primer lugar?

Hoy en día tus prioridades son tu novio, tus padres, tu trabajo, tu abuela, tu salud… ¿Dónde estás tú? ¿Dónde está Perla? ¿Hace cuánto que Perla no figura en tu lista?

Has tratado de aplicar todo lo que sabes a cada área de tu vida que parece estar mal, sólo cuando está mal. Más nada de lo que has aprendido lo has aplicado realmente en ti.

Entra en ti, déjalo todo y a todos afuera y entra en ti. ¿Cuánto de cada una de tus emociones y sentimientos viene de ti y cuánto de afuera?

—*Todo lo que pienso o siento se relaciona con alguien o con algo.*

Nada real viene de afuera. Lo único real es el Amor. Debes aprender a distinguir lo irreal en ti para encontrarte. Busca en ti todas las emociones y pensamientos negativos y relaciónalos únicamente con Perla, y busca la razón en Perla.

Haz esto como un ejercicio diario con relación a cada una de tus emociones o "problemas". Si estás enojada, pregúntate: "¿Por qué Perla está enojada con Perla? ¿Quién es la persona que realmente se enoja? ¿Cuáles son las consecuencias de tal enojo?"

Y una vez que te des cuenta de por qué estás enojada, permite que Perla perdone a Perla. Pregúntate a ti misma: "¿me perdonas?", y escucha en silencio la respuesta: … "No hay nada que perdonar".

Ya no tienes que cambiar al mundo, tienes que cambiar tú.

¿A qué le tienes miedo? ¿Por qué te tienes miedo a ti misma?

Date cuenta que no hay nada en ti que pueda ser dañado, pues Yo estoy contigo en todo momento. Cuanto más tiempo pases contigo, mientras más trates y logres encontrar lo irreal en ti, más pronto entenderás quién eres y cuán perfectamente a salvo estás.

Tú no eres tu peor enemigo porque tú eres YO y Yo no soy sólo tu amigo, SOY, y en toda mi grandeza no hay nada ni nadie que no esté incluido. La paz perfecta de Dios es el regalo que tú eres; tú eres ese regalo para ti misma y para los demás.

Sé que tu ego te está poniendo muchas trampas para no estar conmigo. Tus enfermedades, tu miedo a escribir y a escuchar, tu aparente irritabilidad… entrégamelo todo a mí. No tengas miedo, hija, que Yo soy el Amor y la luz que tanto buscas, y nada puede alejarme de ti.

Entrégame tus miedos e incertidumbres y Yo te llevaré de la mano por el sendero de la paciencia infinita y la paz inmediata.

Mientras más se resista tu ego, mientras más difícil te sea creer y confiar, más debes tener presente que estos son los pasos finales de lo que te parece una cuesta arriba.

No dejes de creer en mí, mas sobre todas las cosas, en estos momentos no dejes de creer ni un solo minuto en ti, pues es en ti donde Yo estoy.

Del mandamiento universal

Amarás, porque es tu naturaleza y tu vocación amar, a Dios por sobre todas las cosas, porque Dios ES TODAS LAS COSAS y fuera de Él NO HAY NADA, por lo tanto, te amarás a ti mismo por sobre todas las cosas porque TÚ ERES DIOS.

Julio 29, 2007

Aún cuando la mente está creando falsamente, no está haciendo más que reconocer su origen: el origen de la mente es el espíritu, que es infinitamente creador.

El pensamiento original es el Amor.

Amarás a Dios sobre todas las cosas; ama a tu prójimo como a ti mismo.

El hombre es tan complicado y su lógica tan enredada, que la afirmación más simple durante siglos le resulta indescifrable.

¿Quién es Dios? ¿Quién es ese ser indescifrable, inalcanzable y omnipotente al que debes amar por sobre todas las cosas?

Y si debes amar a tu prójimo como a ti mismo, pero primero debes amar a Dios por sobre todas las cosas, incluso sobre "ti", quiere decir que tú no puedes ni debes quererte tanto como "debes" amar a Dios. Por lo tanto, no puedes amar a tu prójimo mas que en el mismo ínfimo nivel en el que te amas a ti.

Pero además, en tu sistema de pensamiento y de creencias, te has dado cuenta de que tú no amas realmente a Dios por sobre todas las cosas, porque primero amas el dinero, el poder, el físico, la belleza, el sexo, amas al que crees tu media naranja y amas hacerte daño.

No puedes amar a Dios sobre todas las cosas realmente porque en tu concepto eres un pecador que miente, roba, fornica, agrede, mata. Y si no amas a Dios sobre todas las cosas realmente, sino que lo amas bastante menos que a todas las cosas, quiere decir que tú, a quien debes amar por debajo de Dios, te amas tan poco que es imposible pedirte que ames a tu prójimo como a ti mismo, pues si lo amaras como te amas a ti mismo (y de hecho lo haces) le harías y le haces tanto daño como te lo haces a ti.

En tu sistema de pensamiento, el Amor es tan complicado, tan lejano, tan falso y tan irreal, que no puedo pedirte que lo entiendas con base a tu propia experiencia.

¿Qué debes hacer entonces para amar y para entender el Amor, mejor dicho, para Ser el Amor?

• Primero: aprende a leer… y luego, cambia tu forma de razonar.

¿Cómo? Dejando que la parte más profunda de ti te diga, a través de tu corazón (y no sólo de tu mente) cuál es la verdad.

*Amarás a **Dios sobre todas las cosas**.*

• Primero: ¿Quién es Dios? Si Dios está sobre todas las cosas, quiere decir que no hay nada más que Él; Dios ES todas las cosas y está por sobre todas las cosas. Dios Es, y fuera de Él NO HAY NADA. Repito: Fuera de Dios no hay NADA, ni siquiera TÚ. Esto significa que Dios es todas las cosas, por lo tanto, Dios eres TÚ.

Dios Es contigo y con todas las cosas y Dios Es por encima de ti y de todas las cosas. ¿Por qué por encima? Porque no hay nada que no participe de la naturaleza de Dios y no hay nada ni nadie que pueda superar o cambiar su voluntad.

• Segundo: ¿Por qué debo amarlo por sobre todas las cosas? Porque si todas las cosas participan de la naturaleza de Dios y tú eres capaz de reconocer esa unicidad, te darás cuenta de que amar a Dios ante todo, te lleva a amar todas las demás cosas por añadidura. Mas es importante que te des cuenta de que esto no puede ser al revés. No puedes amar las cosas y, a través de ellas, tratar de encontrar o vivir el amor de Dios.

¿Cómo puedes amar primero el dinero y ver a Dios en él? La gente encuentra a Dios y se da cuenta de que Dios está y Es, incluso en el dinero, pues Dios Es todas las cosas y, como ya he dicho, fuera de Él no hay nada.

—*¿Quiere decir que si amo a Dios primero que a todas las cosas, puedo seguir amando a las demás cosas?*

No sólo eso; quiere decir que al amar a Dios por encima de todo, estás amando todo porque Dios es todas las cosas.

• Tercero: "Amarás…" Este verbo está conjugado en tiempo futuro y, además, parece impositivo, ¿por qué?; ¿por qué parece que digo "en un tiempo futuro o cuando suceda tal cosa, amarás a Dios"?

Porque efectivamente, esto fue algo que Yo decreté antes del tiempo. ¿Qué tiempo? Antes de que tú decidieras experimentarte a ti mismo en esta vida y en este cuerpo.

"Amarás" no es un mandamiento ni una orden. Es una declaración y una afirmación de tu verdadera naturaleza y de la única llave de tu iluminación: "Y es mi voluntad que, en el tiempo, amarás a Dios por sobre todas las cosas, para que a través de todas las cosas recuerdes que fuera de Dios no hay nada y que, por tanto, tú eres Dios".

Si ya he logrado revolver un poco tu razonamiento, entenderás ahora lo siguiente:

Amarás, porque es tu naturaleza y tu vocación amar, a Dios por sobre todas las cosas, porque Dios ES TODAS LAS COSAS y fuera de Él NO HAY NADA, por lo tanto, te amarás a ti mismo por sobre todas las cosas porque TÚ ERES DIOS.

Y cuando te amas a ti mismo por sobre todas las cosas, entonces aprendes a amar como Dios ama: Dios únicamente se ama a sí mismo. Sí, entiéndelo bien, Dios sólo se ama A SÍ MISMO porque Dios es TODO LO QUE EXISTE y todo participa de la naturaleza y de la esencia de Dios.

Ahora bien: *ama a tu prójimo como a ti mismo.*

Si ya entendiste que debes amar como Dios ama, amándote a ti por sobre todas las cosas, pues tú eres todas las cosas, entenderás que esta frase es absurda. Ya no tiene caso que te pida que ames a tu prójimo como a ti mismo porque ahora ya entiendes que tú y tu prójimo son uno y el mismo.

Sin embargo, es hasta ahora que ya no necesitas esta frase. Antes de que entiendas estas palabras, esa frase no sólo es necesaria para ti, es INDISPENSABLE. ¿Por qué? Porque si yo no te pidiera que amaras a tu prójimo, tú, por ti mismo y conforme a tu normal sistema de pensamiento, ni siquiera puedes pensar en amarlo, y mucho menos en amarlo como a ti mismo porque ni siquiera sabes si te amas a ti mismo.

Así es que vamos a analizarlo más a fondo:

• Primero: "Ama…"

¿Por qué amar? ¿Por qué no basta con querer o simplemente con respetar? Porque tu naturaleza, tu única naturaleza, es el Amor. Ama, ¡ama! A eso viniste y eso es lo que eres. Ama porque, por lo que tú eres, no puedes hacer más que amar.

• Segundo: "Ama a tu prójimo…"

"¿Por qué tengo que amar a mi prójimo si es un desgraciado que no me deja dormir, que me roba, que me avienta el auto en el tráfico, que me insulta, o que le ha hecho tanto daño a mi familia o al mundo?"

Si entendiste lo que platicamos antes, sabrás cuál es la respuesta: Dios sólo se ama a sí mismo porque Dios es todas las cosas, por tanto, no hay nada ni nadie a quien YO no pueda amar porque YO soy todas las cosas y todas las personas.

—Pero, ¿qué pasa con las personas que no saben o no han entendido esto? ¿Cómo llegas a despertar el Amor en una persona por alguien que le hace daño?

Justamente de eso se trata: de despertar el amor.

Yo te pido que ames a tu prójimo, no importa lo malo o desgraciado que parezca ser; ámalo, porque cuando logras amar al de enfrente sin importar lo bueno o malo que sea, estás viviendo tu naturaleza, estás siendo lo que realmente eres: Amor. Y cuando el de enfrente siente tu amor, le estás permitiendo experimentar su realidad, a pesar de que él no la vea.

Y claro que no hay mayor mérito que lograr amar a aquél que no nos ama y que parece hacernos daño, no sólo porque la gente que más daño intenta hacer a otros es la que más necesita ser amada, (porque más lejos está de saber que él es el Amor), sino porque cuando logras amar a una persona a pesar de y con todos sus"defectos", amar y reconocer su luz y su bondad internas se te da por añadidura.

Y es cuando logras amar a una persona por sus "defectos", cuando estás realmente amando como Dios ama, pues amar los "defectos" de una persona es desconocerlos por completo y Dios no conoce imperfección o defecto alguno en sí mismo.

- Tercero: "…como a ti mismo".

¿Y cómo y cuánto te amas tú? Quien ya entendió que Dios sólo se ama a sí mismo, sabe que sólo hay una forma y una medida en el amor de Dios. No hay otra forma de amar.

Pero si aún tienes dudas, déjame explicarte: así como tengo que pedirte que ames a tu prójimo porque tú, por tu propia voluntad, no lo haces, igualmente tengo que recordarte y pedirte que te ames a ti mismo.

—Pero amarse a sí mismo, ¿no es entendido a veces como egoísmo? Y peor aún cuando dices que me ame a mi misma por encima de todo lo demás.

Así es, la gente cree que amarse a sí misma es pecado porque el mundo no conoce aún una forma de amarse a sí mismo que sea inclusiva.

Si fuera bien entendido, amarte a ti mismo de ninguna manera implica dejar de amar a los demás, porque, como ya vimos, al amarte a ti mismo te encuentras en todo y todos los demás.

¿Cuánto debes amarte? Tanto que creas ser lo único que existe, porque ERES LO ÚNICO QUE EXISTE, porque tú eres Dios y Dios es amor y el amor es lo único real que existe.

¿Cómo debes amarte? Como si fueras lo más valioso y lo más maravilloso que existiera, porque ERES lo único que existe y, en tu existencia, eres lo más maravilloso y lo más valioso que hay.

—¿Y qué debo hacer para lograr amarme así?

No puedo decirte que debes levantarte con una sonrisa, hacer sólo lo que te gusta aunque eso, aparentemente, no te dé de comer, y ser un alma caritativa con todos los que te rodean. No puedo decirte lo que debes hacer porque tienes un libre albedrío para decidir cuánto tiempo quieres esperar para ser feliz.

Lo único que puedo decirte es lo que debes saber: que no sólo eres amado, que eres santo y estás perfectamente a salvo, que TÚ ERES el amor, la santidad y la salvación.

Vivir conforme a esa sabiduría depende únicamente de ti.

Gracias, hija, por escucharme.

—*Gracias a ti, Padre, te amo.*

Lo sé, eso es lo que eres.

Educación
y prejuicios

Un niño golpea a otro porque en verdad se siente atacado, al grado de tener que defenderse. La pregunta es: ¿qué le enseñan sus padres o maestros a defender con tanto ahínco?

JULIO 31, 2007

—¿Cómo lograr que un niño o un adolescente crezcan seguros, sanos y libres? ¿Cómo ayudar a los jóvenes a no crecer con miedos ni resentimientos?

Si analizas tu propia vida te darás cuenta de que cada uno tiene una historia personal que vivir. Tú tuviste que vivir, sentir y entender por ti misma muchas cosas para poder, un día, llegar a entender y aceptar lo que eres hoy.

Un padre o un maestro no puede evitar que sus hijos o sus alumnos cometan errores y, de hecho, es su deber no evitarlo, pues ellos están ahí únicamente para ayudarles y enseñarles a levantarse cuando caigan.

¿Cambiarías tú algo de lo que has vivido?

—Pues no es que lo cambiara, pero pienso que si desde chica hubiera sabido lo que ahora empiezo a saber, no habría sufrido tantas veces sin necesidad.

¿Y hacia dónde te llevó tu sufrimiento?

—Hacia este momento.

Exactamente.

¿Qué haría un niño de seis años con el conocimiento que te estoy dando? A quienes ahora se les llama *niños de la estrellas* o *niños índigo*, parecen nacer con ese conocimiento y, de hecho, así es, mas estos niños no son ni serán en mucho diferentes a los demás, puesto que de todas maneras tendrán que vivir su historia personal y aprender por sí mismos que, olvidar ese conocimiento y esta sabiduría innatos, es olvidarse de sí mismos.

La gran mayoría de los niños crecen de la siguiente manera. Desde muy pequeños aprenden que sus padres, o son sus protectores o son sus verdugos, según el nivel de amor, atención y aceptación que reciban. Cuando el niño empieza a crecer y tener un mayor entendimiento de las cosas, empieza a rodearse de otros niños que lo sigan o a los cuales seguir. Y mientras pasa el tiempo, sobre todo en la adolescencia, el niño aprende que tanto sus papás como sus amigos lo pueden decepcionar o le pueden dar el mayor amor.

Lo que viva después depende por completo de lo que aprenda en estos primeros años, mas todo este tiempo, el amor o el miedo con que crezca un niño depende en un ochenta por ciento de la historia personal de la gente que le rodea.

No importa cuánto le repitas a un niño que es amado y que es uno con Dios, si ha crecido siendo humillado, maltratado y rechazado por su propia familia, al niño le será muy difícil entender que hay dos realidades y que una de estas debe ser mentira. Pero, ¿cuál crees tú que será la mentira para él, si cuando llega a su casa se da cuenta de que sus propios padres no se tratan con amor y respeto a sí mismos ni entre ellos?

En el caso de los niños que crecen en un hogar lleno de amor y comprensión, la historia es más o menos la misma, pues de todas manera, el niño aprenderá (si esa es su historia personal) a través de otras personas, otros escenarios y otras experiencias, lo que es miedo y resentimiento, y cuando esas situaciones se presenten, poco importará lo que trates de transmitirle, pues cada ser humano vive en este mundo para experimentarse a sí mismo a través de todo lo que la naturaleza humana implica: desde pasar frío, hambre, dolor, enfermedad y miedo, hasta llorar de alegría, ver un amanecer, compartir una caricia, amar y sentirse amado.

—*Pero es clarísimo que los niños y los jóvenes de ahora necesitan una guía, algo o alguien, que les diga que no todo es tan terrible y que hay salidas mejores que las que a veces deciden tomar.*

Dime algo, ¿son muy diferentes los adolescentes de ahora a los de la época en que tú eras adolescente?

A veces parece que sí porque ahora hay una mayor apertura de los jóvenes para expresarse a sí mismos, sin importar lo que eso implique, pero la verdad es que la gran mayoría de los seres humanos han pasado por esa etapa llenos de dudas, miedos, desesperación, incomprensión y sufrimiento. En todas las épocas a los jóvenes les ha encantado sufrir y torturarse, particularmente en cuestiones románticas.

El niño y en especial el adolescente siempre han necesitado una guía, siempre han pedido ver la luz al final del túnel, sea con relación a sus padres, su escuela, sus amigos, sus amores platónicos, la sociedad. Sin embargo, es el adulto quien cree que esto es algo terrible; por algo se les llama erróneamente "adolescentes", porque adolecen de la aparente "madurez" y templanza de los adultos. No obstante, lo más curioso es que no son ni el joven o el niño quienes necesitan realmente la guía para ser felices y ver la luz, pues ellos son la semilla de esa luz. El camino que decidan tomar para llegar a la luz será maravilloso, cualquiera que sea su elección, pero lo importante es cuánta luz reciban de fuera para encontrar la luz en sí mismos.

—Yo sigo creyendo que es necesario un cambio en los sistemas educativos de niños y jóvenes, porque se les enseña de todo excepto de sí mismos y de la vida. La verdad es que lo que aprendes en la escuela es una basura y lo único que realmente te sirve son las experiencias personales acumuladas a través de satisfacciones y decepciones.

Los sistemas educativos, en la gran mayoría de los países, fomentan en primer lugar el espíritu de competencia, y la competencia es la cualidad primordial del ego; recuerda que ante el amor no hay diferencias.

El niño aprende desde muy temprana edad que él no es igual a los otros niños, sino diferente, y que es "más" o "menos" que sus compañeros. De entrada, crecer con esta idea como principal punto de partida, aleja de inmediato al niño de su verdadera naturaleza y de su sabiduría interna, pues antes de que sus padres, maestros o demás compañeros le digan que el de enfrente "no es igual a él", "no es del mismo nivel que él", "no es tan especial, o tan listo, o tan flojo o tan bueno como él", no será capaz de encontrar por sí mismo ninguna diferencia real con los demás niños.

Un niño por sí mismo no es capaz de hacer discriminaciones, juicios ni distinciones de ningún tipo hasta que las aprende de su entorno, llámese familia, hermanos, amigos, maestros, a través del ejemplo y la imitación.

Además de la competencia, las escuelas limitan enormemente la capacidad creativa y el razonamiento autónomo. Se les enseña a los niños a memorizar, en vez de razonar, a someterse a ideas preestablecidas en vez de ser creativos, a seguir siempre a su mente y a no escuchar su corazón; se les enseña que ellos mismos están mal, pues primero deben ser silenciosos, quietos, automáticos, falsos, limpios y pulcros y, lo peor de todo, se les enseña que ante todo deben cumplir con las expectativas de todos menos las de ellos mismos.

¡Y el sistema que utilizan para calificarlos! Qué cosa tan terrible que un niño sólo sea aceptado o rechazado por la cantidad de información que fue capaz de memorizar hasta la fecha de su examen.

Pero déjame decirte que el problema principal no está en las escuelas, el problema principal son los padres. Ellos son los primeros que le dicen que debe sobresalir, que debe cumplir con sus obligaciones porque "ellos hacen un gran esfuerzo para pagarle la escuela" o porque "debe conservar la beca" o "porque debe dar el ejemplo a sus hermanos".

Los padres son los primeros que premian o castigan al niño si no cumple con sus expectativas; lo castigan por portarse mal en la escuela o en la sociedad pero, ¿qué es portarse mal? Que el niño se permita ser él mismo a tal grado que su autenticidad moleste a otros.

—¿Pero no debe haber una disciplina?

Claro que debe haberla, no sólo por los niños, sino principalmente por los padres.

Lo que debe cambiar es la forma de disciplinar a los niños. Debe cambiar el sistema de valoración de los padres y maestros hacia sus hijos y alumnos. Y son los padres y maestros quienes deben cambiar, integrando más amor y aceptación a sus actitudes hacia ellos mismos y hacia los niños, pues mientras más amor y aceptación entreguen a los niños, que son realmente vasijas vacías esperando ser llenadas con el ejemplo de quienes los rodean (sea luz u oscuridad) mayor amor y aceptación les serán devueltos y mejor y más satisfechos se sentirán ellos con lo que están siendo frente a sus hijos y alumnos.

Un niño que golpea a otro en la escuela es severamente castigado tanto por padres como por maestros, pero dime tú: ¿cómo haces para que un niño se sienta agredido y agresivo al grado de golpear a otro? ¿No son acaso los niños la viva imagen de la inocencia, la honestidad, la bondad y la autenticidad?

Un niño golpea a otro porque verdaderamente se siente atacado, al grado de tener que defenderse. La pregunta correcta es: ¿qué le enseñan sus padres o maestros a defender con tanto ahínco?

Si padres y maestros le enseñaran al niño no que es malo golpear o defenderse, sino que lo único que vale la pena defender es el Amor y que el Amor, de todas maneras, no puede ser atacado ni eliminado por nada ni por nadie y, por tanto, el amor no puede sentirse agredido, otro gallo nos cantaría.

Por esto te digo que no sirve de nada llegar con los niños o jóvenes de hoy a explicarles todo esto, pues primero habría que hacérselos entender a sus padres y, entonces, cuando los padres entiendan y vivan esta verdad, ellos promoverán el cambio en los sistemas educativos, empezando por el sistema de sus propios hogares.

—*Entonces la verdadera pregunta no es ¿cómo ayudar a niños y jóvenes, sino cómo ayudar a los adultos, padres y maestros?*

No hija, la pregunta más adecuada es: ¿cómo me voy a ayudar a mí mismo a crecer libre, sin resentimientos, sano y seguro? Pues recuerda que si cambias tú, cambia el mundo, porque tú eres el mundo.

—*Eso me confunde mucho. Yo soy el mundo y dices que si yo cambio, el mundo va a cambiar conforme a mi voluntad. Pero así como yo, todos los demás también son el mundo y si ellos cambian, finalmente, ¿conforme a cuál voluntad cambia el mundo?*

Tú eres el mundo y todas las cosas. El de enfrente es el mundo y todas las cosas. El de la esquina es el mundo y todas las cosas. Quiere decir que el mundo y todas las cosas son una sola cosa y esa única cosa tiene una única voluntad que es la Mía y Mi única voluntad es el Amor.

El mundo se llenará de Amor conforme más gente entienda que su voluntad última es el Amor. Pero mientras la gente siga creyendo que su voluntad es distinta a la Mía, cada uno verá reflejado en su vida aquello en lo que cree.

Si tú crees en un mundo hermoso, bello, lleno de magia y posibilidades infinitas, llegarás a lugares hermosos, experimentarás la magia en algunos aspectos de tu vida y encontrarás infinitas posibilidades de cómo vivirla.

Si por el contrario, crees en un mundo lleno de dolor y sufrimiento, de muerte, enfermedad, inseguridad y pobreza, ciertamente vivirás ahí o al menos estarás en constante contacto con todo eso.

Si eres una persona insegura y miedosa, pero un día te cansas y dices: "Voy a cambiar. De ahora en adelante voy a ser un(a) cabrón(a)" y haces todo por cambiar, el mundo cambiará contigo y crearás todas las experiencias necesarias para experimentar tu cambio, hasta que te des cuenta de que tu cambio no fue positivo porque no fue impulsado por el Amor, sino por el miedo a seguir siendo lo que eras.

Por eso no hay aún un cambio real en el mundo; es por eso que todos los grandes cambios se experimentan aún a nivel meramente personal.

—Pero yo veo y experimento en el mundo muchas cosas que de ninguna manera deseo ni trato de crear.

¿Y has hecho algo para cambiarlas, aún cuando no vengan directamente de ti?

—Pues no, pero siento que hay cosas como la pobreza, la maldad o la inseguridad, que de hecho existen sin importar cuánta gente no las desee ni cuánta gente haga algo para cambiarlas.

En primer lugar, nadie desea realmente la maldad, o el hambre o la inseguridad. La gente "mala" lo es porque no ha encontrado una mejor manera de vivir.

Los seres humanos no han aprendido aún, que la gente que roba, mata, viola lo hace porque está tan atrapada en su propia oscuridad, que cree que no hay otro camino. No saben sentir compasión por nadie, mas que por ellos mismos y por quienes son "similares" a ellos.

En segundo lugar, la pobreza, la enfermedad, la maldad y otras tantas situaciones que ustedes ven como "negativas" o "malas", existen porque la gente que vive en la pobreza, o en la enfermedad y a su vez en la oscuridad, ESCOGIÓ vivir así. Sé que no me crees y no lo entiendes pero no tengo otra respuesta para ti, mucho menos para tu ego.

La gente que vive en la pobreza, la gente que nace con defectos físicos o que padece enfermedades terminales como cáncer o SIDA, todos ellos escogieron vivir esa experiencia de vida antes de nacer, porque su evolución personal así lo exigió.

Pero tú, desde tu enorme ego al que le encanta repartir juicios y culpas, dices: "pobre gente, qué injusticia" o "es culpa del presidente, del sistema, de la clase alta, de la clase media, de la contaminación, de mi suegra….". Culpas y señalas a tu antojo porque no puedes concebir que una persona elija por sí misma la oscuridad y el sufrimiento, aún cuando tú mismo lo haces todos los días, a todas horas.

Aquél que en tono aparentemente sabio y compasivo dice: "aquello que tiras es lo que otro desea o necesita", y te enjuicia por hacer lo que haces o ser lo que eres, te está negando la oportunidad de ser tú y de decidir por ti misma, mientras que quien todo lo desperdicia e ignora porque cree que por sí mismo no va a cambiar al mundo, se está negando a sí mismo la oportunidad de efectivamente hacer un cambio.

No has entendido que todos tienen una propia historia y un propio camino que ha sido elegido por cada uno de ustedes para experimentar todos y cada uno de los aspectos de la vida y la naturaleza humana.

¿Por qué es una injusticia que un niño nazca con cáncer y muera a los dos años? ¿Es una injusticia para quién?

No sabes que quizá ese niño durante dos años fue la felicidad y motivación que sus padres nunca tuvieron; que fue un reto personal para sus médicos, quienes se superaron y aprendieron en lo personal y lo profesional gracias a él; que la fortaleza y lucha de sus padres fue un ejemplo para mucha gente; que siendo tan pequeño, el niño luchó tanto por vivir, que en su siguiente vida será una persona enamorada de la vida misma y del mundo entero; que al morir enfrentó a sus padres con el dolor y el sufrimiento que por sí mismos no hubieran podido enfrentar, y eso les ayudó, no sólo a buscar otro hijo, sino a encomendarse a Dios y a volver a la paz que no hubieran encontrado de ninguna otra manera.

¿Por qué te da lástima la gente pobre?

Cuando ves a los ojos a un niño pidiendo limosna y le dices "no tengo" con tu cara de angustia y luego dices "no le doy porque sé que no es para él" o "quisiera tanto ayudarlo...", ¿sabes lo que ese niño está aprendiendo?

El niño está aprendiendo que si pide, no le será concedido, que ayudar a su familia a ganarse el pan pidiendo caridad, es la primera forma de que la gente no sea caritativa con él, que lo poco o mucho que gane le será arrebatado, que la bondad no existe, que no puede hacer nada mas que seguir pidiendo hasta que algo le sea concedido; y cuando ese niño por fin recibe algo y no dice "gracias" y actúa como si estuvieras obligado a darle, ¡te enojas! Pero es que tú sí estás obligado a dar, porque tanto tú como él participan de la naturaleza de Dios y Yo no sólo di un poco, me di a Mí mismo por amor, para que tú pudieras venir a este mundo a negarle un pan al hambriento y a juzgarlo por haber escogido esa vida.

Entonces ese niño crecerá lleno de miedo, de carencias y resentimientos, primero hacia sus padres que no supieron protegerlo, luego contra la sociedad por no haber sido compasiva y sobre todo, contra sí mismo por estar donde está, ¡a pesar de que él mismo escogió esa vida!

Y cuando sea un hombre podrá decidir entre trabajar y salir adelante o robar, matar y quedarse en la oscuridad. Si elige el primer camino dirás "!bravo!, qué bueno", pero si escoge el segundo dirás "qué lástima" o "ese hombre es tan malo…", porque seguirás sin entender que tal como tú vives tu cómoda y feliz vida, él está viviendo su historia personal con la misma libertad que tú, participando de la misma naturaleza divina de Dios, a quien volverá cuando haya vivido y aprendido todo lo que su alma necesite para su evolución.

Así es que, de ahora en adelante, cada vez que veas a una persona "menos afortunada" que tú, pregúntate: ¿cuál será su historia personal? Y recuerda, primero, que esa persona escogió su vida.

Segundo: estás obligado a darle todo lo que esté en tus manos, principalmente Amor, porque esa es tu naturaleza y la de él.

Y tercero: Dios es todas las cosas, incluyéndote a ti y a ese "desafortunado", por lo tanto, TÚ ERES ese "desafortunado" y pregúntate a ti mismo: ¿cuánto te gustaría y agradecerías que, a pesar de haber escogido esa vida, alguien te ayudara a escoger el camino de la luz y del Amor antes de que tengas que morir para volverlo a intentar?

Sanación y proceso creativo

La salud es un estado de bienestar físico, mental y emocional, un estado de paz espiritual que se traduce en la ausencia de alteraciones a nivel físico.

¿Qué te preocupa hija?

—Quiero saber si hay alguna manera de sanar a la gente. He visto gente que cura milagrosamente por imposición de manos; incluso yo he logrado ayudar en pequeñas cosas a algunas personas. Sé que estas curaciones son posibles, pero quiero saber cómo se hacen, quién las puede hacer y si se pueden aplicar a uno mismo.

En primer lugar, ¿qué es la salud? La salud es un estado de bienestar físico, mental y emocional, un estado de paz espiritual que se traduce en la ausencia de alteraciones a nivel físico.

Una persona sana es aquella que mantiene un equilibrio entre su mente, su corazón, su espíritu y su cuerpo.

Ahora bien, ¿en qué momento un desequilibrio a nivel mental, emocional o espiritual, se traduce en una enfermedad física?

Primero: la gente está completamente identificada con su cuerpo. La gente cree que sólo es su cuerpo y a nada de su ser integral le ponen tanta atención como al cuerpo, por ser lo más próximo y más visible; entonces, cualquier desequilibrio en algún aspecto del ser, se va a reflejar de inmediato en el cuerpo.

Segundo: el aspecto o nivel donde se produzca la alteración o desequilibrio, dará lugar a una enfermedad específica.

En el caso de desequilibrios a *nivel mental*, las principales enfermedades son: estrés, adicción, dolor de cabeza, dolor de cuello y de rodillas, problemas circulatorios y de articulaciones, pie de atleta, calvicie, tos, problemas de garganta, catarro, sordera, miopía, astigmatismo, tumores cerebrales, en los ovarios y en los senos, impotencia e infertilidad, parkinson, amnesia, problemas

44

dentales, alzheimer, torceduras y esguinces, quistes, caídas, atrofia muscular, rigidez, desmayos, entre otros.

Debes tener en cuenta que, según el nivel de desequilibro, mayores aspectos se verán afectados y, por tanto, más grave o más arraigada estará la enfermedad.

En cuanto a las enfermedades y problemas a *nivel emocional*, tenemos: problemas digestivos, colitis, gastritis, úlceras, problemas cardíacos, infecciones de cualquier tipo, problemas de espalda, migrañas, paraplejia, apoplejía, parálisis de cualquier tipo (salvo la cerebral, que es espiritual), problemas de tiroides, esquizofrenia, dermatitis, alergias, problemas de ciática, celulitis, obesidad y sobrepeso, anorexia, bulimia, derrames, encorvamiento, vista cansada, depresión, problemas respiratorios, vaginitis, incontinencia, cáncer, acné, hemorragias externas (las internas son espirituales), dolor de piernas, várices, inflamaciones de piel y órganos, reflujo, anemia, problemas de hígado, problemas hormonales, problemas de ovarios y próstata, fiebre.

Y las enfermedades *espirituales*: cataratas, defectos de nacimiento, ceguera, embolias cerebrales, virus, en particular el SIDA, enfermedades pulmonares, fracturas, mal olor, cuadraplegia, desvío de cadera, problemas de páncreas y vesícula, anorexia avanzada, pérdida de miembros, descalcificación, artritis, parálisis y retraso mentales, leucemia, el coma, lepra, enfermedades terminales, sífilis, cáncer de útero o matriz, diabetes, gigantismo, senilidad, desnutrición, depresión de cualquier tipo y trastorno bipolar, problemas de columna o de vértebras, enfermedades o problemas derivados de accidentes y los accidentes mismos.

Ahora, todas las enfermedades las ha creado el hombre. Nada de esto fue creado por Mí y no les reconozco realidad alguna porque Yo soy la perfección, la paz y la vida eterna y cada uno de ustedes es uno conmigo.

—¿Pero qué pasa con la gente que está muy enferma y te pide ayuda?

No es que Yo no ayude o escuche a la gente enferma que acude a Mí, al contrario, la gente que en la desesperación de su enfermedad acude a Mí con disposición verdadera de sanar, siempre es escuchada y sanada, puesto que al volver a Mí, que no conozco la carencia ni la enfermedad, vuelven también a su verdadero ser, en el que son perfectos y sanos.

No obstante, es tal la identificación del hombre con su cuerpo, que es casi una regla de oro que cualquier desequilibrio se traducirá, casi de inmediato, en una enfermedad.

Por lo tanto, para corregir un desequilibrio y, en consecuencia, poder curar la enfermedad, en primer lugar se debe identificar el nivel en que el desequilibrio se produjo.

Con relación a esto, es importante distinguir entre los conceptos "sanar" y "curar": La sanación se produce siempre a nivel no-físico, reestableciendo la paz y la luz en el nivel donde se encuentra el desequilibrio. La consecuencia directa de la sanación, es la curación, que se produce siempre a nivel físico aliviando el síntoma o molestia generado por el desequilibrio sanado.

Si la enfermedad se produjo por un desequilibrio a nivel mental, por ejemplo, un dolor de cabeza, debes llevar a la mente al punto de origen creativo.

Recuerda: aún cuando la mente crea falsamente, reconoce su función divina que es justamente crear.

—No entiendo…, ¿qué es el punto de origen creativo?

Déjame explicarte:

La mayoría de las enfermedades producidas a *nivel mental* provienen de un patrón de pensamiento o conducta repetitiva que, a través de la reafirmación, logra dejar también un patrón físico.

Ejemplo:

La primera vez que piensas que eres incapaz de hacer algo y crees realmente que eres un inútil, seguramente no pasará nada. Pero si durante un periodo de tiempo (ya sean horas, días o semanas) te mantienes repitiéndote la misma idea constantemente, el área de tu cuerpo con que se relaciona directamente esa idea experimentará tanta tensión que generará un dolor específico. En este caso, la idea se relaciona directamente con tu cabeza, con la incapacidad mental que crees estar experimentando, por lo tanto el dolor se produce en esa zona.

Por su parte, las enfermedades a *nivel emocional* provienen de una sensación de peligro y falta de protección, seguridad y amor; provienen de patrones de miedo intenso y enojo acumulado, los cuales utilizan al cuerpo como medio de escape.

Ejemplo:

Si un día sientes mucha rabia hacia alguien que en un momento te hirió o agredió, sentirás de inmediato una sensación de calor intenso y revoltura en el estómago.

Si dejas ir el enojo rápidamente, la sensación se irá junto con él. Pero si todos los días experimentas de una u otra manera esta sensación de enojo e irritación y no haces nada por controlarlo y eliminarlo, tu cuerpo buscará una forma de sacarlo de su sistema, puesto que no hay nada que dañe más al cuerpo que el miedo y el enojo.

Para sacarlos, tu cuerpo creará una gastritis o una diarrea para expulsar la sensación de peligro y falta de amor.

Ahora, las enfermedades emocionales por lo general se experimentan primero en el plexo solar (el área del estómago, arriba del ombligo, y el área de los intestinos), pero el que realmente rige las emociones y los sentimientos es el corazón, por lo que una emoción que en un principio se identifica en el estómago o en cualquier otra parte del cuerpo, habitualmente irá acompañada de un mayor ritmo cardíaco. La mejor manera de controlar una emoción negativa es tratar de controlar, antes que nada, el ritmo cardíaco, pues al entrar en contacto con tu corazón, entras en contacto con tu alma, que es la que posee toda la sabiduría y la paz que necesitas en ese momento.

Las enfermedades *espirituales*, en cambio, son provocadas por una desconexión total con la vida y con el alma, que se manifiesta en el cuerpo con el fin de eliminar a éste por completo, por ser el cuerpo la única conexión que se sigue experimentando con la vida y con las experiencias que dieron origen a la desconexión.

Ejemplo:

Una persona con cáncer terminal en el páncreas tuvo un largo proceso de desarrollo del mismo. Primero experimentó el patrón mental que le hizo creer que no podía disfrutar y absorber las alegrías de la vida. Esta persona se mantuvo tanto tiempo repitiendo esa idea (y la conducta que la sustentaba), que empezó a sentirse realmente enfadado y temeroso de la vida y de lo que ésta conlleva.

Al no buscar una reconexión con la vida ni con su alma, que es la que se encarga de enseñarnos a vivir en el Amor, la persona se desconecta por completo de sí misma y se genera una cadena de intoxicación a nivel celular.

Recuerda que el cáncer empieza con una sola célula enferma que, con el tiempo o la intensidad del desequilibrio, contaminará a otras hasta abarcar un órgano completo, sino es que el cuerpo mismo. Cuando una intoxicación celular de este nivel se produce, es que la persona ha dejado de enviar y recibir luz de su alma y del mundo, la persona ya no quiere experimentar la vida ni contactar consigo misma y, puesto que lo único que la mantiene en contacto con el mundo es su cuerpo (ya que está demasiado alejada de su mente sana y de su corazón), necesita deshacerse de éste para dejar de experimentar el dolor y el sufrimiento que la vida le causa.

Volviendo al ejemplo del dolor de cabeza, éste desaparecerá en el momento que logres identificar el patrón de pensamiento o de conducta reiterado que sólo puede ser eliminado cambiando la forma de pensar y el comportamiento correspondiente.

Al principio, no importa si no identificas el pensamiento específico, basta con saber que hay algo que está mal y, mientras más consciente estés de ello, el patrón específico se revelará por sí mismo.

—¿Pero cómo haces para cambiar la forma de pensar de una persona de un momento a otro?

Tú no puedes cambiar la forma de pensar o actuar de una persona de manera inmediata, sin embargo todas las mentes son una y están unidas a la Mía que sólo conoce la paz y que es la creadora última de todo lo que existe.

Cuando alguien experimente dolor de cabeza o cualquier otra enfermedad a nivel mental, mírale directamente al entrecejo (si puedes tener contacto físico mejor) y repite en silencio: "Aquiétate y sabe que yo soy Dios y que tu paz mental es Mi única voluntad."

De esta manera le ayudas a reconocer quién es y cuál es su único pensamiento verdadero.

—¿Qué pasa si una enfermedad mental avanza tanto que se vuelve emocional o espiritual?

Tomando de nuevo el ejemplo del dolor de cabeza, si éste se volviera una migraña, primero debes recordar que las enfermedades emocionales vienen del miedo y la ira, y que estas emociones buscan un modo de salir de tu cuerpo. El contrario del miedo es el amor, y los contrarios de la ira son la paz y la aceptación, así es que cuando encuentres a una persona con una enfermedad emocional, mírala directamente al corazón (si puedes, imponle tus manos) y repite en silencio: "Aquiétate y sabe que yo soy Dios; yo soy el amor, la luz y la paz y fuera de mí no hay nada. Tú eres yo".

Tú sola no puedes quitarle el miedo a una persona, ni sacar la ira de su cuerpo si él o ella no quieren hacerlo, pero puedes recordarle que no importa cuánto miedo tenga o cuán enojado esté, lo único real es el amor y el amor es la paz absoluta.

Si el problema es ya a nivel espiritual, por ejemplo, una cuadraplegia, la mayoría de las veces no hay mucho qué hacer porque la persona ya se ha entregado completamente a su enfermedad y ha perdido las ganas de vivir. Por eso los casos de sanación de este tipo de enfermedades son realmente milagrosos y poco comunes.

Lograr que una persona vuelva a reconectarse con la vida y con su luz interna es una tarea que sólo esa persona puede pedir y realizar. Estas enfermedades se manifiestan, finalmente, como una última oportunidad para que la persona "toque fondo en su oscuridad" y se reconecte con la luz.

Particularmente en el caso de las enfermedades emocionales avanzadas y las espirituales, la gente cree que los estoy castigando o que les estoy mandando la enfermedad para algún propósito (no amoroso) específico. Pero la realidad es que Yo de ninguna manera puedo ni soy capaz de castigar a mis hijos, pues mi amor es perfecto e ilimitado y todo lo perdona y lo sana.

Por increíble que parezca, son estas mismas personas quienes han buscado la enfermedad, y déjame decirte que aunque parezca que están creando la enfermedad desde el peor lado de sí mismos, la realidad es que es su alma la que la está enviando.

—¡¿Cómo que el alma?! Dices que la enfermedad es creada por mi mente o mis emociones y lo entiendo, pero ¿por qué mi alma me castigaría de esa manera?

No lo entiendes. Aunque así lo parezca, la enfermedad no es un castigo sino un llamado de tu alma para que identifiques el nivel de desequilibrio en tu vida y vuelvas a la luz.

Si cada vez que te sientes mal hicieras un análisis inmediato de ti misma y de aquello que está en desequilibrio, de ninguna manera vivirías el malestar o la enfermedad como un castigo, es más, estarías agradecida de haber recibido esa llamada de atención.

El ser humano vive la enfermedad como un calvario (no importa lo leve o grave que sea) porque su ego le dice que se lo merece, que vino a este mundo a sufrir, que Dios le está castigando y que lo único que puede salvarlo es aquello que está fuera de él (mientras más largo y más costoso, mejor), porque Dios está demasiado ocupado como para preocuparse por su "dolorcito de cabeza".

¿Y por qué te dice esto el ego? Porque la enfermedad es el mejor recurso del ego para demostrarte que el amor y la paz de los que tanto te hablo, no son reales. Y mientras más tiempo te pueda mantener creyendo que estás muy mal y que no tienes remedio, más te convencerás a ti misma de que tu ego tiene toda la razón.

—Pero hay personas que cuando les dices que su enfermedad la buscaron ellos mismos, se sienten muy agredidas y te dicen: "¡¿Cómo te atreves?! ¿Tú crees que yo quiero tener este cáncer, este tumor, SIDA, etcétera?

Así como esas personas no desean su enfermedad, así el ego no desea que vuelvan a la luz. No quieren la enfermedad pero sí quieren el patrón mental o emocional que le dio origen. Quieren sanar pero no quieren cambiar. Llegará el momento en que cambiar sea el último recurso y, entonces, sanarán.

—¿Y qué pasa en el caso de las enfermedades terminales?

Pasa exactamente lo mismo, sólo que en el momento en que a una persona le dicen que le quedan seis meses de vida, pierde toda la esperanza y la fe, y la victoria del ego es casi completa. Y digo "casi" porque, como en realidad esa enfermedad es una oportunidad para volver a la luz, la persona tendrá en todo momento la libertad de decidir si quiere o no volver a la luz.

—¿Todas las personas son capaces de autosanarse y de sanar a otros?

Sí.

—Pero yo he intentado hacerlo conmigo misma y con otras personas y no funciona. Como que dudo mucho de que la curación se pueda producir.

Primero: En cuanto a la autosanación, una vez que la enfermedad está manifestada y arraigada, la única manera de cortarla de raíz es ir directamente a ella, ya sea por nombre médico o por el síntoma, y darle las gracias, literalmente, por haberte ayudado a darte cuenta de tu desequilibrio, dejándola ir en luz y en amor. Para ello, puedes visualizar que en el lugar donde se localice la molestia, hay una puerta de luz que se abre y deja salir el patrón mental, emocional o espiritual, junto con los síntomas y molestias de la enfermedad. Una vez que la enfermedad quedó fuera, visualiza una luz blanca y dorada que llena toda el área, limpiándola y dejándola más sana que nunca.

Recuerda que fue tu alma quien te mandó esta llamada de atención, así es que, agradécele también a ella su ayuda y di: "Yo soy santo, perfecto y amado y bendigo mi alma, que es la del mundo".

Si la enfermedad está muy arraigada, trata de repetir este ejercicio al menos tres veces al día.

Yo no puedo pedirte que no dudes ni cuestiones lo que estás haciendo, pero sí puedo recordarte que, hasta ahora, no has encontrado una mejor manera de ayudarte (además de que al hacerlo, finalmente no vas a estar peor), y esto que se te está dando, te lo estoy dando Yo, que no puedo mas que amarte y desear tu paz infinita e inmediata y que de ninguna manera puedo engañarte porque Yo soy el camino, la verdad y la vida.

Segundo: En cuanto a la sanación de otros, entiendo perfectamente tus dudas y las de los demás, pues aún no se creen merecedores de mi Amor ni de los resultados inmediatos del mismo.

Te parece inconcebible que tú seas tan perfecto y tan santo que Yo te permita obrar milagros por Mí, y la verdad es que mientras sigas dudando de ti mismo, lo único que puedes y debes hacer es confiar en que Yo sí soy capaz de obrar esos milagros, y de hecho lo hago, a través de cualquiera de mis hijos que tengan una mínima disposición para ayudarme.

El ser humano tiene un cuerpo para poder sentir y experimentar físicamente sus creaciones, pero sobre todo para que su alma pueda expresarse y comunicarse en el mundo. Y si tu alma participa de la naturaleza de Dios, entonces es Dios quien se comunica a través de tu cuerpo, tanto para obrar milagros como para recibirlos.

Siempre que intentas sanarte a ti o a otro, debes tener presente y creer y sentir que aquello que estás pidiendo YA TE HA SIDO CONCEDIDO; ya has sido sanado y ya has sanado al otro. Debes creerlo porque así es, esa es la realidad: que tú no adoleces de nada ni hay imperfección alguna en ti.

No importa si el otro no lo cree o no lo sabe; si tú aceptas esa realidad por él, tu mente, tu corazón y tu espíritu, que son los mismos que los de él y que los Míos, sanarán en ti mismo y en el otro.

Asimismo debes tener presente que para que la sanación se produzca realmente, en primer lugar debes llegar al nivel donde el desequilibrio se produjo, provocando un cambio significativo en ese nivel.

En el caso de la autosanación, tú eres capaz de cambiar tu propio desequilibrio, identificando y cambiando el patrón que le dio origen. El cambio debe producirse con hechos, pero antes debe producirse a nivel mental y emocional. Debes creer que el cambio es posible y que, de hecho, ya ocurrió, y debes sentir el cambio dentro de ti.

En cuanto a la sanación de otros, ya vimos que tú no puedes cambiar su forma de pensar o sentir de un momento a otro, pero puedes reconocer su unicidad contigo y Conmigo y, a través de esa unicidad, basta con que tú sientas su cambio y creas en el mismo como si fuera propio.

Antes de intentar sanar a alguien, debes siempre pedirle permiso a su alma a través de su corazón, porque si el alma de esa persona cree que aún no es momento de sanar (porque la persona no está dispuesta a cambiar y a llevar luz a su vida), la sanación no se producirá.

Te encontrarás con gente que dice sentirse muy mal y a quienes tú querrás ayudar, pero que aún no están preparados para ser sanados, pues recuerda que no sólo se trata de aliviar el síntoma físico, sino de producir un cambio que afecte a la persona en su totalidad. En esos casos, recuerda que estas personas están viviendo su historia personal y que sólo ellos pueden decidir cuándo sanar.

Habrá otros casos en que la sanación sea inminente y esos casos llegarán a ti y tú sabrás fácilmente que están listos para sanar; pero en todos los casos, pregúntame a Mí qué debes hacer, pues ten la certeza de que te llevaré de la mano por el camino de la luz, la verdad y el Amor, para que tú puedas invitar a otros a caminar contigo.

Las propias creaciones

Sabe ahora que todo aquello que experimentas son tus propias creaciones, tú eres el autor real de las mismas y, tal como las creaste, tú eres el único capaz de destruirlas.

AGOSTO 1, 2007

—*¿Y cómo logras mantener un nivel de equilibrio y salud constante cuando sigues experimentando problemas o sufrimiento en tu vida?*

¿Qué crees tú que sea primero, el problema o la enfermedad?

—*¿El problema?*

La verdad es que ninguno de los dos. Veamos. Si tu problema es que te sientes constantemente irritado y agredido, digamos, por la gente de tu trabajo, es porque hay un patrón emocional de miedo y enojo que quizá aún no produce la enfermedad, pero que ciertamente se está manifestando como un problema en tu vida diaria.

La agresión entonces no viene de fuera, la agresión viene de tu mente y de tus emociones que toman como problema cualquier comentario o comportamiento de otros que no actúan como tú deseas. Entonces la agresión viene de ti misma y la reflejas en el mundo, tal como después la reflejarás en tu cuerpo.

—*Es un círculo vicioso...*

Sí, si lo que estás tratando de encontrar es una causa externa a ti, pero entiende algo: **TÚ, y sólo TÚ, eres la causa de tu vida**. Tú, y sólo tú, puedes hacerte feliz o hacerte daño, y tú eres la única capaz de crear las experiencias de tu vida.

Así como tú eres responsable de tus enfermedades, así también eres responsable directo de las experiencias de vida que experimentas.

—*Estoy confundida. Si mi problema es que tengo trabajo pero no tengo dinero suficiente para cubrir mis necesidades básicas, pero no estoy enferma, sino que me enfermo tiempo después de experimentar la carencia económica, ¿no es primero el problema que la enfermedad?*

Déjame explicarte. Anteriormente hablamos sólo de las enfermedades y de lo que causa un desequilibrio mental, emocional o espiritual en tu cuerpo. Sin embargo, todo desequilibrio está relacionado con todo, y recalco, absolutamente con TODO lo que tú experimentas.

Como mencioné antes, la gente está tan identificada con su cuerpo que es éste el primero en manifestar un desequilibrio. Mas esto no quiere decir que tu cuerpo sea el único que refleja aquello en lo que crees.

Te lo he dicho antes: la clase de mundo en la que creas, será la clase de mundo que experimentarás. Toda experiencia, sea positiva o negativa, física, emocional, espiritual, económica, romántica o cualquier otra, es creada por ti, primero, a nivel mental.

Tú deseas tener dinero; tu mente ha creado la idea de carencia, la ha repetido constantemente y ha creado en ti el patrón emocional de miedo y falta de protección. Si tú no te das cuenta de este patrón y no tratas de resolverlo en ti misma, este patrón puede manifestarse en tu cuerpo, por ejemplo, como un dolor de cintura o de cuello, pero en forma paralela se manifestará en tu vida diaria como una situación que te llevará a experimentar la carencia económica a la que estás aferrada.

Esto quiere decir que no hay un antes ni un después. El humano aún entiende el tiempo como un marco de referencia horizontal, con pasado, presente y futuro, pero la realidad es que el único tiempo es el ahora, donde se manifiesta todo al mismo tiempo y de la misma manera, conforme a la mente que le da origen.

No son tus problemas los que causan la enfermedad, así como tampoco es la enfermedad la que causa el problema. Tu manera de pensar y sentir es la que causa ambos.

Ya he tratado de explicar esto innumerables veces a través de otras personas, pero déjame explicártelo de la manera más clara posible:

Pongamos como ejemplo a una persona que de pequeña experimentó la carencia económica, pero que al ser adulto decide que no quiere volver a experimentar esa carencia ni quiere permitir que sus hijos la padezcan.

Esta persona creará en su mente la idea de abundancia; de ganarse las cosas por sí misma, de superación, de retos y de triunfos. Se visualizará a sí misma logrando grandes cosas hasta llegar a obtener una situación financiera lo bastante holgada como para que vivan tres generaciones siguientes.

Además de tener esta simple idea, la persona siente que esto es lo correcto; siente la necesidad de hacer lo que piensa y justamente se basa en su coraje y su determinación para llevarlo a cabo. Entonces empieza a actuar conforme a lo que desea: busca un trabajo, estudia para superarse, empieza a subir de puesto y encuentra también a una persona con quien formar esa familia que visualizó.

Y, casualmente, un día te enteras de que, después de veinte años, después de venir de una familia humilde y haber empezado desde abajo y haber trabajado y superado muchos retos y dificultades, esta persona es hoy una de las más ricas del país. Casualmente, esta persona experimentó todas las situaciones que la llevaron a cumplir aquello que un día se propuso. ¿De dónde crees que surgieron esas situaciones? ¿Éstas son las que llamas "casualidades de la vida"?

Porque ciertamente te digo que Yo no tengo nada que ver en la vida de ustedes, salvo para recordarles lo que es el Amor. Yo no puedo intervenir en sus decisiones porque fue Mi voluntad que ustedes fueran libres para crear y vivir todo lo que deseen y necesiten.

Desde el momento en que esta persona creó en sí misma un patrón mental y emocional, creó asimismo las experiencias de vida respectivas. Trazó una ruta de crecimiento; creó un trabajo en el cual empezar a adquirir experiencia; creó oportunidades para destacar; creó oportunidades de aprendizaje a través de logros y tropiezos; creó abundancia a través de una ambición bien encaminada; creó una motivación de luz y de Amor; creó el equilibrio suficiente para mantenerse trabajando y creó los retos necesarios para probar su fe en sí misma.

¿Quién es el creador de tu vida?

Sabe ahora que *todo aquello que experimentas son tus propias creaciones, tú eres el autor real de las mismas y, tal como las creaste, tú eres el único capaz de destruirlas.*

Volviendo al ejemplo anterior, si la persona en el momento de decidir qué hacer con su vida, en vez de crear el patrón mental y emocional de abundancia, se hubiera quedado con el patrón de carencia pensando y sintiendo que la vida no provee suficiente para todos, que en el lugar donde vive no hay suficientes oportunidades, que no tiene la capacidad para llegar tan alto, ciertamente vivirá en ese mundo. La persona creará las experiencias de falta de trabajo, de oportunidades, ausencia de recursos; creará las oportunidades para sentir cómo la vida sólo tiene oportunidades para otros, creará situaciones que le hagan perder toda esperanza y creará asimismo momentos de terrible desesperación, hasta el momento en que decida cambiar.

Ahora, como ya vimos en los casos de desequilibrios mentales o emocionales, el alma le hará una llamada a la persona para que vuelva a la luz a través de una enfermedad mental o emocional que le permita cambiar el patrón negativo de carencia y falta de protección. Si por medio de la enfermedad la persona decide llevar luz a su vida y recuperar el equilibrio, no sólo sanará su cuerpo, sino que si el cambio es realmente significativo, cambiará también su forma de pensar y sentir. Pero date cuenta de que la enfermedad no fue antes ni después, puesto que el patrón que le dio origen estuvo desde el principio; el problema y la enfermedad se crean juntos.

—¿Entonces qué debo hacer para crear correctamente?

No hay una manera correcta o incorrecta de crear. Todas tus creaciones son divinas porque tu naturaleza es la de Dios, y Dios es creador y ÉL es creador de todo. No obstante, puedes crear falsamente a través de la parte de ti que no es real: tu ego.

Como ya vimos, tu ego es el único capaz de experimentar miedo y enojo y es desde ahí desde donde tu ego crea. Pero recuerda que lo único real es el amor, por tanto, las creaciones del ego no son reales.

Si tú dices "quiero ser rica", o "quiero estar sana", estás expresando un deseo y los deseos, por muy puros y santos que parezcan, son también cosa del ego, pues *el ego es el único que puede experimentar carencia.* El espíritu está en la luz y es por sí mismo abundante, perfecto y eterno y sabe que no hay nada que pueda querer o necesitar, pues el espíritu es uno con Dios, que es todas las cosas.

Entonces, si tú dices "quiero ser rica", estás creando, desde tu parte no real, el patrón de carencia de dinero. Es como decir "quiero ser rica porque soy pobre".

El ego pide *aquello que cree que no tiene,* mejor dicho, *quiere hacerte creer que no tienes lo que por derecho divino es tuyo.* Estás afirmando que no tienes dinero y que deseas tenerlo, pero como *desear significa reconocer que careces de algo,* entonces estás negando dos veces que tienes dinero.

Por eso es que algunas religiones hacen hincapié en dejar a un lado todos los deseos y apegos. Pero no me malentiendas: desear, como tal, no es malo, es el deseo y la necesidad de algo lo que en primer lugar te llevan a trabajar por conseguirlo. El error está en mantener el deseo como patrón de pensamiento y de emoción.

Si tu deseo es tener dinero, muy bien, ahora reconoce que el dinero ya es tuyo porque TÚ ERES TODAS LAS COSAS, por tanto, tu abundancia es perfecta y eterna. Desde este patrón mental, que debe volverse también emocional (es decir, siéntelo, siente que ya tienes todo el dinero del mundo, siente que la vida te está llenando de oportunidades para conseguirlo, emociónate con esa idea, llénate de amor pensando en todo lo que harás con ese dinero), crea todas las situaciones y experiencias necesarias para experimentar la abundancia en todos los aspectos de tu vida, puesto que la abundancia, como gracia de Dios, no puede separarse entre económica, de salud, afectiva o emocional. La abundancia significa "tener mucho de", es una cualidad inherente de Dios, y por tanto significa: "tener mucho de Dios" *y Dios ES todas las cosas.*

¿Esta vez sí lo dejé claro?

—Sí, muy claro, aunque aún tengo varias preguntas.

Me encantará contestarlas todas.

—Por ejemplo, ¿lo que realmente debe buscar uno es la abundancia?

No, tú puedes buscar todo lo que quieras, la abundancia es sólo uno de los aspectos de la gracia de Dios que te sugiero buscar porque conlleva traer amor a todas las áreas de tu vida. Mas tú eres libre de buscar lo que quieras.

—¿Lo que quiera?

Sí hija, TODO, absolutamente TODO lo que pidas te será concedido, bajo la advertencia de que todo lo real ya es tuyo, mientras que todo lo irreal será creado por ti en el tiempo para experimentarlo como propio.

Aprende que el Amor, la paz, la bondad, la luz, la abundancia, la justicia, la paciencia, la sabiduría, la certeza, el valor, la claridad, la comprensión y la alegría YA SON TUYOS, puesto que tú eres todo eso.

El miedo, el orgullo, el egoísmo, la ira, la inseguridad, el rencor, la tristeza, la desesperación, la enfermedad, todo eso eres libre de crearlo a tu antojo a través de tu ego. Mas ten cuidado: tu ego no es de ninguna manera tu peor enemigo, pero de eso hablaremos después.

—Espérame, tú dices que todo lo que pida me será concedido, que yo creo las experiencias que vivo día con día, pero me ha pasado que yo pido que se me conceda algo y nunca me fue concedido (claro que ahora lo agradezco), pero ¿por qué pasa eso?

En primer lugar, lo que deseabas experimentar, no fue creado como te enseñé antes. Fue meramente un pensamiento o un sentimiento, pero no fue una manifestación integral de tu ser.

En segundo lugar, muchas veces la gente pide algo, pero al mismo tiempo está pidiendo todo lo contrario a través de sus actitudes o sentimientos.

Siguiendo con el sistema de ejemplos. Tú deseas con muchas ganas, en un momento determinado, ser rico y me dices: "Dios mío, por favor, hazme millonario" y hasta tratas de crear como te he enseñado. Pero en otros momentos, que son más frecuentes que aquellos en que deseas ser millonario, te encuentras con gente de mucho dinero que es prepotente, soberbia, que humilla a sus empleados y a la gente humilde, que utiliza el dinero para cosas sucias y dices "no quiero eso para mi vida", "no quiero ser así", "para qué quiero tanto dinero si voy a ser un desgraciado". Entonces tu alma, que es la parte realmente sabia que hay en ti, pondrá tus deseos en una balanza y te ayudará a crear las situaciones y experiencias que te permitan tomar la mejor decisión. Repito: *que te ayudarán a tomar la mejor decisión.* Ni tu alma ni Yo escogemos en ningún momento por ti. *En todo momento eres tú quien decide qué quiere experimentar en su vida.*

—Gracias, me queda más claro todavía, pero tengo otra duda: ¿qué pasa con los accidentes? Los accidentes no los busca nadie intencionalmente.

Me encanta tu pregunta.

Déjame explicarte. Como te comenté antes, los accidentes mismos así como las enfermedades que derivan de éstos, son enfermedades espirituales. Recuerda que una enfermedad espiritual surge con motivo de una desconexión de la persona con la vida o con su alma. Cuando una persona sufre un accidente (del tipo que sea, no importa la gravedad), su alma le está haciendo un llamado para que ponga atención al área de su vida que está sufriendo un desequilibrio.

—Pero en el caso de los accidentes influyen muchísimos factores que por lo general son completamente ajenos al afectado, y no veo cómo su alma puede unir todos estos factores con el alma de otras personas.

Toda enfermedad deviene de un desequilibrio o patrón mental o emocional negativo, y si volvemos a la idea de que vives aquello en lo que crees, y piensas, sientes y actúas en consecuencia, habrá como resultado lógico una manifestación de aquello que creaste.

Pongamos un ejemplo. Una persona que pierde a un ser querido muy cercano entra en una depresión crónica, literalmente se siente que no puede seguir avanzando ni caminando por la vida sin la persona que perdió. Piensa, siente y actúa conforme a estos sentimientos y cree en ese mundo en el que no puede vivir ni avanzar sin su ser querido. Así como eres capaz de crear y manifestar una enfermedad, como ya te mencioné, eres capaz de crear y manifestar cualquier otra cosa o situación. Entonces esta persona que está en este mundo donde es tan difícil vivir y seguir adelante, crea (con sus pensamientos y emociones) las experiencias necesarias para vivir en ese mundo en el que cree.

No importa cómo se originen las circunstancias, ese es un trabajo que ya está en Mis manos, lo importante y en lo que se debe poner atención, es que todo lo que pidas te será concedido.

Así que esta persona sufre un accidente de auto que la deja paralítica; ahora sí, no puede avanzar ni seguir adelante. Aquí es donde te digo que la gente toma estas situaciones como un castigo divino, pero no es así. La persona estaba tan hundida en su oscuridad, que su alma encontró una manera de hacerle pensar dos veces si seguir ahí o avanzar hacia la luz, y tendrá que decidir entre una u otra.

Cualquier situación, por negativa que parezca, por ridícula y casual que parezca, tiene una razón de ser y siempre, y escúchame bien, *SIEMPRE es una razón para encontrar la luz.*

—¿Y qué pasa con los accidentes que sufren los niños? ¿Ellos también pueden experimentar tal nivel de desequilibrio espiritual?

Ponme el ejemplo en el que estás pensando.

—Un niño que se toma una medicina o droga creyendo que es un dulce y se intoxica. ¿Esta experiencia también la está creando su alma?

Sí. Por muy increíble que te parezca, así es. La gran diferencia con los niños es que ellos no son en absoluto conscientes (salvo algunos raros casos) de lo que desean o necesitan, mucho menos a nivel espiritual.

El niño no desea intoxicarse, como sería el caso de los jóvenes o adultos que consumen drogas regularmente, lo que el niño desea, por poner un ejemplo, es la atención de sus padres, desea sentirse amado y protegido, pues se siente tan abandonado y tan falto de amor que ha llegado a creer y a sentir que no es digno de ser amado. El niño sólo sabe que necesita sentirse amado, necesita que le pongan atención; él no conoce el proceso creativo del que hemos hablado, sólo sabe de lo que siente, pero como ya te he dicho, es el alma la que, con base en los pensamientos y sentimientos, crea la realidad última de la persona. Así que el alma de este niño creará la situación necesaria para que el niño obtenga aquello que está pidiendo y esto será una llamada de atención, no sólo para el niño, sino también y sobre todo, para los padres.

Desgraciadamente, si a pesar del accidente, el niño no recibe el Amor y la atención que buscaba, seguirá experimentando situaciones adversas (tanto otros accidentes, como bajas calificaciones, problemas con sus compañeros o hermanos, etcétera), hasta que logre entender y sentir que es amado y protegido.

La magia
de la creación

*La regla de oro es: IGUAL, ATRAE IGUAL. Atraerás a tu vida
lo que sea igual a aquello sobre lo cual pongas tu atención.*

—Otra pregunta, ¿funciona realmente la visualización?

Como ya te expliqué, primero la mente crea todo lo que se manifiesta en tu vida, pero ¿cómo es que tu mente crea primero la idea? A través de la imagen.

Tienes una imagen mental en la cabeza, ya sea de tu carencia, de tu dolor, de tu pareja, de tu auto. Tienes una foto mental sobre la cual creas un pensamiento; con base en ese pensamiento produces una emoción; y esa imagen y esa emoción son las que relacionas y, activan el proceso de creación original.

Como ya te había comentado: mientras más prolongado, frecuente e intenso el pensamiento y la visualización, mayor será la emoción y, por tanto, más rápida e intensamente experimentarás la manifestación de la realidad que buscas, sea cual sea.

Obsérvate a ti misma y verás cómo actúas así día con día sin darte cuenta.

—¿Qué hay de los ejercicios que dicen que pongas fotos de lo que quieres o que lo escribas?

Si tú creas un pensamiento de enojo, te visualizarás gritándole a una persona, sentirás la rabia en todo tu cuerpo, pero además golpeas una pared; este último acto le está dando a tu pensamiento la realidad física que le faltaba para manifestarse.

El enojo ya existía dentro de ti, la rabia y la agresión ya estaban ahí, tanto, que quizá la gente lo note en tus gestos y actitudes, pero para que todo eso llegara al mundo físico, necesitabas también un acto físico que le diera realidad y respaldo a tus emociones y pensamientos. Por eso el cuerpo experimenta el malestar físico de tus desequilibrios: la enfermedad es la manifestación física de la idea creadora original.

Poner frente a ti, físicamente, aquellas cosas que deseas o necesitas, te ayuda a mantener tu atención sobre ellas, sin embargo, de nada sirve mantener la atención en el algo si conservas un patrón mental y emocional negativo.

Si quieres experimentar determinada circunstancia o experiencia en tu vida, conforme a lo que hemos visto, ¿qué haces?

Primero: el deseo o necesidad de cierta cosa, persona o experiencia te lleva a pensar en ello.

Segundo: visualizas en tu mente esa cosa, persona o experiencia.

Tercero: aquello que desees te producirá una emoción que experimentarás a través de tu cuerpo.

Cuarto: produces en el mundo externo una acción que manifiesta el pensamiento y la emoción creados con base en tu deseo o necesidad.

Quinto: la cantidad de atención que pongas en aquello que piensas y sientes, determinará la rapidez e intensidad con que tu deseo o necesidad serán manifestados en tu vida.

Si volvemos al ejemplo de antes, mientras más veces y mientras más tiempo digas "quiero ser rico", menores serán las posibilidades de que llegues a serlo, puesto que estás afirmando que NO LO ERES.

Mientras más digas "no quiero esto para mi vida", mayores serán las posibilidades de que eso sea justamente lo que experimentes. ¿Por qué? Porque si seguimos el proceso antes descrito, verás que es justamente eso lo que estás pidiendo.

Pongamos un ejemplo. Digamos que ves a una persona con enfisema pulmonar avanzado y dices "no quiero eso para mi vida".

Primero: no deseas tener enfisema pulmonar y piensas cuánto fumas y en el daño que te puede hacer.

Segundo: te visualizas a ti mismo fumando y viendo cuánto daño te provoca fumar, y recreas en tu mente la imagen tantas veces como quieras.

Tercero: esa experiencia que NO QUIERES, está provocando una emoción en ti (miedo), que experimentas claramente en tu cuerpo (tensión).

Cuarto: produces una acción para manifestar tu emoción y tiras los cigarros a la basura.

Quinto:como decidiste dejar de fumar para no tener enfisema pulmonar, has puesto toda tu atención en el acto de fumar, por tanto, lo primero que se manifestará en tu vida será la experiencia de fumar, sea por ti mismo o reflejada en quienes te rodean.

–¿Y cómo cambias entonces el proceso?

Con el mismo ejemplo. No quieres tener enfisema pulmonar, no quieres eso para tu vida. Perfecto, reconoce ahora que eres una persona sana y llena de vida en todos los aspectos. ERES UNA PERSONA SANA, por tanto:

Primero: piensas que eres una persona sana y llena de vida, sin ansiedades, temores ni adicciones de ningún tipo.

Segundo: te visualizas a ti mismo como una persona sana y llena de vida (haciendo o dejando de hacer todo lo que hoy haces o no haces).

Tercero: sientes cómo todo tu cuerpo se siente bien, se siente sano y lleno de vida, libre de estrés y ansiedades.

Cuarto: haces cosas para cuidar tu salud: ejercicio, respiras aire fresco, buscas formas de aliviar el estrés y la ansiedad, tratas de llenar los momentos de fumar con un nuevo patrón positivo, como respirar profundamente o meditar.

Quinto: pones toda tu atención en tu SALUD y en lo llena de vida que estás, no necesitas nada porque tu cuerpo y tu mente están en paz.

Si te fijas, toda la gente que ha logrado manifestar lo que ha pedido, sea una enfermedad o un millón de pesos, es gente que no todo el tiempo piensa en lo bien o mal que se siente, sino que además habla de ello con todo el mundo, platica su experiencia del principio al final, con lujo de detalles, y vive cada día como si su enfermedad o enorme riqueza fueran lo único importante en el mundo.

Cabe agregar que los enfermos no sienten compasión por nadie mas que por ellos mismos, además centran completamente su atención en su vida, a tal grado, que se olvidan de que hay luz fuera de su oscuridad, atrayendo en consecuencia sólo oscuridad. En cambio, la gente que se siente feliz quiere compartir y contagiar su felicidad, por lo que su actitud atrae a más gente con quien compartirla.

La regla de oro es: IGUAL, ATRAE IGUAL.

Atraerás a tu vida lo que sea igual a aquello sobre lo cual pongas tu atención.

–¿Y en caso que de verdad desees una cosa o una experiencia específicas?

Recuerda, puedes tener TODO lo que quieras, entendiendo y aplicando los mismos pasos que te he enseñado desde el apartado de la sanación y las enfermedades. Puedes tenerlo absolutamente todo, pero sé siempre claro en lo que estás pidiendo.

Digamos que quieres cambiar de trabajo.

Primero: experimentas incomodidad en tu trabajo actual, eso crea en ti un deseo: deseas ser feliz en tu trabajo, así es que piensas en buscar un trabajo nuevo que te haga feliz (ojo: no debes quedarte en el patrón mental de "odio este trabajo").

Segundo: te visualizas en un nuevo trabajo donde puedes hacer lo que te gusta, sintiéndote feliz, realizado y, además, con muy buen sueldo (para el monto del sueldo deberás aplicar el mismo proceso).

Tercero: la visualización de ti mismo siendo feliz, haciendo lo que te gusta y ganando lo que quieres, te produce una emoción que experimentas en tu cuerpo (relajación). SIENTES la alegría de TENER un nuevo trabajo. Lo sientes como SI YA TE HUBIERA SIDO CONCEDIDO.

Cuarto: empiezas a buscar ofertas de trabajo que encajen con lo que estás buscando (ojo: no renuncies si no tienes la fluidez económica necesaria para estar un tiempo sin empleo).

Quinto: enfocas tu atención en ese nuevo trabajo que YA TIENES, incluso pegas en tu pared un póster o una foto de esa empresa a la que quieres entrar, y DAS GRACIAS a tu alma, al universo y a quien tú quieras, por HABERTE CONSEGUIDO tu nuevo trabajo.

—*Acabo de ver la película El secreto, donde afirman que la gratitud es muy importante para atraer a nuestra vida aquello que deseamos. ¿Por qué?*

Porque dar gracias por algo es reconocer, sin dudas ni segundos pensamientos, que eso por lo que estás agradecido, ya te ha sido concedido y, además, estás satisfecho con ello.

Si todos los días dieras gracias por tu salud, tu físico, por tu peso, tus ingresos, por tu familia, tu pareja, por tu trabajo, por tu espiritualidad, estarías reconociendo que no sólo tienes lo que quieres, sino que además estás feliz con lo que tienes. Y si experimentas la felicidad que da la gratitud en cada ámbito de tu vida, estás ya en el quinto paso: tu atención está en aquello que YA TIENES, y las cosas y experiencias se manifiestan de manera casi inmediata, primero como sensaciones, luego como experiencias físicas.

—*Otra cosa que dicen en esta película es que al universo (o ¿a ti?) le gusta la velocidad, que no le gustan los segundos pensamientos, ni las dudas o miedos. Que si el universo te pone una oportunidad enfrente, debes tomarla inmediatamente. ¿Qué me puedes decir de esto?*

Si recuerdas cuando te explicaba que la gente muchas veces pide algo, pero al mismo tiempo piensan o sienten justo lo contrario, entenderás lo siguiente. Volvemos al ejemplo del trabajo, si has hecho todos los pasos tal como te los mencioné, el trabajo que estás buscando se podrá presentar en cualquier momento (creo que tuviste una experiencia de estas ¿no?), pero si mientras esperas ese trabajo, tienes una actitud de desidia, de falta de motivación, si dudas de que ese sea realmente el trabajo para ti, si estás muy cómodo con tu desempleo o si decidiste que es "mejor" o "más seguro" quedarte donde estás, el nuevo empleo no llegará y, si llega, seguramente no serás contratado para el puesto.

El desear algo y manifestarlo en tu vida requiere, además de todo lo que hemos visto, una gran coherencia en todo lo que piensas, dices, sientes y haces. Si dices "soy una persona sana", pero fumas como chimenea, bebes como pozo sin fondo y comes como si se fuera a acabar el mundo, en realidad estás enseñándole al mundo que tu atención no se enfoca en tu salud sino en todo lo que la daña, y el mundo contestará conforme a tu voluntad.

—*También en la película dicen que si estás en una frecuencia de luz y amor, pero tienes que convivir con una persona que permanece enojada o en una frecuencia más baja, el universo los separará, aunque sea por un rato, ya que sus frecuencias no son compatibles. ¿Esto es cierto?*

Tú dímelo. ¿Cuántas veces has estado del mejor de los humores y alguien llega a "arruinarte todo tu día"?

Si todas las personas que están en diferentes niveles de vibración tuvieran que estar separadas para estar en paz, el mundo estaría literalmente dividido en dos: buenas vibras y malas vibras.

Cuando dos personas están en frecuencias o niveles de vibración diferentes, es responsabilidad del que está vibrando más alto, primero, mantener su nivel de vibración, segundo, ayudar al otro a subir la suya.

—*¿Pero cómo mantienes un nivel de vibración alto con alguien que está furioso y llega a gritarte o agredirte porque tuvo un mal día?*

Ya hemos hablado de las historias personales y del libre albedrío de cada quien.

Una persona que, por tener un mal día o por cualquier otra circunstancia, tiene una actitud negativa, está siendo lo mejor que puede en ese momento, con los conocimientos y herramientas que tiene en ese instante. Si tú te volteas con esa persona y le dices "tú y yo no podemos convivir porque estamos en niveles de vibración diferentes, y como no quiero que me arruines mi día, me voy a dormir a la sala", en primer lugar, esa persona se va a reír de ti (aunque eso, de hecho, sería bastante positivo), en segundo lugar, estás juzgando a alguien que no tiene en ese momento las herramientas o la voluntad para cambiar su actitud. Está viviendo su historia personal conforme su evolución y entendimiento se lo permiten, en cambio tú, que tienes los conocimientos y herramientas necesarios para reconocer únicamente la paz y el amor de Dios, tanto en ti como en él, estás espiritualmente obligada a mantener tu vibración reconociendo que es la parte no real de esa persona la que está actuando. Esa parte no real quiere atraer más irrealidad y oscuridad a su vida, contaminándote a ti, pero si tú reconoces esta situación y la enfrentas con amor y con gratitud de saber que no es real, la persona cambiará su actitud o, al menos, dejará de intentar contaminarte a ti.

—¿Por qué dices que estoy "espiritualmente obligada" si se supone que todos tenemos libre albedrío?

Porque viniste a este mundo a dar amor, esa es tu naturaleza y tu verdadero ser, y una persona que adquiere cierto nivel de entendimiento respecto a ello, está espiritualmente obligada con su alma a ayudarle a experimentar la realidad de sí misma, que es el Amor.

Y no me entiendas mal, no es que si no lo haces tu alma, el universo o Yo te vayamos a castigar, es sólo que cada vez que te niegas a llevar luz a la vida de otra persona, te estás negando a ti misma la oportunidad de que la luz de tu alma se manifieste y realice en el mundo, y cada vez que le quitas a tu alma una oportunidad de estas, te alejas de tu verdadero ser, dejas de experimentar el amor intrínseco de tu alma; y no experimentar amor en cada circunstancia de tu vida es un castigo que tú mismo te impones.

—Bueno, ¿y cómo haces para ayudar a la otra persona a cambiar su actitud o "elevar su vibración"? Si yo llego con una persona que está furiosa (y que además no es muy espiritual) a decirle que él o ella es la paz y el amor, y que es su parte no real lo que está actuando, seguramente me avienta una maceta en la cabeza.

Si no puedes tener una conversación o acercamiento directo con la persona, cambia tú por ella.

Sé que hay gente que dice que una persona no puede sanar o crear por otra, pero te he enseñado que sí se puede, de hecho, puedes utilizar el mismo proceso de la creación y manifestación de ideas: la persona en cuestión está muy enojada, así es. Tú no quieres que esa persona esté enojada porque sabes que es su parte no real la que está actuando y porque además (y más sinceramente), no te gusta cómo te hace sentir. Así es que inviertes el pensamiento y reconoces que, TANTO TÚ COMO ESA PERSONA, son serenos, armoniosos y felices.

Primero: piensas que tanto tú como la otra persona son felices y están en paz (sí, aunque esté aventando los platos).

Segundo: te visualizas a ti y a la persona conviviendo en paz y en armonía.

Tercero: sientes y experimentas emocionalmente la paz y la alegría que te da el hecho de que ambos estén conviviendo en paz.

Cuarto: éste es el paso más difícil, pues tienes que realizar en el mundo físico una acción que manifieste tu emoción, así es que si el otro está gritando, le hablas casi con susurros o te callas y escuchas en silencio absoluto; si tiene las manos apretadas, mueve tú las manos para que se disperse la energía; si está golpeando la pared, ¡sal corriendo!, (jajaja, no es cierto), si ya está a ese nivel, trata de darle la espalda o pon tu mano en tu plexo solar para que esa energía no te contamine.

Quinto: pon toda tu atención en la paz y la armonía que HAY entre ustedes. No en la paz y la armonía que llegará cuando se le pase la histeria, ni la que tenían antes de que perdiera lo poco que le quedaba de razón, sino en la que HAY AHORA.

Recuerda, para crear y manifestar lo que deseas, debes actuar siempre como si YA TE HUBIERA SIDO CONCEDIDO, porque una vez más el amor y la paz son, han sido y siempre serán tuyas.

La oración

_____ ➤

Yo no puedo pedirte que sacrifiques nada para recibir algo,
puesto que tú mismo eres todas las cosas, y nada real,
nada que valga la pena conservar, te puede ser arrebatado.

AGOSTO 2, 2007

—¿El proceso que me explicaste ayer es la única manera de crear y manifestar algo?

No, la forma más conocida (y mal entendida) de creación y manifestación, es la ORACIÓN.

—¿Cómo debes de orar o rezar para manifestar algo?

No hay una forma, idioma o fórmula determinada para rezar. No importa la religión, ni la creencia, ni el objetivo de la oración, así como tampoco importa a quién te dirijas al momento de rezar.

Cuando una persona reza, por ejemplo, por la salud de un enfermo, sin querer está llevando a cabo el mismo proceso que explicamos antes, pero con algunas diferencias.

Hemos dicho que cuando deseas algo, no debes pedirlo utilizando la negación, ni debes utilizar como patrón de pensamiento aquello que no deseas, puesto que eso va a ser exactamente lo que se manifieste.

Ahora bien, cuando una persona reza por un enfermo dice: "Dios mío, te pido por la salud de esta persona", o "Dios, por favor salva a fulano", o "Dios, que esta persona se alivie".

En todos los casos, la persona que reza pide por la SALUD, la SALVACIÓN y el ALIVIO del enfermo; en ningún momento pide por su enfermedad, su condenación ni su muerte.

Además, cuando pides por un enfermo, inconscientemente lo visualizas estando sano; deseas tanto que esa persona se ponga de pie y vuelva a ser feliz que, literalmente, lo estás viendo.

Después, como sabes, pueden presentarse dos sentimientos: miedo o fe.

Cuando pides por la persona estás tan preocupado y tienes tanto miedo de perderla, que no te queda más que encomendarla a un "poder superior".

Le rezas a algo o alguien "superior a ti" porque reconoces que tu miedo no te permite ver la paz, la salud y la perfección en el otro, pero sabes que esa paz y perfección son posibles.

Así, al acudir a esa fuerza "superior a ti" (que en realidad es tu sabiduría interna; esa luz omnipresente que mora en ti y en el otro), estás cancelando el miedo y la duda al creer que hay algo o alguien "allá arriba" que no tiene el mismo miedo que tú y que todo lo puede.

En cuanto a la gente que desde un principio reza con fe, sabiendo que su oración será escuchada, sobra decir que esta gente está pidiendo como si YA LE HUBIERA SIDO CONCEDIDO.

Mucha gente se pone de rodillas al momento de orar, ¿sabes por qué?, porque es una forma de decir "soy muy pequeño ante esta situación y reconozco que hay una fuerza superior a mi que puede ayudarme". ¿Y sabes cuál es esa fuerza? El Amor, el Amor al que acudes a través de la fe y la certeza de que serás consolado.

—Entonces, ¿siempre que alguien reza se debe hincar?

Lo importante no es lo que hagas físicamente, en tanto tomes la actitud necesaria para reconocer que el Amor todo lo puede.

Ahora, en cuanto a los siguientes pasos, que son la acción en el mundo físico y la actitud de certeza y agradecimiento, el acto mismo de rezar es la manifestación externa.

Algunas personas realizan además otros ritos como prender veladoras, inciensos, hacer ofrendas, etcétera, porque al hacerlo están poniendo toda su atención e intención en lo que piden. Y además, agradecen el favor concedido haciendo algún sacrificio u ofrenda.

Sobre esto hay que decir que, a veces, esto se hace con motivaciones bastante equivocadas, creyendo que si no se hace el sacrificio u ofrenda, se recibirá un castigo o el favor será retirado. Mas la única razón por la que debe hacerse una ofrenda de agradecimiento, es justo por el agradecimiento mismo y por la alegría de haber sido escuchado. Te hago notar que dije "ofrenda" y no "sacrificio", pues como ya te he explicado, *Yo no puedo pedirte que sacrifiques nada para recibir algo, puesto que tú mismo eres todas las cosas, y nada real, nada que valga la pena conservar, te puede ser arrebatado.*

—Creo que entiendo el proceso de la oración, pero ¿qué pasa si por ejemplo, rezo para pedirte: "Dios, ¡quítame a esta persona!" o "Dios, ya no quiero pelear con fulano, ayúdame"?

Pasa exactamente lo mismo que vimos antes. Te enfocas y pones tu atención e intención en la parte negativa de la situación o en la persona que no quieres en tu vida, por tanto, estás manteniendo en tu pensamiento y emociones aquello que justamente no quieres.

—*¿Quiere decir que en ese caso no sirve de nada rezar?*

No sirve para manifestar aquello que realmente quieres, y no sirve porque tú no quieres que sirva.

¿Sería muy difícil cambiar tu oración a "Dios mío, ayúdame a ser tolerante" o "Dios, gracias por la paz que me das en este momento"?

Créeme, no es tan difícil cambiar el proceso una vez que encuentras dónde está enfocada tu atención.

Así es que, resumiendo y siguiendo el esquema anterior, la oración funciona de la siguiente manera. Tenemos a una persona enferma a la que quieres ver aliviada.

Primero: piensas en lo mucho que deseas la SALUD de esa persona.

Segundo: tu amor o compasión por ella te lleva a visualizar, de manera inconsciente, lo BIEN que estaba o lo BIEN que quieres que esté. La ves y la deseas sana.

Tercero: sientes necesidad de acudir a una fuerza superior que todo lo puede y ante la cual tu miedo es cancelado y tu fe es escuchada. Sientes que algo o alguien te está escuchando.

Cuarto: llevas a cabo una acción en el mundo para ser escuchado, sea con palabras o con actos.

Quinto: enfocas tu atención en la SALUD de la persona y agradeces HABER SIDO ESCUCHADO y, por ese agradecimiento que sientes, si así lo deseas, haces una ofrenda de gratitud por aquello que YA TE HA SIDO CONCEDIDO.

Y aquí falta un último paso: Generalmente las personas que rezan por un enfermo, cuando están con él le dicen: "vas a ver que te vas a aliviar" o "todo va a estar bien".

Si has puesto atención a todo lo que te he explicado, el proceso de creación y de oración en ningún momento se hacen en tiempo pasado o futuro. Piensas, sientes y agradeces lo que tienes AHORA.

Parte de la razón por la que una persona reza por otra, es para restituir en la mente del otro la luz y la paz que su enfermedad (y el desequilibrio que la originó) no le permiten encontrar.

Tanto en el caso de la sanación que mencionamos antes, como en el de la oración, es requisito indispensable grabar en la mente y el corazón del otro que su sanación YA se ha producido.

Entonces, cuando vayas con un enfermo o con alguien que de cualquier otra manera necesite ayuda, no le digas que aquello que necesita "va a llegar", porque al concentrarte y poner tu atención e intención en el futuro, será en el futuro donde se quede el resultado que esperas.

No importa lo que el otro piense o diga, tú debes decirle que TODO ESTÁ BIEN, que YA HA SIDO SANADO. Si se enoja o se siente ofendido, puedes decirle "tú ya has sido sanado, o ya tienes trabajo, o ya arreglaste tu matrimonio, sólo que aún no te has dado cuenta". Quizá el otro no lo entienda en el momento, pero su misma molestia hará que la idea se grabe en su mente: "¡¿Ya estoy sanado?! ¿Qué no me ves?"… Pero al menos ya no dijo "estoy enfermo", ya dijo "estoy sanado", y pasará el día tratando de descifrar qué quisiste decir con que "aún no se da cuenta"; el resto del proceso lo haces tú.

Y recuerda otra cosa. Debes ser coherente entre aquello que pides y aquello que piensas y sientes. Por muy difícil que sea, si pides la sanación de alguien pero te mantienes preocupado, deprimido y estresado por su enfermedad, no estás creyendo realmente que la sanación ya se ha producido.

Lo único que debe moverte es el amor, la paz, la fe y la gratitud; cualquier duda, miedo o preocupación manifestará aquello que temes. Mas en todo caso, particularmente cuando está involucrada la salud de otra persona, recuerda que la manifestación de aquello que deseas depende, en su mayoría, de la persona a la cual estás tratando de ayudar, pues si no quiere realmente la ayuda o la sanación, por mucho que tú u otros recen por ella, la sanación no llegará.

—Entiendo todo lo que me has explicado, pero cuando ves a una persona realmente enferma, por ejemplo, alguien con parálisis facial, es sumamente difícil visualizarla sana y agradecer lo que ya le ha sido concedido, cuando la sigues viendo sin poder moverse. ¿Qué se puede hacer en estos casos?

Aquí entramos en un tema muy complicado que es la "visión divina".

El hombre está acostumbrado a ver sólo aquello que sus ojos le permiten y, generalmente, las imágenes que los ojos le muestran son imágenes de miedo, muerte y destrucción, pues eso es lo que se le ha enseñado a ver. Un niño que va con su madre y de pronto ven pasar a un enfermo con síndrome de down, preguntará por qué ese niño se ve diferente y su madre le dirá "pobrecito, es que está enfermito. No lo veas porque se pueden ofender sus familiares".

Cuando el hombre decidió dejar de escucharme para experimentar el mundo por sí mismo, se identificó tanto con su cuerpo que es éste el que determina la realidad del hombre, en vez de ser el hombre el creador de su realidad. Y cualquier diferencia que el hombre perciba en su entorno con relación a lo que él ha creado, le resulta amenazante y atemorizante.

En los últimos quince años se ha hecho un gran esfuerzo en el mundo para llamar a las personas con problemas mentales, "personas con capacidades diferentes". Este es un gran paso que el mundo ha dado a favor de la visión divina o espiritual.

Si en el ejemplo que pusimos antes, la madre le dijera al niño: "Esa persona no es diferente a ti en ningún sentido, sólo que ve y siente el mundo de una manera que ni tú ni yo conocemos" y cerrara dedicándole una sonrisa o una palabra amorosa al niño "enfermo" y a sus padres, el hijo de esta mujer aprenderá a percibir con "otros ojos" el mundo y las personas que no son iguales a él.

¿Y por qué digo "ver con otros ojos"?

Porque el hombre debe aprender a ver con los ojos del alma, no con los del cuerpo, pues el cuerpo por sí mismo no es capaz de percibir nada que la mente y el corazón no le digan. Si el hombre lograra cambiar su manera de percibir y sentir el mundo, su cuerpo cambiaría y, en consecuencia, cambiarían todos los aspectos del mismo, incluyendo la vista.

Si empezaras a percibir y a sentir el mundo como un lugar lleno de luz, amor, bondad y alegría, tus ojos no podrían ver aquello que no venga directamente de esos aspectos, puesto que tu mente le está indicando hacia dónde mirar, y si los ojos no pueden ver nada que venga del miedo, del odio o del resentimiento, entonces dejarías de ver la enfermedad para ver el amor subyacente y entenderías que, frente a las imágenes del amor, el miedo y la enfermedad no pueden tener realidad alguna.

Es por eso que en otras ocasiones he enseñado que al estar con un enfermo debes decir: "Dios, permíteme ver a esta persona como tú la ves", pues Yo no puedo ver mas que aquello que es real en él. Y cuando te convenzas de que tus ojos no pueden estarte mostrando la realidad de la persona que tienes enfrente, desearás verla como Yo la veo y, al pedirme que te conceda Mi visión, estarás reivindicando una cualidad que ha sido tuya desde antes de los tiempos.

Otras formas
de manifestación

La naturaleza del hombre es ser CREADOR. El hombre es el creador último y único de su realidad y cuando le entregas tu capacidad creativa a otra persona, estás negando a gritos que no eres lo que eres.

—*Volviendo un poco al tema de la creación, no puedo evitar pensar en la gente que hace "mandas" o brujerías, sea para obtener algo bueno como algo malo.*

¿Qué pasa en estos casos?

¿Realmente existen la brujería, el vudú y todas esas cosas?

Primero, debes de dejar de juzgar como bueno o malo aquello que no encaja en tus conceptos de bondad y maldad.

Sea lo que sea lo que la gente pida al acudir con alguien que se dedica a este tipo de cosas, así sea "dañar" a otra persona, esta gente lo pide porque, conforme a las herramientas y conocimientos que tiene en esos momentos, considera que eso es lo mejor que puede pedir. Por muy "mala" que parezca una persona, recuerda que ella escogió el camino de la oscuridad por así requerirlo su historia personal de evolución, y esa persona no conoce otra forma de ser y actuar.

Ahora, la brujería, la santería, el mal de ojo, el vudú, y todas las demás formas de manifestación esotérica, siguen exactamente los mismos principios que hemos visto: pensamiento, visualización, emoción, manifestación externa y atención.

Pero todos estos son casos muy curiosos, ya que rara vez se logra manifestar la intención deseada y la mayoría de las veces, las personas dedicadas a estas actividades engañan a la gente, cobrándoles fortunas irrisorias, y luego dándoles pretextos absurdos de por qué el resultado no fue el deseado.

Y déjame explicarte cómo funcionan para que te des una idea de cuánto me divierten estos temas.

Pongamos el ejemplo de la amante de un hombre que quiere separarlo de su esposa.

De entrada, esta mujer irá, digamos, con una santera que le ayude a manifestar su deseo y a quien le pagará lo que le pida (jajaja, cuando ya te he dicho que "el que todo lo tiene, nada puede perder"). Me hace mucha gracia que paguen por manifestar algo cuando lo único realmente gratis en este mundo, además del Amor, son los deseos y la manifestación de los mismos.

Bueno, siguiendo nuestro ya conocido esquema:

1. Pensamiento: la amante y la santera comparten el pensamiento de separación del hombre y de su esposa.

   Este es todo el esfuerzo que realmente se requiere de la persona que desea la manifestación de algo, todo lo demás lo lleva a cabo la santera.

2. Visualización: la santera pedirá una foto del hombre y la esposa en cuestión, a fin de poder crear una imagen visual de la separación.

3. Emoción: estas personas generalmente se mueven en zonas muy oscuras; se valen del miedo, la desesperación, la rabia y el resentimiento del "cliente" y además son muy hábiles para canalizar esas emociones como propias, para darle a la intención la realidad que necesita.

   Estas personas nunca se mueven ni se basan en la luz, el amor o la bondad, pues quienes se mueven en estos niveles saben que no pueden cobrar por algo que no es sólo suyo sino de todos (la manifestación de lo deseado), y que además la persona que la contrató ya ha obtenido aquello que desea.

4. Acción: la santera llevará a cabo algún tipo de ritual donde simulará la separación del matrimonio en cuestión, afirmando en todo momento que estas personas ya están separadas y prometiendo a todas las entidades a que son devotos, numerosas y cuantiosas ofrendas y sacrificios de agradecimiento por el favor concedido. Como te decía, son personas sumamente inteligentes, que entienden bastante bien el proceso de creación y se aprovechan del mismo para engañar a las personas, vendiéndoles algo que ya tienen.

5. Atención: durante un tiempo determinado, la santera prenderá veladoras, invocará demonios o santos, y hará un sinfín de ridiculeces con objeto de concentrar la atención e intención para separar al matrimonio.

Después de esto, seguramente pensarás que la brujería (y todas las demás excentricidades que ya platicamos) deben de funcionar mejor de lo que uno se imagina, pero déjame decirte que no es así, y de verdad que me divierto mucho con estos temas.

¿Por qué, si se cumplen todos los pasos del proceso creativo, no funcionan realmente estas cosas?

¿Crees que Yo estoy sentado en mi trono y cuando veo a alguien utilizando estos ritos para dañar a otro, me levanto y digo "No, esto es pecado mortal y no lo permitiré"?

Jajajajajajajaja, perdón, jajajajajajaja.

No hija, ese Dios que crees que soy, no existe.

La verdadera razón de por qué no funcionan estas cosas, es porque, como ya te he explicado, no importa lo que pidas, si no eres coherente entre tus deseos, tus pensamientos y tus emociones, lo que buscas no se manifestará, no importa cuánto pagues y cuán "profesional" sea la persona que dice "ayudarte".

Cuando una persona contrata a otra para hacer este tipo de trabajos, deja todo el proceso creativo en sus manos, no obstante la intención viene de la persona que desea el resultado y es esta persona la que debe conservar una actitud coherente entre lo que pide y lo que piensa, siente y hace.

En el ejemplo que pusimos, la mujer que desea separar al matrimonio, seguirá peleando con su amante, resentida y enojada por la situación, la cual seguirá atrayendo con sus pensamientos y actitudes.

Ahora bien, no creas que si la mujer cambia de actitud y de verdad actúa como si ya le hubiera sido concedido, se le concederá. No, no es tan fácil, primero, porque el proceso creativo no lo está realizando ella. La persona que hace el trabajo, por mucha intención y atención que ponga, no puede pensar y sentir lo que realmente está buscando, pues no es ella la persona interesada. Recuerda que la persona que contrató el trabajo tiene puesta su atención en la situación que NO QUIERE, por tanto, eso es lo que está creando.

Segundo, en los casos de sanación y oración dijimos que otra persona puede restituir la luz y la paz en la mente del enfermo, realizando por él el proceso creativo, pero también dijimos que la sanación no ocurrirá si la persona no está preparada para recibirla. Bueno, pues así como la persona que va a recibir un beneficio debe estar preparada para recibirlo, así también la persona que se va a ver perjudicada por las creaciones de otra, debe desear (o al menos, no impedir) aquello que se busca que le suceda.

Volviendo al ejemplo, si el marido o su esposa en realidad desean separarse, o si alguno de ellos teme que alguien los separe, ciertamente manifestarán aquello que están creando. Mas si el amor que los une es fuerte o si alguno de ellos (y basta con uno) no cree que algo o alguien externo los pueda separar, salvo su propia voluntad, la brujería, el vudú o lo que sea que haga la amante, no va a funcionar.

Como ves, todos estos tipos de actividades son un verdadero fraude, pero no sólo eso, durante siglos se ha dicho que estas actividades son "cosa del diablo", pecado mortal, lo curioso es que, además de que el diablo no existe (sí, luego lo platicamos), en ninguno de los diez mandamientos se menciona: "No harás brujería a tu prójimo". Es muy curioso cómo la gente acepta todo lo que la iglesia le dice sin cuestionar las razones.

Estas actividades no son pecado, porque para empezar, el pecado no existe (sí, también lo hablaremos), pero sí son cosas que te alejan de tu verdadera naturaleza y de Mí, no porque sean malas en sí, pues ya vimos que realmente no pueden producir efecto o daño alguno, sino porque *la naturaleza del hombre es ser CREADOR. El hombre es el creador último y único de su realidad y cuando le entregas tu capacidad creativa a otra persona, estás negando a gritos que no eres lo que eres.* Lo más simpático es que, aunque niegues tu naturaleza, sigues siendo lo que eres, aún cuando no te des cuenta.

—*Pero ¿qué pasa con los casos que sí funcionan? ¿Qué pasa con la gente que hace "mandas" a algún santo y se le cumple?*

Tú hiciste una vez una manda por la salud de alguien muy enfermo y se curó milagrosamente. Dime, ¿es eso magia, brujería, u oración, fe y proceso creativo? ¿En qué enfocaste tu atención y cómo actuaste en consecuencia? ¿Crees que si la persona no hubiera estado dispuesta a sanar, hubiera sanado?

Otros ejemplos de "brujerías" que sí funcionan a veces, son los famosos "amarres" con los que una persona trata de hacer que otra le ame o le ponga atención. ¿Y sabes por qué funcionan? Porque estas personas realizan, sin darse cuenta, el proceso creativo por sí mismas.

Están tan desesperadas o tan ilusionadas con el otro, que visualizan y sienten la emoción de estar junto a la otra persona. Se preparan para encontrarse con él o ella, vestidos de fiesta (como si YA LES AMARAN O LES HICIERAN CASO) y mantienen todo el día su atención enfocada en que el otro los voltee a ver aunque sea de reojo. Esto, aunado a que el afortunado (o desafortunado) en cuestión está abierto a la posibilidad de encontrar el Amor, da como resultado, que el o la desdichada que pagó fortunas por su velita roja, vivirá feliz por siempre, hasta que se le ocurra crear otra situación romántica con otro(a) afortunado(a).

¿No es maravilloso cómo el hombre, por más que trate, no puede realmente evitar ser lo que es?

—*¿Y es verdad que si haces este tipo de cosas, se te regresan al doble?*

Pues es lo que hemos venido hablando anteriormente. Manifestarás en tu vida aquello en lo que creas.

No es la brujería lo que te trae como castigo, por ejemplo, la separación, sino tus pensamientos y emociones constantes de separación, miedo y soledad. Y si a eso le agregas el miedo o, mejor dicho, el cargo de conciencia por aquello que hiciste, (es decir, si tienes miedo de que alguien te haga lo mismo que tú hiciste, por ejemplo, separar a un matrimonio), mantendrás tu atención en aquello que no quieres que se manifieste y que, sin embargo, por ese mismo hecho, se manifestará.

—*Ahora entiendo por qué te divierte tanto.*

¿Verdad?

Voluntad última

Desacelera un poco, tómate todos los días unos minutos para dejar de correr,
no sea que pase tu vida y me pases a Mí de largo.

—*Hoy durante toda la mañana estuve feliz, agradeciendo cada dos minutos todo lo que tengo y deseo, pero después de medio día me sentí muy irritada y enojada. Traté de retirar mi atención de la irritación y de aquello que me molestaba, pero la verdad es que no pude, de hecho, cada vez me enojaba más. ¿Qué estoy haciendo mal?*

Grandes maestros en la historia han enseñado que la mente del hombre es como un péndulo, siempre yendo de un extremo al otro, siempre en constante movimiento y rara vez se detiene en el centro.

Esto es muy cierto. El hombre no ha aprendido a aquietar su mente. Un día piensa de una manera y al minuto siguiente ya piensa de otra, además, todo lo que el hombre acepta o rechaza lo hace con tanta vehemencia y tanto apego que, literalmente, va oscilando de pensamiento en pensamiento, de actitud en actitud, de palabra en palabra, sin nunca saber cuál es realmente su verdadero yo; sin saber qué es lo que realmente quiere.

Ahora te pregunto: ¿en algún momento de todo el tiempo que estuviste enojada, te detuviste un segundo a pensar: "qué es lo que quiero"?

Ese es tu centro, es ahí donde la mente y las emociones se detienen porque estás haciendo la pregunta fundamental, la única pregunta que yo te hice antes de todos los tiempos y la única pregunta que sólo tiene una respuesta: QUIERES SER FELIZ.

Eso es todo lo que siempre has querido y lo único que no has podido conseguir. Por eso siempre estás pidiendo más y más, porque no sabes cuál es la respuesta a esa pregunta que tú mismo te haces de vez en cuando.

¿QUÉ ES LO QUE QUIERES?

Cada vez que alguien te haga esta pregunta, obsérvate; te quedas callado y tu mente se detiene, aunque sea unos segundos, a pensar en todas las posibles respuestas, ya sea que te lo pregunten en medio de una discusión o en un momento de reflexión profunda.

¿QUÉ ES LO QUE QUIERES?

Quieres ser feliz, pero no lo sabes, entonces crees que lo que quieres es más dinero, otro trabajo, otro auto, otra pareja, otro, otro, más, más. Y aún cuando te sientes feliz, si yo te preguntara en ese momento: ¿qué quieres?, seguramente me contestarías "nada, soy feliz así", entonces, ¿qué crees? Que esa felicidad se esfuma porque desviaste tu atención a "nada" en vez de a "todo".

¿Qué quieres?

TODO. Tú lo quieres absolutamente todo. No quieres un coche, una casa, un vestido, un hijo, una familia, lo quieres TODO (porque muy en el fondo sabes que eso es lo que eres), por eso siempre pides más, por eso nunca estás conforme con lo que tienes y por eso Yo te insisto tanto en que tú eres todas las cosas. Para que llegue el día en que alguien te pregunte: ¿qué quieres? Y tú le digas: "Todo, quiero tenerlo todo y serlo todo".

¿Y qué es "todo"?

La felicidad absoluta.

Y si recordamos una vez más que tú lo eres todo, y todo significa la felicidad absoluta, entonces TÚ ERES la felicidad absoluta. Por tanto, una vez más, ¿qué quieres?

Quieres recordar quién eres.

En tu búsqueda de ti mismo tratas de encontrarte en todos los espejos, en todos los aparadores, tratas de encontrarte en tus amigos y compañeros, en todas las profesiones, en todos los trabajos, en todos los lugares… y sigues sin encontrarte. Por eso es que, aún cuando la gente obtiene lo que cree querer en un momento determinado, su felicidad es pasajera; después de un tiempo vuelven a sentir el mismo vacío y la misma insatisfacción que antes, quizá más.

—*No entiendo por qué pasa eso.*

Porque a la gente lo que realmente la hace feliz no es el obtener algo, sino el proceso creativo que llevan a cabo para lograr obtenerlo, y es esto lo que les hace felices porque esa es su naturaleza; el hombre es el creador único y último de su realidad. Pero la gente no lo sabe, no se da cuenta de cuánto disfrutan y cuán felices les hace crear, así que una vez manifestado su deseo, sienten que se ha acabado el proceso creativo y necesitan volver a desear algo para volver a sentirse felices. Esto se ve muy bien reflejado en las relaciones de pareja, pero ya lo platicaremos después.

—*¿Y cuándo para este proceso? Porque si mi naturaleza es ser creadora, ¿quiere decir que siempre que no esté creando, me voy a sentir insatisfecha?*

Jajaja, no hija, ¿todavía no lo entiendes? Es que el hombre SIEMPRE, EN TODO MOMENTO está creando, aún cuando no se dé cuenta.

Tú empiezas a crear tu día desde el momento en que te levantas; tu primer pensamiento y tu primera emoción del día tienen una inmensa influencia en lo que vas a experimentar durante 24 horas. Y los pensamientos y emociones que tengas el lunes, influirán también el resto de la semana.

Cada pensamiento y cada emoción que relacionas a esos pensamientos es una creación que, más tarde o más temprano, se va a manifestar en tu vida.

Acuérdate: aunque tu mente esté creando falsamente, al fin y al cabo está creando, eso no lo puedes parar ni evitar.

El verdadero problema no es dejar de crear, el problema es que creas que la satisfacción de la creación es el resultado, no el proceso mismo. Crees que lo que te hace feliz es lo que tienes, no lo que hiciste para conseguirlo, por tanto, como no estás disfrutando lo que estás haciendo, crees que serás feliz el día que obtengas lo que quieres.

Es como un vuelo de doce horas. Te subes al avión sumamente emocionado pensando en todos los lugares que visitarás, la gente que vas a conocer, en lo mucho que vas a disfrutar una vez que llegues. Pero a lo largo del vuelo empiezas a recordar que olvidaste pagar la tarjeta, que no llevas ropa adecuada para el clima, que te hace daño a la columna estar tanto tiempo sentado, que no sabes hablar bien el idioma, y pasas del estado de intensa emoción, al estado de intenso estrés, y después al estado de intenso cansancio e intenso desencanto, hasta que por fin pisas tierra y lo primero que quieres es aventarle tu maleta en la cara a alguien o, en el mejor de los casos, dormir.

Y entonces alguien te pregunta: "¿Qué tal tu vuelo?"

¿Qué tal tu vuelo hija? ¿Estás disfrutando de este viaje que es tu vida, o estás esperando hasta llegar a tu destino para ser feliz?

—¡Dios no! ¡No quiero esperar! No quiero pasar mi vida de largo, ¿qué puedo hacer?, ¡por favor!

Tranquila hija, por eso me has llamado y Yo he acudido, aunque realmente nunca he dejado de estar aquí.

Durante varios días te he estado haciendo una pregunta: "¿A dónde vas con tanta prisa hija?"

Y tú me has contestado: "A trabajar Padre, a comer Padre, con mi novio Padre, al baño Padre", pero una vez más, ahora que estás a punto de dormir, te pregunto: ¿Hija, a dónde vas con tanta prisa?

—A ningún lado Padre.

¿Y eso por qué?

—Porque estoy hablando contigo y porque después me voy a dormir.

—¿Sigues ahí?

Sí. Te vuelvo a preguntar: ¿por qué no vas a ningún lado?

—Porque no necesito ir a ningún lado.

¿Y por qué no necesitas ir a ningún lado?

—¿Porque estoy donde quiero estar?

¿Por qué me lo preguntas?

—No sé, ¿por qué me lo preguntas tú a mí?

Porque quiero saber por qué no vas a ningún lado.

—Porque te digo que ahorita estoy donde quiero estar.

¡Exactamente!

En cada momento de tu vida estás exactamente donde TÚ QUIERES ESTAR. Cuando estás en tu cama es porque quieres descansar, cuando vas manejando al trabajo es porque quieres llegar a trabajar (sí, por mucha flojera que te dé, quieres llegar por alguna razón que ni tú mismo entiendes), cuando vas a visitar a un amigo es porque quieres ver a ese amigo (sí, también, aunque sólo sea compromiso social, por alguna razón, quieres ir para no quedar mal), pero también, cuando estás enojada es porque…

—No, no me digas que es porque quiero, porque te juro que hay veces que estoy enojada y hago todo lo posible para no estarlo, pero no lo puedo evitar.

¿Me dejas terminar?

—Perdón…

No hay nada que perdonar.

Cuando estás enojada no es porque quieras estar enojada, sino porque no estás realmente queriendo estar de otra manera. Cuando estás enojada, piensas: "Ya no quiero estar enojada"… "enojada", "enojada", "enojada"… De entrada ya estás poniendo tu atención en tu enojo y sabemos lo que pasa cuando enfocas tu atención en algo.

Si no quieres estar enojada, entonces, QUÉ, POR AMOR DE DIOS, ¿QUÉ ES LO QUE QUIERES?

—Estar feliz.

¡Gracias!

¿Y por qué quieres estar feliz?

—Porque eso es lo que soy.

¡Ahhh! ¡Qué bien!

Quizá no sea tan malo para explicar las cosas después de todo.

—*No, no lo eres, pero…*

Sí, ya sé, ¿cómo le haces para ser feliz cuando estás enojada?

Proceso creativo, pasos 1 a 5, últimas 10 páginas.

—*OK… Padre…*

¿Qué pasa?

—*Aún no entiendo por qué me has estado preguntando que a dónde voy con tanta prisa.*

Soy pésimo.

—*Perdón…*

No hay nada que perdonar.

¿A dónde vas con tanta prisa hija, que pasas de largo el paisaje de la carretera, el atardecer del domingo, el rocío de la mañana, el canto del pájaro, el silencio de la noche?

¿A dónde vas, hija, tan rápido, que no tienes tiempo para decirle a tu familia cuánto la amas, que no te alcanza el reloj para explicarle a alguien algo que no entiende, que tu única plática con la gente se resume a "sí" o "no"?

¿A dónde vas tan rápido que no tienes tiempo para sacar una moneda y dársela al hambriento, que no tienes tiempo para compartir con el que vive solo, que te quedas dormida antes de rezar una oración por un enfermo?

¿A dónde vas tan deprisa y apurada que dejas a la mitad aquello que empiezas, que olvidas tan rápidamente a la gente que te quiere, que te das por vencida al primer tropiezo, que si no obtienes en 24 horas lo que quieres, dejas de luchar por ello?

¿A dónde quieres llegar en tan poco tiempo que ningún lugar, persona o momento son suficientes para conservarlos toda la vida?

¿A dónde vas con tanta prisa hija, que te has olvidado de ti, que no tienes tiempo para sentarte un minuto a amar y contemplar tu vida y todo lo que te rodea?

¿Qué es tan importante que ya no tienes tiempo para hablar conmigo?

—*Pero estamos hablando, y bastante seguido por cierto.*

No cuando tienes prisa de llegar a donde sea que vayas: a ese trabajo que te va a dejar millones, a ese auto nuevo que tiene promoción, a esa persona que te está esperando, a ese lugar que cierra temprano.

No cuando estás tan enojada, tan deprimida, tan frustrada, tan insatisfecha, que tu prisa por hacer que "ese desgraciado te escuche", o por terminar ese libro que te cambiará la vida, o por tomar ese curso que te dará más herramientas, o por pagar la cuenta mensual del psiquiatra, no te deja escuchar más ruidos que los que vienen de afuera.

¿Qué es lo que te urge tanto conseguir, sentir, dejar, pagar, entregar, saber, olvidar?

¿Hasta dónde vas a correr para sentir que ya estás en casa?

Sabe ahora que no importa cuánto te apures, no importa cuánta distancia recorras, no importa cuántos caminos tomes, YA HAS LLEGADO, mejor dicho, YA ESTÁS AHÍ porque nunca te fuiste, y es aquí, en el maravilloso "ahora" de cada momento, donde Yo siempre te he estado esperando.

Desacelera un poco, tómate todos los días unos minutos para dejar de correr, no sea que pase tu vida y me pases a Mí de largo.

—Gracias, gracias por todo.

Tú lo eres todo hija, gracias a ti.

Falta de fe

Si aceptaras en este momento que Dios te está hablando, que Dios te ama como a sí mismo porque tú eres uno con Dios y que todo lo que deseas es tuyo y lo puedes tener en el momento que tú quieras, ¿no es acaso eso un impacto tremendo en tu vida?

AGOSTO 4, 2007

—Padre, ¿por qué la gente no cree? ¿Por qué es tan difícil que un mensaje de amor y de luz sea aceptado por alguien que piensa "hasta no ver, no creer"?

¿Por qué primero no te preguntas lo que realmente quieres saber?

—¿Estoy loca? ¿Por qué estoy escribiendo esto? Tú bien sabes que no dudo un segundo de ti ni de tu existencia, pero sí me cuesta mucho creer que estoy recibiendo estas palabras directamente de ti. A ratos me es más fácil pensar que es mi inconsciente el que está sacando toda la información acumulada de libros y películas.

¿Eso es realmente lo que tú crees o es lo que otro(s) piensa(n)?

—No lo sé.

Bueno, eso ya es un paso. Aceptar que no sabes algo abre infinitas posibilidades para que la verdad se te revele, puesto que no tienes ningún juicio al respecto.

Mira hija, no importa lo que nadie piense o diga sobre ti y sobre lo que estás escribiendo. La única opinión que importa es la tuya. Eres tú quien está escribiendo esto, eres tú quien hace las preguntas y recibe respuestas inmediatas, respuestas que nadie te ha dado ni ha explicado de manera tan clara y tan amorosa.

No importa de dónde salen las palabras, aún cuando tú misma te estés imaginando que te hablo (aunque te aseguro que no es así), al menos te estás dando cuenta de que nunca creíste que pudieras ser tan sabia, tan amorosa y tan compasiva contigo misma. Estás descubriendo una verdad en ti que llevaba veintiocho años oculta, y esa verdad te está haciendo sentir, pensar y actuar de una manera tan diferente, que cada día te sientes un poquito más feliz, más llena de entusiasmo y esperanza. Así es que, dime tú, ¿importa realmente el origen de todo esto?

Porque además, si repasamos todo lo que hemos hablado, entenderás que tú y Yo somos exactamente la misma persona. Así es que no importa si Dios te está hablando o si tú tienes tanta imaginación que estás inventando un diálogo Conmigo, la fuente de la información que estás recibiendo es la misma en ambos casos.

Yo me he acercado a ti, o si prefieres decirlo de otra manera, tu sabiduría interna ha salido a flote en estos momentos, por razones que han sido muy bien pensadas y que, inconscientemente, tú conoces.

Todo esto se te está manifestando en este momento de tu vida, primero, porque has leído e investigado tanto, que el mensaje que se te está dando no te es del todo ajeno, y así fue pensado, para que justamente no pensaras que estabas loca si esto se te daba en un momento de tu vida en que no estuvieras preparada. Segundo, has preguntado tanto y tantas cosas sin recibir respuesta, que estás dispuesta a escuchar, pero ya no a escuchar lo que sea, sino a escuchar la verdad. Tercero, tu apertura, tu disposición y tu necesidad de abrirte al amor, al amor sublime y no sólo al amor carnal, efímero y superficial, permite que justamente se te entreguen únicamente mensajes de amor y paz.

Que no te preocupe parecerte a otros que ya antes han hablado por ti, que no te preocupe lo que harás con estos mensajes ni con tu vida, que no te preocupe hasta dónde vamos a llegar con esto ni cuándo vamos a parar, y que mucho menos te preocupe probarle nada a nadie. Yo soy la única prueba, porque Yo soy la única verdad y quienes deseen conocerme y entenderme, me conocerán y entenderán en sí mismos.

Todo lo que has escrito y seguirás escribiendo es para tu bien y sé que tú lo sabes y lo sientes.

¿Hay alguien a quien quieras engañar o dañar con estas palabras? ¿Te hace daño a ti misma lo que estás haciendo? Si le dieras este mensaje a otra persona, ¿le estarías haciendo un mal?

Esto es lo único que debe importarte: que el amor, la paz, la esperanza, la fe y el entusiasmo, sin importar de dónde o de quién vengan ni de qué manera se manifiesten en tu vida o en la de los demás, sólo pueden sanarte y ayudarte a ser feliz y, si así lo decides, a que ayudes a otros a sanar y a ser felices.

—¿Debo compartir esto con alguien? ¿Estoy escribiendo esto para publicarlo como Neale Donald?

¿Por qué te preocupa tanto lo que diga Neale?

Encuentras tantas similitudes entre tus mensajes y los suyos que tienes miedo de ser juzgada o señalada como una "segundota" de él, pero si entendiste su mensaje, que también es el tuyo, deberías también entender que a Neale no le importa cuánta gente más hable del amor, ¡al contrario! La misión y el mensaje de Neale son que el amor y la verdad están dentro de cada uno de ustedes, que ustedes son los únicos responsables de su vida y del mundo que han creado y que mientras más gente empiece a vivir y a manifestar el Amor en la forma que sea, más rápido podrán sanar su mundo y a ustedes mismos.

No es de Neale de quien debes preocuparte, él desea y apoya a la gente que respalda su experiencia y su mensaje, pues por cada persona que se permite entrar en contacto más directo Conmigo, hay un testimonio más de que Yo estoy más cerca de ustedes de lo que creen, de que Yo existo y de que existo siendo UNO con todos y con todo.

Entregarás y compartirás este mensaje con tanta gente como tú creas necesario, pero bien sabes que estas palabras no son sólo para ti. Que no eres la única que se hace tantas preguntas ni la única que necesita tantas respuestas (y explicadas taaaaaan a detalle). Mas como ya te he dicho, no vivas esperando el resultado final, pues pasarás de largo el proceso creativo que es tu vida y Yo sé que amas la vida más de lo que tú crees.

Ahora sí, volviendo a tu pregunta inicial: "¿por qué a la gente le es tan difícil creer y recibir un mensaje de amor y de esperanza?"

Dime tú algo: ¿estás convencida, después de todo lo que hemos hablado, de que tú y Yo somos uno y el mismo? ¿Estás convencida plenamente de que cualquier persona con un mínimo de disposición puede hablarme y escucharme como si estuviera parado a su lado?

Si tú, que eres quien está viviendo y escuchando esto directamente, aún no crees que sea posible que Yo te ame tanto que quiera platicar contigo y hacerte sentir amada y en paz, ¿cómo esperas que otros lo crean o lo entiendan?

—¿Y por qué me es tan difícil creerlo?

Todo en mi ser me dice que esto es real, cada respuesta que recibo me deja con la boca abierta, aun cuando ya hubiera escuchado antes algo similar y, sobre todo, cada respuesta que recibo me hace darme cuenta de que esto no viene de la Perla que conozco y que soy día con día. Si yo hablara, pensara, sintiera y actuara conforme a lo que estoy escribiendo, mi vida sería bastante diferente en varios aspectos. La que escribe no soy yo, eso lo sé, pero entonces, ¿por qué me cuesta tanto creerlo?

Por puro y simple miedo.

Si aceptaras en este momento que Dios te está hablando, que Dios te ama como a sí mismo porque tú eres uno con Dios y que todo lo que deseas es tuyo y lo puedes tener en el momento que quieras, ¿no es acaso eso un impacto tremendo en tu vida?

Querría decir que todos estos años has estado tan equivocada, tan perdida, tan confundida y que has "desperdiciado" tanto tiempo, que has estado viviendo y siendo exactamente todo lo contrario a lo que en realidad eres y te corresponde vivir.

—Pero ¿por qué si es una verdad tan maravillosa, por qué si es la respuesta que en el fondo siempre he deseado escuchar, no la creo? Y sobre todo, ¿por qué es tan difícil vivirla?

No puedes vivir en una realidad en la que no crees.

Si creyeras realmente en todo lo que te he dicho, ya estarías viviendo conforme a ello.

Vuelvo a lo mismo, no lo crees porque NO QUIERES CREERLO y no quieres creerlo —y esta es la respuesta a uno de los mayores misterios de todos los tiempos— porque NO QUIERES MORIR.

—¿¿¿¿¿¿¿¿¿¿¿¿??????????????????

¿Cómo se relaciona una cosa con otra?

El hombre de todos los tiempos, todas las épocas, ha pensado, sentido e incluso creído que hay una fuerza superior a él que de vez en cuando se manifiesta en su vida con alguna señal o algún milagro, fenómeno natural o algún sentimiento que va más allá de su comprensión. Sin embargo, el hombre nunca ha encontrado una forma de comprobar física y científicamente que esa fuerza superior existe en este mundo, así es que cree que la única prueba de la existencia de esa fuerza superior debe estar fuera de este mundo donde vive y que, por tanto, la encontrará al morir. Así es que el hombre vive buscando y tratando de entender, pero con la firme idea de que lo encontrará y lo entenderá todo cuando muera.

Y para colmo de males, la historia enseña que aquellos hombres y mujeres que han alcanzado la iluminación, abandonan rápidamente este mundo. Así que la gente en el fondo piensa que si alcanzara la iluminación, tendría que morir, y la verdad es que, por muy terrible que sea la vida de alguien, la gente no quiere morir, pues en el fondo de su corazón, ama la vida y sabe que vino a vivirla por Amor.

Independientemente de todas las excusas racionales que alguien te pueda dar ("mi religión no me lo permite", "soy muy escéptico en estas cosas", "si yo fuera uno con Dios, mi vida sería otra", "si Dios me amara no estaría sufriendo"), la única razón por la que la gente no quiere creer en todo esto que se les ha dicho desde el principio de los tiempos, de innumerables maneras y a través de innumerables personas y formas, es porque quiere seguir viviendo y, además, quiere vivir buscando y experimentado para encontrar esa fuerza superior, porque esa búsqueda es la de sí mismo, y mientras más trata el hombre de buscarse y más se encuentra a sí mismo en las personas y experiencias, más logra amar la vida y sus creaciones.

Mas es ahora necesario que te diga que esto no es verdad. La gente no tiene que morir para encontrarme y si logra encontrarme, entenderme y aceptarme en esta vida, logrará entender que el hombre no puede morir porque Yo soy la vida eterna.

Aquellos iluminados que han dejado este mundo, lo hicieron porque esa fue su voluntad; porque lograron amar tanto la vida, la entendieron y disfrutaron tanto, que decidieron vivirla eternamente, terminaron con el juego de buscarse y encontrarse en este mundo.

—*¿Qué pasaría entonces si la gente aceptara y creyera tu mensaje?*

Pasaría y pasa, que pierden toda razón y toda excusa para no ser felices. Empiezan a estar en paz con todo a su alrededor y con ellos mismos y sienten una enorme necesidad de compartir y transmitir su entendimiento y su certeza a otros. A pesar de que los otros no quieran escuchar e incluso traten de atacarle, aquél que sabe pondrá la otra mejilla porque entiende que ellos están viviendo su historia personal y tarde o temprano encontrarán lo mismo que él.

—*En muchos casos de iluminación, entiendo que ésta se produce de un momento a otro, generalmente, después de mucho meditar. ¿Es realmente así como funciona?*

Sí y no.

Efectivamente, la iluminación y el entendimiento llegan en momentos en que ni siquiera se esperan ni se está tratando de alcanzar; por lo general se dan en momentos de rendición absoluta de la mente ante sí misma. La mente se cansa tanto de pensar y analizar que se rinde y se detiene, y entonces la sabiduría y entendimiento del alma se manifiestan del corazón a la cabeza y de ahí a todo el cuerpo, en todos los niveles.

Ahora bien, si estudias la historia de los maestros iluminados, te darás cuenta de que ninguno de ellos alcanzó la iluminación sin haber recorrido previamente un camino que lo pusiera en disposición de alcanzarla. Meditando, recorriendo el mundo o a través del sufrimiento propio o ajeno, los seres iluminados llevaron a cabo previamente un proceso de desasimiento (a veces involuntario) de sus falsos pensamientos, emociones y creaciones. Fueron creando dentro de sí mismos un espacio vacío que permitiera a la luz entrar gradualmente.

Sé cuánto deseas entender y ayudar a otros a entender esto, pero debes tener mucha paciencia contigo misma, no porque el entendimiento vaya a tardar en llegar, sino porque apenas estás empezando a entender y a disfrutar el proceso de deshacer todo aquello que has creado falsamente.

—*¿Qué son las falsas creaciones?*

Todos aquellos pensamientos, emociones o situaciones que, creados por ti desde el miedo, el odio, la angustia o el resentimiento, dieron lugar a la manifestación de alguna cosa o situación que te alejó en algún momento de tu felicidad y de tu verdadero ser.

–¿Y cómo las deshaces?

Primero: identificándolas a través de tus emociones.

Segundo: reconociendo que son falsos porque no te hacen feliz.

Tercero: volviendo a crear correctamente conforme a lo que ya hemos visto.

–Pero si a una persona lo que le hace feliz es, por ejemplo, dañar a otra, ¿eso está bien?

Ya te he dicho que no hay bueno ni malo, pero sí, cualquier cosa que te haga feliz, por muy "mala" que parezca, es una creación tuya que te acerca un poco más a tu verdadero ser. Recuerda que cada quien crea y vive conforme a las herramientas y conocimientos que tiene en ese momento, por lo que aquello que a ti te hace feliz, podría hacer infeliz a otro. Ahí es donde tienes que preguntarte a ti mismo: ¿qué es lo que quiero? Y si estás seguro de que en esa situación está tu felicidad y, además, esa felicidad no se verá reducida sabiendo que quizá alguien salió herido, entonces, hazlo.

Es muy difícil para el hombre creer que no pongo límite alguno a sus actos, pero ¿qué mayor prueba quieres de ello que el mundo donde vives?

No hay límites para lo que puedes hacer, ni hay límites en la felicidad, mas cómo decidas tú alcanzar esa felicidad, es un acto libre y voluntario que sólo depende de TI, y de nadie más que de TI. Yo no te voy a premiar o a castigar de ninguna manera ni en ningún momento, tu único premio o castigo será la felicidad o infelicidad que experimentes con tus propios actos.

–Muchas gracias Padre, pero estoy muy cansada, ya me voy a dormir.

Descansa hija, sabiendo que te amo.

Coincidencias
y destino

Mientras no entiendas el amor como lo único que es, lo único que siempre ha sido y lo único que siempre será; lo único que no se puede definir y lo único que no se crea ni se destruye, sólo se transforma, no podrás entender a Dios como Yo quiero que lo entiendas.

AGOSTO 8, 20

—*¡Hola Padre! ¿Estás ahí?*

Siempre estoy aquí y lo sabes.

—*Quisiera que me hablaras sobre las coincidencias. Creo que toda coincidencia o casualidad tienen una causa o razón de ser, pero después de que explicaste el proceso de creación, aún no entiendo cómo se pueden unir tantos factores para lograr un resultado con el que muchas de las personas involucradas no tienen relación alguna.*

¿Tenemos un destino? ¿Qué pasa con los videntes y las personas que te leen el futuro y pasa lo que te dijeron que iba a pasar? ¿Qué pasa con las señales?

Tienes muchas preguntas, y eso que creías que no tenías nada que hablar conmigo.

—*Ya sé, lo siento…*

Está bien. ¿Por dónde empezamos?…

Mira, en cuanto al destino vamos a dejar algo claro: hay quienes creen que están predestinados a vivir cierto tipo de experiencias y conocer a determinadas personas durante su vida; ¿por qué creen esto?

Primero, porque algo dentro de ellos los mueve en esa dirección; se sienten impedidos a hacer o dejar de hacer algo y sienten que al hacerlo conseguirán algo importante, quizá no saben exactamente qué, pero sienten dentro de sí la necesidad de alcanzar algo.

Segundo, en el camino que recorres para alcanzar ese "algo", te encuentras con un sinfín de señales y casualidades sorprendentes que, aparentemente, te van diciendo que vas por el camino correcto.

Cuando algo así te sucede, tu emoción y tu entusiasmo respecto a lo que estás haciendo o buscando, aumenta a tal grado que sabes que ya no puedes parar y, además, sientes que el universo entero te apoya.

Tercero, cuando por fin encuentras lo que buscabas y repasas tu camino, las circunstancias y personas que te ayudaron a llegar a donde estás, lo primero que piensas es: "esto no puede ser por casualidad, este es mi destino; estaba escrito que iba a pasar".

¿Y por qué llegas a esa conclusión?

Porque al no saber ni entender que tú eres el creador único y último de tu vida, supones (porque ni siquiera lo sabes con certeza) que algo o alguien más deben de determinar el rumbo que has de seguir en cada momento.

Hay quienes llevan una vida fantástica, llena de alegrías, lujos y satisfacciones, y hay quienes llevan una vida llena de miseria, tristeza y miedo. ¿Quién determina lo que le toca vivir a cada quién?

¿Crees que antes de nacer le di a cada persona un papel con el guión exacto que tendrían que representar? ¿Crees acaso que soy tan pequeño que sólo puedo darles luz, amor y abundancia a unos pocos, o que soy tan ruin que escribo las peores tragedias e historias de hambre y pobreza para mis propios hijos?

No hija, no soy humano; sólo el hombre tiene la capacidad de destruir intencionalmente aquello que ama y sólo el hombre puede ignorar lo que es el amor.

Te lo he explicado hasta el cansancio, pero no me importa repetirlo: vivirás aquello en lo que pongas tu atención, es decir, tus pensamientos y emociones.

—*Pero, por ejemplo, un día alguien siente, de la nada, que va a conocer a alguien importante; tiene un presentimiento y, horas más tarde, efectivamente conoce a alguien que se vuelve muy importante en su vida. ¿Dónde está aquí el proceso creativo? La persona en cuestión no hizo nada para conocer al otro, quizá ni lo esperaba.*

Antes de responderte, voy a poner otros ejemplos para que te des cuenta de que, en todos los casos, eres tú el creador y artífice de todo lo que te sucede; todo es causal, no casual.

Supongamos que un día piensas que sería bueno cambiar de auto o de trabajo y piensas "estaría bien...", hasta pasas algunos minutos imaginándote en tu nuevo auto o en tu nuevo trabajo. Luego te das cuenta de que ahorita no puedes hacer ese cambio, sea por razones económicas o por cualquier otra razón, así que te quedas con una sonrisa a medias pensando "algún día..."

Meses o semanas después, te enteras de que un amigo de un amigo de un primo, está rematando su auto nuevo porque se va a vivir a otro país. "Casualmente", es Navidad y a ti te toca recibir un bono extra con el que puedes pagar casi la totalidad del auto.

O en el caso de tu trabajo (¡me encanta poner ejemplos!), un día ya estás hasta el sombrero de tu jefe; lo comentas con un amigo y te dice que donde trabaja están buscando alguien con tu perfil. Y aquí es donde tú dices "¡Debe ser el destino!"

Mejor aún, cuando un día, desesperada de tanto tiempo de estar sola dices: "¡quiero conocer a alguien!", te imaginas de la mano caminando con ese alguien y piensas: "seguramente llegará…". Semanas más tarde, cuando ya olvidaste tu soltería y vuelves a pasarla en grande, un día llegas a la fiesta de tu pariente lejano, y te presenta a su excompañero de trabajo, con quien de inmediato haces clic. Y vuelves a salir con que "¡estábamos destinados el uno al otro!"

Pero no… éstos fueron procesos creativos maravillosos que tú iniciaste, sólo que esta vez lo hiciste de manera involuntaria e inconsciente y pediste ayuda extra.

—No entiendo.

Mira, vamos, como siempre, por pasos:

Pensamiento: "Estaría bien cambiar de auto o de trabajo" o "quisiera tanto tener pareja…"

Visualización: te ves tan guapo manejando ese auto… o te ves tan profesional en esa nueva oficina… o hacen tan buena pareja tú y "como se llame".

Emoción: con la sonrisa a medias y la mirada perdida en el espacio: "Algún día…"

Antes de seguir, es importante que te des cuenta de que en estos tres pasos mantuviste siempre una actitud positiva, aún sabiendo que el preciso momento en que deseaste algo, no era el mejor momento para obtenerlo.

Aquellas personas que por naturaleza son negativas, generalmente llegan al paso tres con una actitud y un sentimiento de derrota y frustración absolutos, repitiéndose a sí mismos: "No seas idiota, nunca vas a tener ese auto" o "de seguro me quedaré en este maldito trabajo el resto de mi vida" o "nunca voy a conocer a alguien así".

Este tipo de actitud anula por completo el proceso iniciado y lo invierte hacia aquello en lo que estás poniendo tu atención: nunca.

Ahora bien, en cuanto a la acción y la atención, cuando suceden este tipo de "casualidades", los pasos son un poco diferentes, ¿entiendes por qué?

—Porque yo no hago nada.

Mejor dicho, no haces nada contrario o ajeno a aquello que deseaste inicialmente.

En el momento en que reconoces que no estás en el momento adecuado para obtener lo que quieres, pero DEJAS ABIERTA LA POSIBLIDAD de que eso llegue, sea cuando sea, literalmente le estás diciendo al universo (ésta es tu acción): "Si me ayudas a conseguirlo, estoy dispuesto a recibirlo".

Durante el tiempo que tarde en llegar a ti lo que deseas, quizá te olvides por completo de ello o lo pienses muy esporádicamente; tu atención no está en aquello que deseas, pero se manifiesta, ¿por qué?

—*¿Porque lo dejé en manos del universo?*

Para ser más precisos, porque tuviste la CERTEZA de que se iba a manifestar.

Insisto, si deseas algo y luego piensas "seguramente no va a llegar" o "no creo que pueda" o "no hay manera de que eso suceda", estás diciendo que NO LO QUIERES. Sin embargo, cuando piensas "algún día" o "no sé cómo pero lo voy a lograr" o "quizá más adelante", o mejor aún: "sé que así es y así será", y lo dices creyéndolo de corazón, estás afirmando "sé que lo quiero y que lo voy a tener". Cuando sabes que ya tienes algo, sabes también que ya no tienes que hacer nada para conseguirlo porque ya es tuyo.

—*¿Entonces a veces es mejor dejar las cosas en manos del universo?*

Sí, y te voy a decir por qué: porque mientras no aprendas y entiendas tus procesos creativos, seguramente cometerás algunos errores.

En el caso del auto, por ejemplo, a fin de realizar la acción y enfocar tu atención, podrás trabajar horas extra, buscar ingresos adicionales o préstamos, pondrías frente a ti una foto o imagen en la cual centrar tu atención, pero si en el fondo sabes que éste no es el momento ideal para cambiar de auto, te presionarás y agobiarás tanto con la idea de conseguirlo, que a la mitad del proceso pasarán una de dos cosas: terminarás diciendo "ya no quiero nada" o pensarás "si tiene que ser, será, ya no me voy a agobiar tanto".

Muchas veces retirar la atención de algo es la mejor forma para atraerlo (como en el caso de los niños, los políticos y las parejas).

—Pero con el proceso creativo, ¿no se puede hacer que el momento sea ideal para el cambio de auto?

Sí, ésa es la intención, que una vez que domines tus pensamientos y emociones que te alejan de aquello que realmente quieres, enfoques toda tu atención en lo que sí quieres y hasta en las circunstancias que te llevarán a conseguirlo. Pero aún no tienes el dominio suficiente de tu mente y tus emociones como para no equivocarte, aunque al final, recuerda que todo error es una forma de aprendizaje.

—*Entonces ya no entiendo, si quieres algo ¿debes realizar el proceso creativo o dejarlo en manos del universo?*

Recuerda que no puedo elegir por ti.

El proceso creativo completo, tal como te lo expliqué, es la forma de creación y manifestación consciente que puedes realizar (de hecho lo haces) para decretar todo lo que quieres (o lo que no quieres), pero mientras no hayas alcanzado cierto grado de habilidad para enfocar positivamente tu atención en aquello que realmente deseas, es mejor dejar las cosas en manos del universo, pero siempre, te recuerdo, con una actitud positiva y de certeza.

Cuando hablamos sobre la oración te comenté que, a diferencia del proceso creativo general, quienes rezan reconocen una "fuerza superior" a ellos; una fuerza o ser superior que creen y sienten que les escucha y que puede hacer por ellos todo lo que por sí mismos no pueden hacer.

En los casos que estamos comentando sucede exactamente lo mismo. Quizá no hay una rendición directa ante esa fuerza o ser superior, pero insisto, hay una sensación de certeza de que de alguna manera lo que quieres llegará a ti.

—Bueno, ¿y qué o quién es esa fuerza o ser superior?, porque me confunde mucho que a ratos hablas de Dios y luego del universo.

¿Crees que Dios y el universo son cosas diferentes?

—Pues no, pero no puedo evitar imaginarlos o visualizarlos de formas diferentes.

Entiendo.

Dios, bajo la religión y el nombre que sea, es uno, único, indivisible, omnipotente y omnipresente. Cuando hablo de Dios (Yo), no estoy hablando de Cristo o Buda o Krishna o el Mesías; estoy hablando de la fuerza única que es y que todo lo abarca: el Amor.

Mientras no entiendas el Amor como lo único que es, lo único que siempre ha sido y lo único que siempre será; lo único que no se puede definir y lo único que no se crea ni se destruye, sólo se transforma, no podrás entender a Dios como Yo quiero que lo entiendas.

Ahora bien, el universo, al que tú entiendes como un espacio infinito lleno de planetas, estrellas y galaxias y del que de alguna manera te sientes parte integrante, aunque una parte muy pequeña, es tu forma racional, comprobable y científica de visualizarme a Mí.

Si Yo te hablo de Dios, imaginarás un viejo con barba blanca hasta el suelo, sentado con un báculo en un trono de oro, en medio de nubes y querubines; o si eres poco imaginativo y más abstracto, imaginarás una luz blanca que te habla con voz ronca y compasiva (ah!, siempre voz masculina).

Pero si Yo te hablo del universo, casi instantáneamente surge en tu mente una imagen del mundo donde vives y del espacio exterior que, aunque no lo conoces, lo visualizas perfectamente, y es tan grande el espacio que tratas de abarcar, que tu mente se detiene para entender qué tan infinito es el universo y qué tan pequeño y finito eres tú.

¿Alguna vez has volteado a ver un cielo o un mar abierto, o una montaña inmensa, o una noche estrellada, y pensar o sentir: "¡qué pequeño soy!"?

Sabes que hay algo mayor a ti; lo ves, lo sientes, lo percibes y, de alguna manera que no entiendes, te sientes parte de eso y sientes que eso más grande, a veces te escucha y te responde, te acoge y te guarda como si realmente fueras uno con él.

El hombre conoce muy bien estos pensamientos y sentimientos sobre el universo. Nadie pone en duda ni emite juicios sobre la existencia del universo y lo que esa certeza provoca en el hombre.

Entenderás ahora que no importa cómo me llames ni a qué o a quién te refieras para pedir ayuda y consuelo, Yo soy el que soy y fuera de Mí no hay nada, ni siquiera el universo y mucho menos tú.

–¿Y el universo (o Tú) siempre responde?

Siempre, pero, ¿por qué no lo pones a prueba?

Piensa en una persona que hace mucho que no ves y que te gustaría volver a encontrar o saber de ella. Visualízate hablando con esa persona y siente y sabe que así es y será, la volverás a encontrar o a saber de ella.

Luego me cuentas qué pasó.

Ahora, el universo siempre responde a aquello que tú pides, pero recuerda que para obtener aquello que realmente quieres, debes mantener una actitud positiva y ser coherente entre tus pensamientos, emociones y actitudes.

Pensemos en una persona que desea un ascenso en su trabajo. Lo piensa, lo visualiza, se siente bien con la idea y dice: "algún día…". Pero en el fondo lo siente tan lejano y poco probable que, en vez de trabajar con dedicación y entusiasmo, poniendo un mínimo de su parte para al menos ser reconocido como un buen empleado, se dedica a llegar tarde, a hacer las cosas mal y a perder el tiempo.

Dijimos antes que cuando dejas algo en manos del universo, debes procurar no hacer nada que sea contrario u opuesto a lo que deseaste inicialmente. Si deseas algo pero no vas a enfocar tu atención en ello, al menos no la enfoques tampoco en aquello que pueda impedir que lo que deseas llegue a ti.

Si no vas a cooperar directamente con el universo, al menos no le estorbes, ¿me explico?

Por ejemplo, alguien que quiere adelgazar, pero se pasa el día comiendo y lamentándose de su cuerpo y además dice: "Dios mío, si no puedes hacerme delgada, por favor haz gordas a mis amigas", es una persona que desea algo y luego actúa de manera contraria a aquello que la ayudaría a conseguirlo. Actúa de esa manera porque realmente nunca creyó que aquello que deseaba se pudiera realizar, y hemos dicho que el factor determinante para que el universo responda es la CERTEZA de que te está escuchando y de que te va a responder.

Otra cosa importantísima en todo esto es que una vez que sueltas algo al universo con la certeza y la confianza de que lo que buscas llegará, debes sentir que con relación a ese aspecto de tu vida (salud, dinero, trabajo, pareja), ya no tienes nada de qué preocuparte.

Cuando sueltas algo al universo con la actitud correcta, es casi inevitable que sientas una gran emoción y entusiasmo por lo que estás haciendo; sientes alegría de estar viviendo el AHORA, sabiendo que cualquier carencia, problema o necesidad con relación a lo que deseas, ya han sido resueltos.

Volviendo al ejemplo de quien quiere adelgazar; si esta persona suelta su deseo con la actitud correcta, siente que puede lograr lo que desea, que, de hecho, si lograra controlar un poco lo que come y hacer algo de ejercicio, podría adelgazar más rápido. Recuerda que esta persona dejó su deseo en Mis manos con la actitud correcta, por tanto no se sentirá obsesionada ni agobiada por conseguir lo que quiere; sabe que lo va a lograr, así es que ahora, en vez de sentirse culpable y de contar cada caloría de lo que ingiere, empezará a disfrutar la comida, a quejarse menos de su cuerpo y a sentir la necesidad (no obsesiva) de cuidarlo y mantenerlo lo más sano posible. ¿Por qué? Porque SABE que va a lograr lo que quiere y desea cooperar para lograrlo lo más pronto posible.

—Pero, a ver, cuando yo digo "algún día" o "lo voy a conseguir", ¿no estoy hablando en tiempo futuro y dejando en el futuro lo que quiero?

Recuerda que ya no vas a enfocar tu atención en lo que deseaste, por tanto estás retirando también la atención del tiempo en que se va a manifestar.

—¿Y cuánto va a tardar? ¿No tarda más así?

¿En quién confías más: en ti misma que a penas estás tratando de entender el proceso, o en Aquél que lo creó y te lo está explicando?

¿Quién tarda más en pintar un retrato: aquél que apenas está aprendiendo a trazar, o aquél que inventó la técnica?

—Ok, entiendo la cuestión de la actitud y todo eso, pero lo que sigo sin entender es cómo pueden sincronizarse todas las circunstancias y personas necesarias para que alguien consiga lo que quiere.

Te cuesta mucho trabajo entenderlo porque aún no puedes creer que el universo tenga y provea suficientes posibilidades, oportunidades y abundancia para todos.

En el ejemplo que te puse de alguien que quiere comprar un auto nuevo y barato, y otro quiere vender un auto nuevo y barato, ¿crees que es muy difícil para Mí o para el universo encontrar y unir a estas dos personas?

Cuando armas un rompecabezas y encuentras dos o tres piezas que embonan perfectamente, ¿acaso piensas "sí, embonan perfecto pero creo que mejor las meto en otro rompecabezas"?

Así de lógico y simple es el funcionamiento del universo, no tiene mayor misterio: Igual atrae igual.

—Pero en este caso ¿no son cosas contrarias, opuestas?

No. Aunque tú quieras comprar y el otro vender, ambos crearon, cada uno en su momento y su proceso creativo particular; tuvieron las experiencias necesarias para manifestar lo que deseaban y, aunque aparentemente cada uno deseaba algo diferente, en el fondo estaban buscando lo mismo: una OPORTUNIDAD.

Eso es todo lo que el universo provee, oportunidades; no importa si son para comprar algo, para cambiar de trabajo, para dejar de comer o fumar, o para encontrar al amor de tu vida; todo lo que el universo pone ante ti son oportunidades que tú, siendo libre como eres, podrás decidir entre tomarlas o no.

El universo te dice: "Dejaste este asunto en mis manos y mira, aquí hay un auto igual al que quieres y lo venden a un precio que puedes pagar, ¿lo tomas o lo dejas?"

De igual manera, a la otra persona le dice: "¿Te acuerdas de lo que me pediste? Bueno, pues aquí te tengo un comprador para tu auto, ¿lo tomas o lo dejas?"

Ambos han logrado manifestar su deseo, ambos han encontrado lo que buscaban, pero que decidan quedarse con ello o no es una cuestión totalmente personal.

—¿Y qué pasa si rechazas lo que el universo te da?

Nada. El universo encontrará una nueva oportunidad para cada uno y para otros que estén buscando lo mismo.

En caso de que cambies de opinión y ya no quieras lo que inicialmente deseaste, el universo sigue lleno de posibilidades y oportunidades para todos en cualquier momento.

—¿Y qué pasa con los deseos formulados en forma negativa? Por ejemplo, cuando una persona piensa "nunca voy a tener dinero" o "no creo poder conseguir otro trabajo".

Ya te dije, el universo siempre responde a lo que piensas y sientes. En estos casos el universo responde "tus deseo son órdenes", por tanto, te concederá exactamente lo que estás pidiendo: no tener dinero o no conseguir trabajo.

Cuando sueltas algo al universo pensando "está en chino" o "no creo que pueda" o "ni siquiera vale la pena pensarlo", le estás diciendo al universo que ya no quieres lo que en un principio deseabas, y el universo te responde.

Sea lo que sea tu deseo, el universo es literal, no hace interpretaciones de ningún tipo ni se detiene a analizar si lo que pides es bueno o malo para ti.

Tal como pidas las cosas, así te serán concedidas.

– Y a ver, ¿qué pasa con la gente que se saca la lotería? Si creamos todo aquello que nos sucede, y todos deseamos ganarnos la lotería, ¿por qué no todos la ganan?

Bueno, partamos de la idea de que así como hay mucha gente que se siente y se cree muy afortunada en el juego y, por tanto, crea su vida y circunstancias con base en esa creencia, también hay gente que daría su vida por ganarse la lotería pero que no cree realmente que se la pueda sacar por que nunca se ha sacado "ni un reintegro". De estas últimas personas, no hay mucho que decir, salvo que su suerte podría cambiar en el momento en que la dejaran en manos del universo y dejaran de preocuparse por su carencia económica. También hay algunas personas muy "poco afortunadas" en este tipo de cosas, a las que el universo les manda un golpe de suerte, pero sólo porque su evolución personal requiere que recuperen la fe en su "buena fortuna", en sí mismas y en que el universo mismo provee todo para todos.

En cuanto a las personas que sí se creen abundantes y afortunadas, o que al menos saben dejar su "suerte" en manos del universo, vamos a aclarar algo: los juegos de azar como bingo, lotería, rifas y demás, se llaman juegos de azar porque eso es lo que hacen (salvo cuando están arreglados para que determinada persona gane el premio); dejar en manos del azar, la suerte, el universo o como quieras llamarle, la decisión última de quién se llevará el premio entre miles de personas que lo desean.

Ahora bien, de las personas que están jugando, el universo descalifica de inmediato a aquellas que no están en el momento de evolución correcto para ganar (las personas pesimistas que se sienten poco afortunadas en el juego, quienes utilizarían el dinero para fines que los alejaría de su verdadera felicidad, los que sólo van a "tentar su suerte", o las personas que necesitan tanto el dinero que están enfocando su atención en su carencia y no en su abundancia, entre otras). Te dije que el universo no hace interpretaciones ni juicios de ningún tipo, pero en estos casos lo que sucede es que ninguna de estas personas están dejando el ganar en manos del universo, lo que están tratando de manifestar es un fin o intención completamente distintos, por tanto, es como si no existieran.

Un ejemplo, si de cien personas que han comprado un billete de lotería, veinte son del tipo que acabamos de mencionar, quedan ochenta que pueden o no sacarse todo o parte del premio.

¿Quién sería la que tendría más probabilidades de sacarse el premio mayor?

Aquella que esté en perfecta concordancia, tanto en actitud como en tiempo, para que el universo la escoja y le dé el premio a fin de que pueda avanzar en su nivel de evolución.

Otro ejemplo; una persona que no tiene carencias económicas fuertes, sino que de hecho se siente segura en su nivel económico, y que va a jugar por el puro placer de jugar y no por el dinero, podría llevarse el premio porque, como dice el refrán, "dinero llama dinero"; esto quiere decir que la persona que está segura de aquello que tiene, llamará a su vida aquello en lo que cree (abundancia). En segundo lugar, supongamos que es una persona que con el dinero ganado ayudará a otras personas o realizará algún sueño que le ayudará a entenderse mejor a sí misma y acercarse a su verdadera felicidad. Incluso si se tratara de una persona que puede "perder el piso" por la cantidad de dinero ganada, si su evolución espiritual depende de que entienda que su verdadera felicidad no está en el dinero, su alma le ayudará a crear las experiencias necesarias, empezando por ganarse la lotería.

No obstante, hay que mencionar algo: dentro de las ochenta personas que tienen posibilidad de ganar, no importa cuánto hagan cada una de ellas para ganar; no importa si realizan el proceso creativo, se encomiendan a todos los santos o si lo dejan todos los días en manos del universo. Los juegos de azar son oportunidades que se avientan al universo para que sea éste el que decida quién se llevará el premio.

¿Y cómo lo decide?

Dentro de los ochenta posibles ganadores, también hay grados de posibilidad, grados de evolución y grados de aprendizaje. De estas ochenta personas, sólo diez (y por lo general son menos), necesitan realmente el dinero, no para comer y vivir, sino porque su evolución espiritual y su historia personal lo demandan.

Recuerda: quienes viven en la pobreza o de pronto se enfrentan a problemas económicos serios, están viviendo estas experiencias porque así lo pidieron, porque ellos las crearon y porque es necesario que ellos mismos encuentren la salida, por eso ellos no se sacan ni una licuadora en las rifas.

Así es que de las diez personas que nos quedan, el universo sabe que algunas pueden esperar o encontrar una mejor manera de vivir su historia personal, y sabe también que hay otras para las que es inminente la obtención del premio. Digamos que nos quedan cinco y cinco de cada una de estas opciones; dentro de las cinco que nos quedan en situación de inminente obtención del premio, el factor determinante será el azar. El verdadero azar de estos juegos no está entre los millones de personas que compraron el boleto, sino entre estas últimas cinco o menos que el universo califica como aptas para ganar.

El famoso dicho: "Afortunado en el juego, desafortunado en el amor", es la mejor prueba de la mentalidad más arraigada del mundo; el verdadero porqué de que la mayoría de la gente no tenga todo lo que desea, incluso la lotería, es: "No se puede tener todo en esta vida". Pero Yo estoy tratando de enseñarte lo contrario.

—*¿Entonces ni siquiera tiene caso jugar?*

Sí puedes jugar y tiene mucho caso, siempre y cuando antes de hacerlo te contestes a ti mismo lo siguiente: "¿Tienes miedo de perder? ¿Cuánto estás dispuesto a perder? ¿Por qué estás jugando, por desesperación o por diversión? ¿Qué harías con el dinero que ganes? ¿Te sientes una persona afortunada o vas a jugar para ver si esta vez sí te sonríe la suerte? ¿Crees que el universo provee suficiente para todos o crees que sólo a ti te tiene marginado? ¿Estás dispuesto a dejar tu suerte en manos del universo o crees que ya te toca ganarte algo? ¿Estás dispuesto a compartir lo que ganes? ¿Estás dispuesto a jugar sabiendo que si no ganas es porque hay alguien más que necesita el dinero mucho más que tú?".

¿Sabes por qué se habla tanto de la suerte del principiante y por qué ésta casi siempre funciona? Porque alguien que está jugando algo por primera vez, en primer lugar no está poniendo miedos o interferencias de ningún tipo frente a su suerte, en segundo lugar, porque como no saben lo que pueden ganar, no tienen nada que perder, y cuando aceptas que no puedes perder nada, lo ganas todo; "el que todo lo acepta, nada puede perder".

—*Tengo otra pregunta: sea que realice el proceso creativo, rece o deje las cosas en manos del universo, ¿soy yo quien crea a las personas que se van a cruzar en mi camino y todas las cosas que suceden a mi alrededor?*

Tú creas todo aquello que se relaciona directamente con el momento o situación que estás viviendo y con aquello que deseas.

Cuando digo que tú "creas" tu realidad, no me refiero de ninguna manera a que la haces aparecer de la nada. Tú quieres conocer a un determinado tipo de persona y al otro día, aparece de la nada, o quieres una casa con determinadas características y meses después, la haces aparecer de tu sombrero.

No hija, no funciona así, por lo visto me expliqué mal.

Todo lo que tú puedas imaginar y necesitar, YA EXISTE. Todo lo que tú puedas desear y todas las personas que van a llegar a tu vida, ya existen.

Lo que sucede es que todas aquellas cosas o personas que aún no existen en TU REALIDAD, no están ahí porque TÚ NO LAS HAS LLAMADO.

A eso me refiero cuando hablo de "crear"; tú llamas aquello que deseas y el universo o tú misma crean la oportunidad necesaria para que llegue a ti.

Cuando sales en tu auto y ves miles de personas a tu alrededor, ves árboles, ves el tráfico, ves mariposas, ves edificios y casas, ¿crees que tú durante la noche los inventaste y al otro día aparecieron? No, todo eso ya existe y tú lo ves y lo conoces porque en algún momento tú lo llamaste a tu vida. Aquello que aún desconoces o no tienes es porque no lo quieres o aún no lo necesitas o porque no estás preparada para recibirlo y, por tanto, no lo has llamado o creado.

Por eso te he dicho que el ser humano cree que el universo no provee suficiente para todos; por eso el hombre a veces es tan carente en todos los sentidos y por eso te he dicho que debes darte cuenta de que lo que realmente quieres no es algo en particular, sino todo.

Cuando el hombre se dé cuenta de que lo desea todo y de que puede tenerlo todo, porque todo lo que pueda desear o necesitar ya existe y es uno con él, se encontrará a sí mismo y, por tanto, encontrará también la felicidad absoluta.

Sin embargo, la mayoría de las personas no están listas para recibirlo todo. Tú encuentras aún muchos espacios vacíos y carencias en tu vida, y a pesar de que has tratado de crear correctamente, no has conseguido lo que aparentemente quieres, ¿sabes por qué? Porque en el fondo sabes que aún no estás lista para recibirlo, y la única tranquilidad que te puedo ofrecer es que entiendas que todo lo que deseas existe y llegará a tu vida en el momento en que tú estés preparada para llamarlo y recibirlo.

De todo aquello que deseas, pregúntate a ti mismo: "¿Realmente estoy listo para tener esto? ¿Estoy listo para tener una pareja, otro trabajo, para casarme, para ser rico, para enseñar, para aprender, para dejar esta ciudad, para cambiar mi cuerpo? Es decir, ¿estoy listo para aceptar todo lo positivo y negativo que esto que pido conlleva? ¿Estoy listo para cooperar, o al menos para no interferir con el universo para que esto que pido llegue a mi vida?

—*¿Y cómo sabes cuando estás listo para recibir algo?*

Cuando todo tu ser te lo dice; cuando todo en ti se siente feliz al pensarlo, cuando no hay una sola duda en tu ser de que así es y así será.

—*¿Y qué pasa si deseo mucho algo pero aún siento dudas o miedos?*

No te preocupes, ten paciencia contigo misma y date el tiempo necesario para ir entendiendo cada aspecto de ti y de tu situación. No dudes de que el entendimiento llegará, y junto con él llegarán también la certeza y la paz necesarias para llamar o alejar por completo de tu vida aquello que hoy deseas pero tienes miedo de recibir.

—*Hay otra cosa que no entiendo: si no tenemos un destino escrito, ¿qué pasa con los videntes, o lectores de tarot y todas esas personas que te dicen lo que te va a pasar y realmente pasa, hasta con los mismos detalles que dijeron? ¿Realmente existen la videncia y estos tipos de facultades para ver el pasado, presente y futuro de alguien?*

¿Por qué me haces esta última pregunta si sabes muy bien que sí existen? Que no quieras creerlo y que te dé miedo utilizar tus dones, es otra cosa.

Mira hija, hay en este mundo mucha más gente de la que imaginas con estas capacidades; de hecho, todo el mundo tiene las facultades de la clarividencia, clariaudiencia, telequinesia, sanación y telepatía, sólo que a la gran mayoría de la gente le da miedo utilizar estas facultades porque creen que son "cosa del diablo". Entraremos más a detalle en esto después, lo importante ahora es que entiendas que la mayoría de la gente, o tiene miedo de utilizar estas facultades o las utilizan para aprovecharse de la gente.

Alguien que tiene como profesión leer las cartas, los caracoles o cualquier otra cosa, adquiere cierta habilidad para leer también a las personas a fin de saber de antemano qué es lo quieren saber y, por lo regular, a la mayoría de la gente sólo le interesa saber de tres temas en particular: salud, dinero y amor.

Teniendo idea de por qué la persona pide la lectura, hace mucho más sencillo identificar y manipular su energía.

Sé que te encantan estos temas, pero si entramos ahora en detalles sobre el funcionamiento de la energía y todo ese tipo de cosas, creo que te confundirías mucho.

Por ahora basta que sepas que cuando tú vas a consultar a un lector de tarot o similar, aquello que te digan causará en ti un impacto que será positivo o negativo, según el grado de similitud que haya entre lo que te dicen y lo que tú deseas escuchar.

Lo que estas personas hacen realmente no es leer tu futuro sino tus deseos y miedos; el lector de tarot ve el deseo de conseguir una pareja o el miedo de que tu pareja actual te engañe, pero como decirte lo que ya sabes no tiene tanto chiste, te dice: "vas a conocer a un hombre (mujer) maravilloso(a)" o "cuida a tu pareja porque alguien de su oficina quiere todo con él (ella)".

Y cuando alguien te dice que te va a pasar algo que tú sabes que, bueno o malo, puede ser probable, tú le crees; visualizas a tu futura pareja, tu nuevo trabajo, el accidente de auto, lo que sea que te digan, lo ves inmediatamente en tu mente y sientes algo al respecto: entusiasmo o miedo.

Si te entusiasma pensar que en seis meses conocerás al amor de tu vida y decides creer que así va a ser porque el vidente lo dijo, seguramente pasarás los próximos seis meses poniendo tu atención en y visualizando noche tras noche, el día del maravilloso encuentro, hasta que un día, quizá después de siete meses (sólo le falló por un mes), efectivamente conoces al amor de tu vida. ¿Era tu destino?

No, rotundamente no.

¿Tú creaste o llamaste la experiencia?

Sí, fuiste tú misma quien, al momento en que el vidente te hizo consciente de un deseo, dijiste "¡sí! exactamente eso es lo que quiero", dedicándote siete meses a llevar a cabo el proceso creativo completo, o en su caso, dejándolo en manos del universo.

Ahora bien, cuando lo que te dicen es algo negativo como: "vas a chocar", es porque así como ven tus deseos, también ven tus miedos. Además, hemos dicho que los accidentes muchas veces son llamadas de tu alma para que pongas atención en un desequilibrio a nivel espiritual. Esto también lo pueden ver estas personas, lo que de ninguna manera quiere decir que vaya a pasar, de hecho, muchas veces, cuando te hacen consciente de este tipo de cosas, te están dando la enorme oportunidad de arreglar tu desequilibrio para cancelar la experiencia.

Cuando te dicen este tipo de cosas puedes reaccionar de dos maneras: hacer caso omiso o creer que es posible.

Si tomas la primera actitud, estarás literalmente cancelando lo que te dijeron. Estás diciéndole al universo "si yo estaba llamando o deseando esto, ya no lo quiero". Al no pensarlo, visualizarlo ni sentirlo, estás retirando tu atención de ello y, por tanto, no existe.

Pero si tomas la segunda actitud, cuando vayas en un auto irás tan preocupada por "no chocar" y pondrás tanta atención en ello, que eso será lo que tendrás, no sólo porque estás enfocando tu atención en lo que no debes, sino también porque si existe algún desequilibrio a nivel espiritual, lo estás ignorando y tu alma seguirá interpretando que necesita hacerte una llamada para que lo corrijas. Así que pensarás que no quieres CHOCAR, sentirás el miedo de CHOCAR, manejarás con toda precaución para no CHOCAR y cuando menos te lo esperas ¿qué crees? Chocas, y todavía dices: "¡Si ya lo sabía! El tarot me lo dijo".

—*Entonces ¿nada de lo que te dicen estas personas es algo que tenga que o que vaya a pasar?*

No, nada "tiene" que pasar. Todo lo que sucede en tu vida es llamado y creado por ti. Es por eso que muchas veces lo que te dicen y lo que te sucede no coincide: porque tú no le diste realidad a lo que escuchaste.

A lo único que pueden ayudarte un lector del tarot o un vidente respecto a tu futuro, es a constatar que sean verdaderas aquellas cosas que tú ya has llamado o creado. Por ejemplo, si seis meses atrás empezaste el proceso creativo para un nuevo trabajo, un verdadero vidente es capaz de verlo y confirmarte que ese trabajo va a llegar, pero sólo porque tú ya lo habías llamado.

De igual manera, un vidente o adivino que realmente quieren ayudarte, te dirán las cosas, tanto positivas como negativas, para hacerte consciente de ellas y ayudarte a llamarlas o a cancelarlas, según lo que tú quieras y necesites en ese momento.

Comunicación divina y señales

El universo siempre responde…, y una vez que empiezan a platicar,
se vuelve una conversación de toda la vida; la más divertida,
extraordinaria y amorosa de todas.

—*Quisiera que me hablaras ahora de las coincidencias y las señales. Como bien decías, cuando dejas algo en manos del universo, a veces vas encontrando en el camino coincidencias o señales sorprendentes que te hacen sentir que vas bien y que el universo te está escuchando y apoyando. ¿De dónde vienen estas señales? ¿Cómo se pueden identificar?*

Las señales vienen del universo mismo, de Mí. Las señales y coincidencias son mi forma de contestarte cuando tú me pides algo.

Supongamos que un día, después de mucho tiempo de estar soltera, una mujer piensa: "estoy lista para tener pareja y sentar cabeza".

Lo visualiza, siente la emoción y piensa con una sonrisa: "ya llegará…" y lo deja en manos del universo con una actitud positiva y optimista.

Un día, esta mujer se pregunta si realmente está lista para la vida en pareja, y de repente prende la radio y escucha una canción de amor y se pone a llorar.

Días después, esta mujer piensa: "¿y dónde lo voy a encontrar?", voltea a su alrededor y se ve rodeada de parejas felices.

Semanas después, ya medio desesperada, la mujer dice: "Dios mío, ¡una señal!"; unos días más tarde, alguien le dice algo así como "quién quita y conoces al amor de tu vida en ese lugar". Pero ella contesta "¡sí, claro! Como si fuera tan sencillo…" y sigue pensando: "¡Dios! Una señal, aunque sea en el periférico", al día siguiente, antes de llegar a "ese lugar", siente que el corazón se le sale del pecho y entonces piensa: "ya me estoy poniendo mal de los nervios", pero llega al lugar y "casualmente" conoce al amor de su vida.

Te puedo poner tantos ejemplos como éste… El problema es que mucha gente piensa: "a mí nunca me pasan ese tipo de cosas", y tienen razón, pero ¿sabes por qué? Porque no saben que las señales existen, no saben que el universo responde a lo que ellos piden o preguntan, no saben que toda casualidad es causal y, si lo saben, no les ponen atención.

En el ejemplo anterior, la mujer en ningún momento se dio cuenta de que las señales estaban ahí, incluso antes de que las pidiera, y tampoco las notó después. Esta mujer se dará cuenta de las señales hasta que haga una recapitulación de todo lo que la llevó a conocer a su pareja.

—¿Pasa algo si no le haces caso a las señales?

Sí y no. El universo va a responder a lo que pediste, sea con o sin señales, sin embargo, como ya te comenté, las señales son la forma como el universo te habla, y si tú logras identificar y hacerle caso a esas señales, te ahorrarás muchos momentos de duda y desesperación.

Si la mujer hubiera puesto atención desde la primera señal, se habría sentido apoyada y reconfortada desde un principio y cada señal adicional, habría sido una palmadita más en la espalda diciéndole "vas bien".

—¿Y qué pasa con la gente que está en el proceso de manifestar algo que realmente no quiere, como la enfermedad o la pobreza?

En estos casos, también hay señales y algunas ya las hemos comentado. En el caso de la enfermedad vimos que la enfermedad misma es una llamada o señal de tu alma para hacerte notar que hay un desequilibrio a nivel mental, emocional o espiritual. Tu alma, que es una con el universo, te está diciendo: "¡Hey! vas mal, esto no es lo que realmente quieres y estás a tiempo de corregirlo". De hecho, casi siempre, antes de que una enfermedad se manifieste como tal, hay ligeros síntomas previos de la misma. ¿No son esas señales suficientes para que te ayudes a ti mismo a sanar antes de enfermarte?

En todos los demás casos en que se está experimentando algún tipo de situación negativa o contradictoria con lo que realmente deseas, generalmente el universo te pone frente a personas o situaciones por completo opuestas a ti y a lo que estás viviendo, a fin de hacerte ver que hay una mejor forma de vivir.

Por ejemplo, en el caso de una persona desempleada que está sumida en su carencia y negatividad, el universo le dará aquello que está pidiendo: carencia y falta de oportunidades, sin embargo, esta persona volteará a su alrededor y lo único que verá serán personas felices, con buenos trabajo y llenas de abundancia, o se encontrará ofertas de trabajo para todos los puestos y perfiles excepto para el suyo.

Estas son señales que el universo te manda de vez en cuando para decirte: "Fíjate en toda esta gente, tú podrías vivir o ser como ellos si lo quisieras, sólo tienes que desearlo correctamente", o también podría decir: "Date cuenta, no hay ofertas para tu tipo de trabajo porque no estás haciendo lo que te gusta, pero si abres tus posibilidades, encontrarás algo que de verdad te haga feliz".

Como ya te he dicho, lo único que el universo provee son oportunidades, es decisión de cada uno tomarlas o no. Pero siempre que pides algo, el universo responderá y te mandará las señales necesarias para que te acerques a lo que realmente deseas.

—Pero me decías antes que el universo no interpreta ni hace juicios respecto a lo que es bueno o malo para mí, entonces ¿por qué dices que me manda señales para acercarme a lo que realmente deseo?

Aunque el universo te concede todo aquello que pides, el universo sabe que tú eres uno con él y con todo lo que existe y cualquier cosa que te aleje de ese conocimiento, cualquier cosa que te aleje de la felicidad absoluta, te aleja también del universo y lo que éste quiere es que tú te acerques a él, no que te alejes. Así que cuando el universo te concede algo que estás pidiendo pero no es lo que realmente quieres, a fin de acercarte a tu verdadera felicidad y a sí mismo, el universo tratará de hacerte notar que vas por el camino más largo.

Ojo, dije el "camino más largo", no el camino equivocado, puesto que no hay verdaderos errores en tu vida. Aquellas decisiones que tomas y que no te hacen realmente feliz, tienen como única consecuencia retrasar tu encuentro de esa felicidad, sin embargo nada ni nadie podrán impedir que tarde o temprano la encuentres, por eso no hay errores reales.

—¿Y que se puede hacer para identificar las señales?

Las señales vienen siempre en dos momentos: cuando tienes una pregunta o inquietud en tu corazón o cuando necesitas sentirte apoyado en una decisión o momento importante.

Para que las señales se presenten y puedan ser identificadas, debe haber de tu parte una mínima disposición a recibirlas.

Cuando te inquieta, por ejemplo, saber qué puedes hacer para ayudar a una persona, tienes la disposición de escuchar algún consejo o sugerencia. Cuando tienes que decidir entre irte a vivir a otra ciudad o quedarte donde estás, también tienes esa disposición.

Generalmente esperas encontrar consejo o apoyo en tus amigos o familia, pero si además tienes la disposición de que Dios o el universo te ayuden, la ayuda y las respuestas no dejarán de llegar.

Ahora bien, una vez que te das cuenta de que estás viviendo alguna de las dos situaciones que mencionamos; una vez que sabes que hay una pregunta en tu corazón o que necesitas apoyo o guía en algo, sabes también que las respuestas llegarán en cualquier momento y de cualquier forma en que tú las puedes entender. Saber esto te pone en la actitud de esperar la respuesta y de poner atención en lo que sucede en ti y a tu alrededor.

Las señales se presentarán de muchas maneras: a veces tan visibles y claras como una canción, un libro, una película, o hasta un anuncio en el periódico o un espectacular en la avenida, y a veces tan simples y discretas como una aceleración en tu ritmo cardíaco, un presentimiento, una sonrisa de un niño o una pequeña flor a la mitad de tu camino.

La forma de las señales sólo depende de cuál sea la mejor forma para llamar tu atención en un momento determinado.

—¿Y existe algún tipo de señal que el universo le mande al mundo entero y no sólo a alguien en particular?

Claro, la cruz de Cristo es una y el verdadero mensaje es: "puedes superar la cruz", pero nadie lo ha entendido.

Otra muy clara es la señal de la cruz que la gente hace al momento de persignarse: "En el nombre del Padre, del Hijo y del Espíritu Santo" que de otra manera quiere decir: Mente, corazón y espíritu; pensamiento, palabra y obra. Es la forma que Jesús utilizó para tratar de hacerle entender a los seres humanos que no son sólo un cuerpo, sino que participan de una naturaleza tripartita que es tanto humana como divina. Pero tampoco se ha entendido del todo.

La comunión en la Iglesia Católica, es otra señal para recordarle al hombre que, justamente, comulga del mismo espíritu y naturaleza divina de Dios. Otra de las grandes señales que ahora se ha vuelto toda una ciencia es la Cábala.

La Cábala es el estudio de las antiguas escrituras y de los misterios del alfabeto hebreo. El alfabeto hebreo fue una señal que le di al hombre desde hace muchos siglos para hacerle entender que el pensamiento y la emoción, unidos a la palabra o la acción, dan lugar al pensamiento creativo.

El Zohar, que es el libro que contiene todas las enseñanzas de la Cábala y del alfabeto hebreo, es una señal tan poderosa que el solo hecho de tenerlo contigo puede cambiar tu vida. Lo mismo sucede con lo que llaman los setenta y dos nombres de Dios, que son letras del alfabeto hebreo que, combinadas de determinadas maneras y mediante la visualización de las mismas, dan lugar a la manifestación de sucesos específicos.

¿Y por qué tienen tanto impacto? Porque cada letra del alfabeto hebreo es y contiene en sí misma un determinado tipo de energía, y cuando las combinas entre sí para formar uno de los setenta y dos nombres de Dios, cada uno de ellos contiene un proceso creativo completo para manifestar un suceso determinado.

Todos estos tipos de señales (y otros que comentaremos más adelante), son respuestas que el universo ha dado a preguntas que, en determinados momentos, la humanidad completa se ha planteado. Son señales que se le han dado al mundo entero a fin de hacerle notar que se están alejando de su verdadera felicidad.

—Entonces, ¿siempre que pida respuestas o ayuda habrá una señal?

Siempre, porque *el universo siempre responde*, y algunas veces, según cuánta atención estés poniendo, llamaré tu atención a través de señales tan extraordinarias y divertidas que despertarán en ti la curiosidad de empezar a platicar con el universo, *y una vez que empiezan a platicar, se vuelve una conversación de toda la vida; la más divertida, extraordinaria y amorosa de todas.*

—¡Wow!

Sí, pero hay algo más: la más grande y maravillosa de todas las señales, es el silencio.

El silencio que se puede escuchar y leer entre las palabras, entre las notas musicales; el silencio de una noche y el que hay detrás del canto de los pájaros al amanecer; el silencio de un niño durmiendo, el silencio detrás de una risa, el silencio del resbalar de una lágrima; el silencio de una nube antes de precipitarse y del sol antes de salir y de ponerse; el silencio del mar al tocar la arena, el de la luna a media noche y el de la primera estrella antes del atardecer. El silencio de la hierba después de la lluvia y el de un beso antes de ser entregado.

Es en el silencio donde encuentras todas las respuestas necesarias y donde puedes encontrar siempre todo el apoyo que te hace falta, pues el silencio es la única cualidad que, pudiendo ser captada sólo por los sentidos humanos, es compartida por todos y por todo.

—¡Wow otra vez! Gracias.

Violencia y
actitudes negativas

Lo más difícil para ti y para cualquiera, no es agredir, juzgar, lastimar,
engañar, a pesar de lo mucho que puede dolerte a ti o al otro,
*lo más difícil es **no hacerlo**.*
Agosto 12, 2007

—Te tengo la pregunta del millón sobre el proceso creativo.

Entiendo que todos creamos o llamamos lo que sucede en nuestras vidas, ¿pero qué pasa con la gente que es asesinada, violada, secuestrada, asaltada? Esto es lo último que una persona puede pensar o desear y, sin embargo, sucede. ¿Cómo y por qué pasan este tipo de cosas?

Efectivamente, me pides que conteste la pregunta principal y el principal misterio sobre la naturaleza humana: ¿Por qué el hombre es capaz de hacerse tanto daño a sí mismo y a sus semejantes?

Después de todo lo que hemos visto, supongo que ya tienes una idea del proceso creativo y cómo una persona llena de odio y violencia vive la realidad conforme a lo que piensa y siente. Curiosamente, en este mundo las cosas más sencillas de realizar son aquellas que tú llamas "malas", aquellas que van en contra de tu verdadera naturaleza y de tu verdadero ser.

Para un asesino o un ladrón lo más difícil del mundo no es robar o matar, sino evitar hacerlo sabiendo lo fácil que es y teniendo todas las excusas necesarias para justificarse.

Pero esto es así también para cualquier otra persona: *Lo más difícil para ti y para cualquiera, no es agredir, juzgar, lastimar, engañar, a pesar de lo mucho que puede dolerte a ti o al otro, lo más difícil es **no hacerlo**.*

Si tu jefe llega a regañarte y gritarte por haber llegado tarde o porque no hiciste tu trabajo exactamente como él quería, tienes, en primer lugar, la justificación perfecta para gritarle: él te gritó primero. Segundo, una vez que estás enganchado con el enojo o agresión de otra persona, lo más fácil no es pensar "mira qué ser de luz y tan lleno de amor tengo enfrente", lo más fácil es pensar "ahora sí, este desgraciado me va a escuchar".

El hombre en general, tiene un instinto o tendencia innata a la violencia, ¿sabes por qué? Porque toda acción violenta proviene del miedo; el miedo es el contrario directo o, mejor dicho, el arma del ego para alejarte del Amor. Hemos dicho que Dios es el Amor absoluto y que el hombre es uno con Dios, pero el hombre tiene tanto miedo a recordar quién es (o mejor dicho, el ego del hombre tiene tanto miedo de que el hombre recuerde que el ego no es real), que **se vale de la violencia para justificar lo que cree ser y negar su verdadera naturaleza.**

Antes de irnos a los ejemplos más extremos de violencia, déjame preguntarte: ¿Qué haces para escoger a las personas que agredes con gritos, que juzgas, que criticas, a las personas que hieres intencionalmente con comentarios mordaces y actitudes de indiferencia o completo rechazo?

Te pregunto también: ¿Crees que esas personas desean realmente ser agredidas, juzgadas o heridas por ti? ¿Crees que ellas llamaron directamente tus juicios, rechazos y agresiones?

Piénsalo un momento antes de contestar.

Cuando despiertas y alguien te pregunta "¿qué vas a hacer hoy?", tú no contestas: "a las 9, ser lo más grosero que pueda con mis padres, a las 11 gritarle al idiota que se va a cruzar en mi carril, a las 2 ser sarcástico e hiriente con mi pareja, y a las 6 ver a quién le puedo contagiar mi mal humor acumulado durante el día".

¿Por qué tú, que aparentemente eres una persona "normal", te haces tanto daño a ti mismo y a los que te rodean?

Porque es tan fácil, que es casi imposible no hacerlo.

Más claro aún: porque es tan difícil para ti controlarte y ser amoroso, **que cualquier otra opción te parece más viable.** Estás tan acostumbrado a ser así, te has creído tan bien tus propias mentiras (que el otro te agredió primero, que es imposible quedarse callado cuando te están gritando, que el otro es siempre tan malo y tú eres siempre tan bueno, que tú tienes siempre la razón), que ya no sabes cuál es la verdad sobre ti mismo.

No puedes actuar de otra manera porque estás convencido de que tu forma de ser y de actuar son las correctas y las únicas posibles, y mientras más agresivo eres, más te convences de ello, puesto que, igualmente, mayor agresión atraes a tu vida. ¿Cómo podrías ser una persona pacífica y amorosa con tanta violencia dentro y fuera de ti?

Así como vives tu realidad de agresión, violencia verbal, pasiva, física, psicológica y emocional, de juicios y señalamientos, así también viven su verdad aquellos que creen que matar, robar, secuestrar, violar, son las únicas formas de vida posibles.

Así como tú te justificas falsamente todos los días, así también se justifican ellos.

Ahora bien, ¿cuáles son las personas a las que juzgas, agredes, hieres y matas con miradas y comentarios? ¿Cómo las escoges? ¿Qué hiciste para llamar a todas esas personas a tu vida y para crear la experiencia violenta específica?

—Yo no las escojo, simplemente sucede que algo o alguien me hace enojar y le contesto agresivamente, o veo a alguien que de alguna manera me molesta o llama la atención de manera negativa, y emito el juicio o crítica sin detenerme a pensarlo.

¿Y no querría decir esto que entonces es mentira que todo lo que te sucede es llamado por ti?

—Pues sí...

Pues no.

Como te comenté antes, tú llamas todo aquello en lo que pones tu atención, pero el universo lo único que te provee es la **oportunidad para experimentarlo en la luz o en la oscuridad, según tu propia elección.** Tomar o no esa oportunidad, es decisión tuya.

Tú crees que no llamaste al chofer del camión que te avienta su auto en medio del tráfico; crees que no llamaste a esa persona extravagante que viste y actúa de forma diferente a ti o que no llamaste el mal humor de tu pareja o de tus padres. Pero hija, déjame decirte que estás muy equivocada, sí lo hiciste.

Cuando vas manejando y ves un camión, prácticamente estás esperando que se te venga encima: cuando llegas a tu casa o tu pareja llega del trabajo, piensas "ojalá esté de buen humor", porque tienes miedo de que estén enojados; cuando estás en un lugar público, esperas que no haya gente "diferente a ti".

Entonces, cuando piensas "seguramente fulano va a estar de mal humor", al encontrarte con esa persona, llegas listo para defenderte de la agresión, tanto, que aunque sea a nivel meramente mental, tú agredes primero. Y es tal tu agresión a nivel mental y emocional, que el universo te contesta "tus deseos son órdenes" y te pone enfrente la oportunidad para que experimentes lo que estás llamando.

—Entonces, ¿yo soy la que crea el mal humor o la agresión de los demás? ¿Si yo pienso que mi pareja va a estar de mal humor, soy yo la que lo pone de malas?

No. Esto lo veremos a detalle más adelante, pero recuerda que el universo, como en el ejemplo del que quiere vender y el que quiere comprar un auto, lo que hace es buscar los iguales y unirlos en la experiencia u oportunidad que ambos buscan. Cada uno está viviendo su propio proceso, sea de mal humor, de agresión o de miedo, y cada uno necesita experimentar lo que está llamando. Presentada la experiencia u oportunidad, cada uno decidirá cómo reaccionar ante la misma.

Ahora, algo que no hemos hablado y que es de vital importancia que entiendas, es que el universo te provee las oportunidades necesarias para

experimentar lo que deseas, A FIN DE QUE EJERZAS TU LIBRE ALBE-
DRÍO, es decir, tu capacidad de decidir por ti mismo lo que quieres y no
quieres experimentar.

¿Y sabes acaso por qué tienes un libre albedrío?

Para que en cada momento de tu vida tengas la libertad de escoger entre
la luz y la oscuridad, entre la paz y la guerra. Esa es la razón por la que estás
en este mundo. Viniste a experimentarte a ti mismo, a descubrir tu verdadera
naturaleza y, cada vez que escoges el amor y la paz en vez del miedo y la guerra, estás recordando quién eres y te estás acercando un poco más a Mí, y eso
es lo único que realmente deseas: Ser feliz, volver a Mí.

Cada decisión que tomas durante el día y, de hecho, lo haces durante todos
los días de tu vida, **decidir**, *es una oportunidad para la paz o para la guerra.*

Como ya comentamos, la decisión más sencilla generalmente es la guerra,
porque eso te permite seguir justificando el alejamiento de tu verdadero ser y
tu negación de la verdad sobre ti mismo.

Así es que cada vez que te encuentras con alguien que, de alguna
manera, te agrede, te hiere o te juzga, sabes que aún sin darte cuenta,
tú lo llamaste. Sin embargo, está siempre en ti la decisión final respecto
a lo que has de hacer, decir o sentir en cada situación. Es tu decisión
responder con paz ante una ofensa; es tu decisión contestar con violencia la violencia misma que tú llamaste y es tu decisión dejar de crear
violencia en tu vida.

Es decisión tuya dejar de gritar, dejar de agredir, dejar de juzgar, aún
cuando tú hayas llamado esas experiencias.

Entiende, tú llamaste la experiencia de una discusión, pero una vez que el
universo o tú misma ponen enfrente la oportunidad de experimentarla, tú
puedes decidir en todo momento que prefieres la paz.

Y fíjate bien en lo que te voy a decir: cuando en vez de la paz, eliges la
guerra, invariablemente terminas sintiéndote mal. Más tarde o más temprano
querrás rectificar lo que hiciste; querrás volver a tener *otra oportunidad* para
escoger correctamente, así es que terminarás creando una nueva experiencia
que te permita volver a elegir. Y seguirás eligiendo la guerra hasta que decidas
escoger de manera correcta.

Ahora bien, ¿cómo se unen tu mal humor o tu agresividad con la negatividad y el miedo de los demás?

Sucede que así como tú eliges estar de mal humor, asimismo hay otra
persona que está esperando que alguien se desquite con ella. El chofer del
camión (independientemente de su propia agresividad que descarga contra
los otros conductores), espera que alguien durante el día le diga hasta de lo
que se va a morir y tú (junto con otros tantos que están del mismo humor),
tienes la mala suerte de estar en el ánimo correcto para elegir la guerra.

Tu pareja espera que te enojes porque llegó tarde y cuando llega contigo, cumples sus expectativas. La persona obesa que va por la calle tiene miedo de ser señalada y criticada y tiene la mala suerte de que tú estés cerca y con el ánimo exacto para juzgarla y criticarla.

Todo, absolutamente todo y todos en este mundo, **son uno y están unidos por aquello que crean.**

Si tan sólo entendieran la importancia que tienen cada uno de sus pensamientos, emociones y reacciones, harían hasta lo imposible para llevar paz a sus mentes y a sus corazones, para luego llevar paz al mundo.

Por eso es tan importante crear o llamar a las cosas desde un lugar de paz y de luz. Y no sólo es importante crear para tu propia vida, también es de vital importancia crear a nivel universal. Pensar, sentir y creer que este mundo está lleno de paz, de luz, de amor, de salud, de oportunidades y de perdón, te llevaría a actuar en consecuencia.

Si todo está unido, si todos somos uno, quiere decir que lo que uno piensa o cree, será experimentado por todos los que decidan pensar o creer en lo mismo, y la gran mayoría de la humanidad **piensa, siente y cree en la violencia y en la oscuridad.**

¿Cómo pueden pedir paz en el mundo si no son capaces de crear y llamar paz para sus propias vidas? ¿Cómo pueden pedir que termine la violencia cuando ustedes mismos eligen la guerra cada vez que tienen oportunidad?

Explicado esto, podemos entrar al tema inicial de tu pregunta y, como siempre, me voy a basar en ejemplos.

Hablemos de una persona que secuestra a otra.

Ya sabemos que el secuestrador ha creado para sí mismo una realidad de oscuridad y violencia y que ha llamado las experiencias y oportunidades necesarias para elegir la guerra.

En un principio, al secuestrador lo único que le interesa es: obtener dinero o dañar a una persona en particular.

Si lo que quiere es esto último, te preguntarás: "¿pero cómo escoge a la persona o por qué esa persona en particular?". Pero eso es algo que Yo me tardaría una vida entera en explicarte, porque cada secuestrador, ladrón o asesino que quiere dañar a alguien en particular, tiene su propia historia personal y su propia "justificación" para hacerlo. ¿Por qué tienes tú tantas ganas de aventarle una maceta en la cabeza a tu jefe?

Lo cierto es que, sin importar las razones del secuestrador, él siente y cree tener una relación directa con el secuestrado y, en su realidad, el secuestrado debe pagar por algo que le hizo y la única opción es hacerle daño.

—¿Y qué hizo el secuestrado para experimentar algo así? ¿Qué pasa, con los hijos de la persona a la que quiere hacerle daño el secuestrador, ladrón o asesino?

Piensa en un político o un empresario que se ha dedicado a hacer tratos sucios con gente oscura y violenta. Esa persona sabe lo que está haciendo y todos los días piensa y siente el miedo de las consecuencias de sus actos, teme sobre todo por la seguridad de sus seres queridos (recuerda que donde está tu atención está tu realidad).

Aún en el caso de gente buena a la que le suceden este tipo de cosas, estamos hablando de gente que, de una u otra manera, tienen puesta su atención donde no deben: el miedo.

—Pero a ver, yo siempre he sido una persona que se siente protegida con relación a los asaltos y ese tipo de cosas, en realidad nunca he sentido miedo de que me vayan a asaltar, sin embargo me asaltaron. Igualmente, a mi suegra y mi cuñado los asaltaron en su casa, siendo personas sumamente religiosas y que no tenían por qué temer o pensar que les sucedería algo así. ¿Qué pasa en estos casos?

Muchas veces el miedo que experimentas no es directamente en relación con el asalto o el asesinato, sino que se trata de miedos abstractos como el miedo al despojo, a la privación de la libertad, a la muerte violenta o a la agresión sexual.

En estos casos, cuando durante un tiempo prolongado (en tu caso particular, más de seis meses) mantienes este tipo de miedo o violencia en tus pensamientos y emociones, y a veces incluso en tus acciones o palabras, la experiencia se manifestará como un llamado de tu alma para que te enfrentes por fin a ese miedo.

—¿Estás diciendo que si alguien tiene miedo a la muerte violenta y la matan, eso es un llamado de su alma? No tiene lógica alguna.

Hija, para que pudieras entender esto correctamente, tendrías que entender primero que la muerte no es de ninguna manera un castigo ni un final, sino el regreso a la vida eterna, pero a las alturas en las que estamos, no puedo pedirte que entiendas esto todavía.

Por el momento lo único que puedo decirte es que las personas que mueren en este tipo de circunstancias, a nivel de su alma en particular, estaban listas y dispuestas a morir. Tenían que morir no porque estuviera escrito en ningún lado, sino porque llamaron durante tanto tiempo el miedo a esa forma de morir, que su alma entendió que esa era la única forma de terminar con su existencia en esta vida, puesto que no se encontró otra forma mejor de terminar con ese miedo.

Toda persona que muere sin importar las circunstancias, edad, o momento de morir, es una persona cuya alma ha concluido con su experiencia particular en esta vida. Su alma recogió todo el aprendizaje necesario en esta vida y está lista para continuar en una nueva experiencia.

—Pero no entiendo. Dices que el universo lo único que hace es proveer oportunidades para experimentar lo que llamamos, pero que está en nosotros elegir si deseamos o no la experiencia. Si es así, ¿dónde está la libertad del secuestrado, del asaltado o del asesinado para decir "gracias, pero no quiero esta experiencia"?

Por eso era tan importante hablar primero de las señales.

Si recuerdas, te dije que siempre que creas o llamas algo que te aleja de tu verdadera felicidad, el universo te manda señales para hacerte ver que vas por el camino que no debes.

Sin excepción alguna, todas las personas que experimentan este tipo de situaciones (y hablo tanto del secuestrador o asaltante como del secuestrado o asaltado), reciben alguna señal o llamada de atención antes de que la experiencia se manifieste. Esa llamada puede ir, desde una enfermedad, hasta la presencia de un ser o guía espiritual que lo trata de convencer de que debe cambiar. Si la persona no cambia su actitud y no modifica su proceso creativo, el universo entiende que **sí se desea la experiencia que se está llamando, porque es la única posibilidad de aprendizaje que la persona está dispuesta a aceptar.**

En el caso del asaltante, la oportunidad se le pone enfrente justamente para que por fin decida la paz en vez de la violencia. Cuando una persona va a realizar una acción violenta u oscura, siempre hay un momento particular, a veces un minuto, en que aún puede decidirse por la luz. Ese pequeño momento es por lo que el universo se mantiene constantemente respondiendo aún los peores llamados del hombre: **por fe en que algún día contestará con paz.**

Ten en cuenta algo muy importante: ni el secuestrador o asaltante ni el secuestrado o asaltado, dejan en ningún momento su deseo en manos del universo.

De ninguna manera el secuestrado piensa y visualiza el secuestro pensando con una sonrisa "algún día...", todo lo contrario, el secuestrado (antes de serlo), se mantiene pensando en el miedo que le da que lo secuestren y en todo lo que puede hacer para evitarlo (salvo cambiar su propio proceso creativo).

En ambos casos (secuestrador y secuestrado), ellos realizan por sí mismos el proceso creativo completo y lo hacen tan bien, pero basados en deseos, pensamientos y emociones tan equivocadas, que ya sabemos los resultados.

Por eso te decía que es muy importante que no trates de crear o llamar las cosas por ti misma mientras no alcances un grado de habilidad suficiente para controlar tus pensamientos y emociones negativas.

¿Qué crees que pasaría si el secuestrado hiciera un cambio radical en su vida y dejara de hacer cosas que ponen en riesgo su seguridad y la de su familia? ¿Crees que el universo le seguiría mandando el secuestro cuando sus propios actos dicen que no sólo no lo quiere, sino que ya no lo necesita?

Y más aún, ¿qué crees tú que pasaría si el secuestrado, en vez de seguir hundido en sus miedos, pensara, visualizara y sintiera que está siempre protegido y guardado de todo mal y dejara esa protección y cuidado en Mis manos? ¿Crees acaso que Yo dejaría de responder?

Porque claro que muchas de las personas a las que les suceden este tipo de cosas son religiosas y creyentes de una fuerza superior que los cuida, pero también es cierto que el miedo de estas personas **es siempre mayor que su fe**, sin mencionar que muchas de estas personas creen en un Dios castigador al que más que amar, temen.

—¿Y no tiene algo que ver el karma en todo esto?

Hija, el karma es un concepto muy complicado, pero puedo decirte que sí, en algunos casos hay una deuda espiritual pendiente, sin embargo, ello no cambia el proceso creativo de los implicados.

Mira, si te digo que el secuestrado tiene karma con el secuestrador porque en su vida antepasada el secuestrado hirió a la familia del secuestrador y, en esta vida, éste último viene a cobrarse ese daño, tenemos que analizar varias cosas:

En primer lugar, la gran mayoría de la gente no sabe o no es consciente de que han tenido una o varias vidas pasadas, y mucho menos saben qué fue lo que pasó en esas vidas. Al ignorarlo, se vuelve muy difícil ser completamente consciente de todas las motivaciones que mueven a una persona para actuar de determinada manera en esta vida.

El secuestrador no es consciente del daño que le hicieron en una vida pasada, pero sí que es consciente de lo que siente o piensa en esta vida. El proceso creativo de cada persona se basa en los pensamientos y emociones actuales, sin importar si la verdadera raíz de esa emoción o pensamiento viene de esta o de muchas vidas atrás. Y siendo el resentimiento y la rabia lo que mueve a la persona, su vida manifestará estas emociones conforme a su propio proceso creativo.

En segundo lugar, cuando la gente dice: "Esto me pasó porque tengo un mal karma con esa persona", generalmente están justificando su falta de responsabilidad en la creación de su realidad. Creer en el karma es tan inútil como creer en el destino, ya te he explicado que no existe un destino escrito para nadie. Claro que cada persona viene a este mundo a experimentar determinadas circunstancias y a obtener sabiduría de diversas fuentes o experiencias, pero cómo y cuándo suceda, es algo que cada uno va determinando conforme a su propio proceso de desarrollo espiritual. El karma no es una justificación para dejar de asumir responsabilidad sobre los propios actos o decisiones, el karma es tan sólo una guía sobre aquellas cosas en las que, durante muchas vidas, has elegido la oscuridad en vez de la luz; una guía para ayudarte a elegir correctamente en esta vida.

En tercero y último lugar, el karma puede determinar o predisponer a las personas para que vivan o enfrenten una circunstancia en particular, sin embargo el karma no es fatal, es decir, no es inamovible o inevitable; el karma puede ser superado conforme se va alcanzando un mayor desarrollo espiritual.

Digamos que si el secuestrador y el secuestrado tuvieran un karma y estuvieran "predeterminados" a vivir la situación del secuestro, el karma se podría cancelar o quemar, no hasta que ocurra el secuestro, sino en el momento en que cualquiera de los implicados sustituyera la rabia y el resentimiento (en el caso del secuestrador) o el miedo y la culpa (en el caso del secuestrado), por la luz, el amor, la paz, el perdón y la fe. Es decir, en el momento en que cualquiera de ellos escoja la luz en vez de la oscuridad y la paz en vez de la guerra.

Si el karma que une a estas personas es, por ejemplo, el deseo de venganza y la necesidad del perdón, en esta vida el secuestrador podrá sentir constantemente ese deseo de venganza e ira, aún sin razón justificada, mientras que el secuestrado podrá sentir siempre miedo y culpa, sin ni siquiera saber por qué. Sin embargo, si cualquiera de ellos tomara conciencia de que lo que sienten les está alejando en esta vida de su verdadero ser y de su verdadera felicidad, e hicieran los cambios necesarios para dejar de pensar y sentir de esa manera, el karma quedaría cancelado, cancelándose por tanto la experiencia del secuestro. No obstante, si ninguno de ellos realiza esos cambios y permanecen con su proceso creativo basado en la ira y el miedo, la experiencia del secuestro (o la que sea necesaria para provocar el cambio y el aprendizaje) se manifestará invariablemente.

—Y en el caso de que no se esté buscando dañar a nadie en particular, sino que el secuestrador o asaltante esté actuando por simple maldad o por conseguir dinero, ¿qué o quién determina quién será el afectado?

Tal como en el ejemplo del que quiere comprar un auto y el que quiere venderlo, donde igual llama igual, así también si uno quiere robar para obtener dinero y otro tiene miedo de que le roben su dinero, o si uno cree que su poder está en cuánto daño haga a los demás y otro cree firmemente que la gente es mala, el universo (después de algunas señales y llamadas de atención no atendidas) encajará las piezas necesarias para que cada uno experimente lo que está llamando.

Tú dices que no llamas la violencia y la inseguridad, que rezas por la paz mundial y que la guerra es lo último que deseas en el mundo, pero ¿qué crees que estás haciendo cada vez que dices "estoy harto de la inseguridad en este país" o "es terrible que haya tanta violencia en el mundo" o "no puedes salir a la calle porque te roban"?

No sólo no estás ayudando en nada a cambiar el mundo, sino que de hecho estás contribuyendo a que siga existiendo la violencia en el pensamiento colectivo global, y mientras más lo repitas y más lo creas, más real será para ti y para todos los que piensan como tú.

No pueden creer que un simple cambio de pensamiento, un simple cambio en la forma de pedir, literalmente sea capaz de cambiar al mundo. "No puede ser tan fácil" es lo único que sí crees, pero te tengo una noticia: **sí es así de fácil**. Tan fácil como decir todos los días **"gracias a Dios (o al universo o a quien tú quieras) por la paz y la seguridad que reinan en mí y en el mundo"**.

¿Qué crees que pasa con los países que llaman "Primer Mundo" como Canadá, Suiza, Australia? ¿Puedes darme alguna razón de por qué estos países experimentan una economía y un nivel de vida que no se ha logrado alcanzar en el resto del mundo?

Créeme, no son los recursos naturales, ni el costo de la mano de obra, ni la ley de la oferta y la demanda, ni el tipo de gobierno lo que han llevado a estos países a estar donde están. Si fuera así, ¿qué pasa entonces con tu propio país? México es un país millonario en recursos naturales, atractivos turísticos y mano de obra. ¿Qué pasa con Estados Unidos, que a pesar de su economía, su política y su consumismo, no ha logrado la seguridad y la paz que tiene Canadá?

Todo, absolutamente todo el crecimiento, bienestar y desarrollo económico, cultural, social, turístico, educacional, ecológico y político de un país, depende única y exclusivamente del **proceso creativo global**.

En México se ha vuelto moda irse a vivir a Canadá, diciendo que ahí tendrán una mejor calidad de vida. Y cuando estás en Canadá, definitivamente experimentas una paz y tranquilidad en las calles que no sientes ni siquiera en tu propia casa. ¿Por qué? Porque cada vez más gente ha creído en esa paz; porque la gente que vive en ese tipo de países piensa, siente y cree que su país es un lugar lleno de paz, de seguridad y de oportunidades para todos, y el universo va otorgándoles, primero a cada uno en particular, y luego al colectivo general que coincide con ese proceso creativo, aquello que están llamando.

Es por eso que mientras más culpa un país a su gobierno, a la clase trabajadora, a la clase alta, a la falta de empleos y de oportunidades, a la inseguridad, a la violencia, a la falta de políticas externas e internas benéficas para toda la población, más se manifiestan este tipo de situaciones y más difícil es encontrar un gobierno que provea todo lo que la gente pide, pues no es el gobierno el que puede crear la realidad de todos, sino que es cada uno el que creará y proveerá **un gobierno de sí mismo** basado en la paz, el amor y el respeto, y mientras más gente se ame y se respete a sí mismos y a los demás, el proceso creativo global de cada país empezará a cambiar para proveer las oportunidades que se están llamando.

Cristo

Cristo estuvo en el mundo sin ser de este mundo, porque entendió que su reino,
su verdadero ser, estaba más allá del mundo que el hombre ha creado.

—*Te voy a cambiar un poco de tema porque desde hace tiempo algo me inquieta mucho. Si cada uno llama las experiencias de su vida, ¿por qué Jesús no creó una realidad diferente para sí mismo? ¿Por qué se permitió experimentar tanta violencia y sufrimiento, sabiendo quién era y lo que podía hacer?*

Gracias por preguntarlo.

Tú sabes que Jesús dejó siempre su vida y su voluntad en mis manos. Él trascendió el proceso creativo porque trascendió primero sus deseos; entendió que no necesitaba nada porque ya lo era todo, así es que de una vez te digo que no fue él directamente quien llamó esas experiencias a su vida.

—*Pero no puedo creer que tú o el universo le hayan mandado o permitido vivir esas experiencias.*

Y tienes razón en no creerlo, puesto que lo único que mi amado hijo y Yo hicimos, fue no interferir con el libre albedrío de los hombres y con aquello que estaban creando.

Cristo estuvo en el mundo sin ser de este mundo, porque entendió que su reino, su verdadero ser, estaba más allá del mundo que el hombre ha creado.

Jesús, como muchos otros maestros de la historia, vinieron al mundo en un momento en que la humanidad necesitaba más que nunca recordar su verdadero ser; la humanidad necesitaba una oportunidad para decidir colectivamente entre la luz y la oscuridad.

La misión de Cristo fue siempre dar testimonio de la luz y de la verdad: Que mi Amor es lo único real que existe y que nada ni nadie puede destruirlo; que el Amor todo lo puede porque todo lo es y que, al final, es lo único que prevalece, aún después de la cruz.

Cristo entendió que, aunque la verdad no puede comprobarse porque no tiene opuestos, la única manera de enfrentar al hombre de ese tiempo con la verdad, era poniéndola frente a sus ojos. Cada milagro, cada mensaje, cada enseñanza, cada palabra, cada sufrimiento aceptado y bendecido, fue una manifestación de la verdad.

Cristo, como otros maestros, fue una oportunidad que Yo le ofrecí al mundo para decidir entre el amor y el odio, la paz y la guerra, el perdón y la condenación, la luz y la oscuridad.

¿De qué habría servido que Jesús, por sí mismo, cambiara la realidad de todos los hombres, cuando Él vino a enseñar que el poder de Dios está en cada uno y que cada uno es libre de aceptarlo o rechazarlo?

¿Crees que al momento que Pilatos decidió crucificarlo, no habría podido Jesús cambiar la realidad para que el pueblo judío lo aceptara y empezara a vivir su palabra? ¿Crees acaso que no tenía Jesús el poder para hacer desaparecer, literalmente, a aquellos que lo golpearon, escupieron, humillaron y crucificaron desde antes de llegar a la cruz?

Dime hija, ¿de qué habría servido? ¿No te he dicho acaso que Yo me entregué al hombre por amor, dándole la libertad de ser y decidir todo lo que él deseara hasta que por fin reconociera que siempre ha sido uno conmigo?

Ni Cristo, ni Buda, ni Gandhi, ni ningún otro maestro espiritual de la historia vino a privar al hombre de su libertad. La única misión de cada maestro, y de Cristo en particular, ha sido recordarle al hombre quién es y por qué está aquí.

Entiende que Cristo aceptó su misión, se preparó para ella y su mayor sufrimiento no fue la tortura y la violencia que recibió, sino la triste aceptación de la realidad que el hombre decidió crear para sí mismo, y Cristo aceptó su sufrimiento porque sabía que en Mí, en su Padre, sólo el Amor es real.

En las Sagradas Escrituras (que bajo la interpretación del hombre, muchas veces pierden todo lo sagrado), se menciona que Yo me refería a Jesús como mi Unigénito Hijo, pero el hombre sigue sin entender este concepto. ¿Por qué Jesús se declaró y reconoció como Hijo Único del Padre, heredero del reino de Dios?

Porque Jesús entendió que Dios es todas las cosas y fuera de Él no hay nada y por lo tanto no hay separación alguna entre él y los demás. Todos mis hijos son uno mismo al que Yo sólo puedo amar como a Mí mismo.

El hombre cree aún que a través de Cristo se perdonaron todos sus pecados, pero el verdadero mensaje de Cristo fue que el pecado no existe, puesto que ningún acto del hombre es capaz de anular o menguar el Amor de Dios. Esto mismo lo sabían María y José y lo sabían los discípulos de Jesús, ¿por qué nadie hizo nada?

Porque no había nada que hacer. Se le dio al hombre la oportunidad de decidir entre la guerra y la paz, y al decidirse por la guerra, Cristo no hizo más que respetar la voluntad del hombre, sabiendo que al final la única voluntad que prevalecerá será la Mía, y es Mi voluntad que el hombre siga siendo libre para elegir la guerra hasta que entienda que la única elección correcta es la de sí mismo: la de la paz y el amor.

Tanto en el Antiguo Testamento como en los Evangelios de San Mateo, se habla sobre la "Segunda Venida de Cristo" y Yo te digo ahora que así ha de ser, Cristo volverá al mundo resucitado en cada uno de mis hijos y todo lo que hoy existe desaparecerá y todo lo que hoy sois, dejarás de serlo, para dar lugar al mundo y al ser de Dios, que estará más allá de la muerte, en la vida eterna.

Autoreflexión
forzosa

¿Dónde estás? ¿Dónde está el amor en ti, dónde están tu paz
y tu sabiduría, dónde están tu fe y tu certeza?
Agosto 13, 2007

Es hora de que te preguntes a ti mismo, ¿por qué no has sido capaz aún de aplicar en tu vida todo lo que te he dicho?

¿Por qué únicamente te sientes conectado, tranquilo y en paz, apoyado, amado y escuchado, y sobre todo, con ganas de hablar y entender cuando estás leyendo o escribiendo esto? ¿Por qué sólo estás en paz cuando estás solo?

A pesar de todo lo que hemos hablado, ¿cuántas veces al día o durante cuántas horas seguidas te privas a ti mismo del amor y de la paz?

¿Por qué, cuando se te han revelado tantas cosas tan maravillosas, aún no eres capaz de despertarte sintiéndote la persona más feliz del mundo?

¿Qué es lo que sigues esperando?

¿Cómo es posible que aún no entiendas que todo aquello que estás esperando (amor, dinero, salud, trabajo, pareja o más sufrimiento, tristeza y espera) ya está aquí?

¿Cómo es posible que sigas culpando a todos y a todo de tu infelicidad, salvo al único creador de la misma?

¿Por qué, dime por favor, por qué sigues deseando, buscando y viviendo tu propio sufrimiento?

¿Por qué sigues siendo incapaz de contestar con paz ante una ofensa, por qué sigues llamando a tu vida lo que no deseas realmente, por qué continuas viendo oscuridad donde sólo hay luz, por qué sigues esperando que tu vida cambie y por qué, por sobre todas las cosas, por qué no has cambiado tú?

¿Crees que ponerte a dieta, cambiar tu imagen, de auto, de trabajo, de pareja, sonreírle a tres desconocidos al día y repetir constantemente "todo va a estar bien" es un cambio real?

¿Crees que sólo por estar escuchando esto, tu vida va a cambiar mañana?

Dices que lo que escuchas te hace sentir bien, dices que crees en mis palabras, que todo tiene sentido, que empiezas a entender muchas cosas de ti y del mundo que antes no entendías y dices que estás cambiando, que ya sabes lo que quieres y que lo estás llamando a tu vida...

Entonces hijo, ¿por qué tienes aún tantas carencias?

¿Por qué no estás sonriendo y compartiendo tu felicidad, tu dicha, tu comprensión y tu paz con todo y todos los que te rodean? ¿Por qué sigues estando feliz a medias, en paz a medias, entusiasmado a medias?

¿Por qué no eres capaz de contestar estas preguntas si eres tú mismo quien se las plantea a todas horas?

¿Por qué aún no tienes dinero, por qué no tienes un trabajo que te haga rico y feliz, por qué sigues peleando con tu pareja, por qué te sigues quejando de tu cuerpo, por qué sigues teniendo miedo de salir a la calle, por qué sigues pidiendo que termine la violencia, por qué no te has acercado a los que amas, por qué sigues sintiéndote insatisfecho, por qué sigues dudando de mí y de ti mismo?

¿A qué le tienes tanto miedo? ¿Y por qué le tienes tanto miedo?

¿A cuántas de estas preguntas contestaste "no sé"?

¿Dónde estás? ¿Dónde está el amor en ti, dónde están tu paz y tu sabiduría, dónde están tu fe y tu certeza?

¿En qué parte de ti se quedaron todas mis palabras cuando estás tan enojado, tan irritado, ansioso, triste, tan impaciente, desesperado, tan solo?

¿Hasta dónde vas a ir a buscarte y en dónde crees que te vas a encontrar?

¿Qué cambios significativos has hecho en tu vida desde que sabes como Yo sé?

¿Qué has hecho con todo el amor, la ternura, la paciencia, la comprensión, la compasión y la sabiduría que te he entregado en cada una de mis palabras? ¿Qué has hecho con ellas además de cuestionarlas, compararlas, juzgarlas y ponerlas en duda una y otra, y otra vez?

¿Quién te ha hablado con tanto amor y con tanta claridad, quién te ha dado mejores soluciones para ser feliz, quién ha estado contigo cuando crees que Yo no estoy ahí, quién se ha atrevido a llevarte de la mano por el camino que sólo lleva hacia ti mismo, quién ha sido capaz de ver y amar lo mejor y lo peor de ti?

Y dime hijo, ¿por qué, por qué sigues escuchando si no crees?

¿Qué es lo que te mueve cada vez que vuelves a Mí?

¿Hay algo más que te acerque a Mí además del dolor, la duda, la desesperación, la confusión o la curiosidad?

¿Y qué es eso tan grande y valioso que Yo veo en ti, que nunca me alejo de tu lado?

¿Qué es lo que quieres hijo? De una vez por todas, contéstate a ti mismo, ¿qué es lo que quieres?

Y si ya sabes la respuesta, dime por favor ¿por qué no lo has conseguido?

Piénsalo, piénsalo muy bien; busca en tu mente y en tu corazón, sobre todo en tu corazón, y mañana hablamos.

AGOSTO 14, 2007

¿Ya tienes alguna respuesta hija?

–No Padre.

Entonces platicamos mañana.

Infelicidad
voluntaria

En toda decisión que debas tomar sólo hay dos opciones: la luz o la oscuridad,
y debes estar consciente de que cada una de esas opciones
dará lugar a determinadas emociones y pensamientos.

AGOSTO 15, 2007

—*He estado pensando...*

Lo sé. ¿Alguna conclusión? ¿Ya tienes alguna idea de por qué aún no eres feliz?

—*Creo que en parte es porque me da miedo. Es decir, en el fondo de mí temo despertar mañana sintiéndome la persona más feliz del mundo y encontrarme con algo o alguien que me haga olvidar esa sensación.*

Yo creo que puedes encontrarme una mejor respuesta. Ve un poco más allá.

—*Sé que no debo culpar a otros de mi propia infelicidad, pero cuando veo lo infeliz, triste, enferma, enojada, amargada, tensa o preocupada que está la gente que quiero, no importa lo que trate de hacer, pensar o sentir, no logro sentirme verdaderamente feliz y en paz. Es como si mi paz y mi felicidad dependieran de las de los demás, en particular de quienes amo.*

Finalmente has encontrado, por ti misma, la respuesta correcta a todas las preguntas que tú misma te habías planteado durante tanto tiempo, pero me queda claro también que aún no tienes idea de la importancia de esta conclusión.

—*Supongo que es una justificación para seguir culpando a los demás por todo lo que yo misma he creado.*

Es mucho más que eso.

Vamos a entrar por fin al tema del ego, y de una vez te digo que debes estar preparada porque es probable que encuentres mucha resistencia mental a todo lo que voy a decirte. Al ego no le gusta que lo vean directamente, no le gusta que lo señalen ni lo cuestionen y pondrá todas las resistencias que estén a su alcance para evitarlo. Sin embargo, como ya te he dicho antes, tu ego no es de ninguna manera tu peor enemigo y esto es lo único que el ego sí quiere que sepas.

Primero entremos a analizar tu conclusión.

Dices que tu paz y felicidad parecen depender de la paz y la felicidad de quienes te rodean, en particular de aquellos que amas.

Hemos dicho que todo lo que sucede en tu vida, todas las personas que han estado y están en ella, y que incluso la agresión y la violencia que ves a tu alrededor, de una u otra manera han sido llamadas por ti...

Sobre esto, vamos a aclarar algo. Tú eres capaz de llamar a tu vida a personas enojadas, resentidas, enfermas, tristes, amargadas, agresivas, según el estado mental y emocional que tú mismo experimentas. Si un día estás en papel de víctima y, cerca de ti hay alguien que ese mismo día está en su papel de victimario, el universo, respondiendo a la llamada de ambos, encontrará la forma de permitirles experimentar la realidad que ustedes mismos han creado, siendo responsabilidad **de cada uno** responder con paz o con agresión ante esa experiencia u oportunidad.

Ahora bien, tú llamaste esa situación, tal como el otro la llamó; quizá no llamaste a esa persona en particular ni ella a ti, pero ambos llamaron la situación u oportunidad necesaria para experimentar su propia agresión; sin embargo debes entender muy bien que tú en ningún momento llamaste o creaste el estado de victimario o agresión interna del otro, así como el otro no llamó ni creó tu propia situación de víctima.

Déjame explicarme más a fondo. Cuando estás triste o enojado, sueles culpar a una persona o situación particular por tu estado de ánimo, es decir, hay algo o alguien que aparentemente provocó tu tristeza o tu enojo.

Digamos que peleaste con tu pareja por cancelar un compromiso.

Para ti la falta de seriedad y compromiso de tu pareja son razones más que suficientes para enfurecerte no sólo con él/ella, sino también contigo mismo por creer que "esta vez si iba a cumplir su palabra". Pero si te detienes a pensar en todo lo que te he explicado, te darás cuenta de que, de alguna manera, esa cancelación fue llamada o creada por ambos. Por ti, para experimentarte a ti mismo, para probar tu capacidad de ser comprensivo y tolerante o, en su caso, para que aprendas a poner límites. Por tu pareja, para probarse a sí mismo que es capaz de establecer sus propias prioridades, o como medio para evitar estar contigo o con la persona con quien estableció el compromiso.

Esa cancelación es una oportunidad que el universo les pone a ambos para que decidan entre la paz o la agresión, entre el perdón o el enojo, entre la honestidad o el miedo.

Eres tú, y escúchame bien, **siempre eres tú** quien decide cómo responder ante cada situación, y tu respuesta determinará tus emociones y estado anímico. Si decides responder con agresión y reclamos, seguramente te sentirás enojado, frustrado y resentido hasta que decidas perdonar a tu pareja, pero déjame decirte (y sé que te vas a molestar), que si decides responder con guerra y agresión, es responsabilidad TUYA, y únicamente tuya, el estado anímico que experimentarás tras tu decisión; tu pareja nada, **absolutamente nada tiene que ver o hacer en aquello que tú eliges sentir.**

Necesito que entiendas muy bien esto. En toda decisión que debas tomar, sólo hay dos opciones: la luz o la oscuridad, y debes estar consciente de que cada una de estas opciones dará lugar a determinadas emociones y pensamientos.

Eres un ser humano con libre albedrío, justamente para que tú y sólo tú tengas la posibilidad de elegir en cada momento entre la luz y la oscuridad, es decir, entre sentirte bien o sentirte mal, entre estar en paz o estar en guerra.

—Pero cuando una persona te agrede constantemente o te grita sin parar, de alguna manera está orillándote a que le respondas con agresión.

Así es, pero en relación con este tipo de situaciones, ¿acaso no dijo Jesús que si te golpean en una mejilla, ofrezcas la otra?

De ninguna manera quiso decir que busques o toleres la violencia, sino que reconozcas que tienes la capacidad y la elección única de responder con paz ante una ofensa. Si tras la ofensa te vas o te quedas, si hablas o guardas silencio, es totalmente indiferente en tanto reconozcas que la paz es tuya, que **la paz es una elección individual** y que nada ni nadie, por mucho que te provoquen, te la pueden quitar y nadie puede elegir la paz por ti.

Volviendo al ejemplo, si decides enojarte con tu pareja pasarás el día molesto, irritado y sintiéndote una víctima de su falta de consideración hacia ti. Igual puede influir si alguien de tu familia o tu trabajo, pasa por una fase de enojo consigo mismo y quiere desquitarse con la primera persona que tenga enfrente. Cada uno experimenta su propio proceso negativo de agresión, cada uno eligió la guerra y el enojo por separado (una guerra que quizá ni siquiera es entre ustedes) y cuando se encuentren, una vez más será decisión de cada uno elegir o no la guerra y la agresión.

¿Qué tuvo que ver tu familiar o colega con tu decisión de enojarte con tu pareja y de estar en un estado de ánimo negativo?

Nada.

¿Qué tuvo que ver tu pareja en tu propia decisión de enojarte con él y contigo misma?

Nada.

—¿Cómo que nada? Está demostrando una falta de seriedad y de compromiso, y sabe que eso me va a molestar.

Sí, sabe que te va a molestar, pero en el fondo espera que no lo hagas (tanto como tú esperas que tu pareja no se enoje cuando le vas a decir algo que sabes que no le va a gustar), porque sabe que al final, la decisión de enojarte o no y hasta qué grado, es únicamente tuya.

Y así como tu pareja puede estar demostrando (en tu concepto) una falta de compromiso y seriedad, cuando decides enojarte demuestras que tu paz y tu felicidad dependen de todo, excepto de ti mismo.

Con todo esto trato de que lleguemos a una conclusión, la más difícil de entender para todo el mundo: **Que cada uno escoge y crea su propia infelicidad.**

Cuando eres feliz, creer que tú mismo lo provocaste y lo lograste es algo que no sólo no te cuesta trabajo, sino que además te hace sentir muy bien. Saberse y sentirse creador de una realidad llena de alegrías se siente extraordinariamente bien. Sin embargo cuando digo que tú también eres creador de tu propia infelicidad, te sientes muy mal, muy enojado y muy incrédulo, porque admitirlo sería aceptar que no importa lo que te suceda, **ya no puedes culpar a nadie por cómo te sientes ni por las cosas que te suceden.**

Aceptar que eres creador de todo, absolutamente todo lo que sucede en tu vida, es aceptar que tu felicidad depende sólo de ti mismo y que, por tanto, no hay ninguna carencia, ningún miedo, ningún resentimiento, ninguna situación y, particularmente, ninguna persona que te pueda dar o quitar tu felicidad, y si nadie te puede dar o quitar tu felicidad, quiere decir que ésta **ya es tuya.**

Y más aún, cuando te das cuenta que tú mismo creas y escoges tu propia infelicidad, entiendes también que los demás, que todos aquellos a quienes amas y quienes te rodean, escogen igualmente su felicidad o infelicidad y por tanto ni ellos pueden hacer nada para que tú seas feliz ni tú puedes hacer nada por ellos; entonces NADIE, y entiéndeme bien, NADIE ES CULPABLE DE NADA.

Cuando una persona está enojada o resentida contigo, quisieras mover el cielo y la tierra para que te perdone y olvide su enojo, sin embargo, cuando entiendes que esa persona escogió su propia oscuridad y su propia guerra, no tienes más que hacer, salvo pedir perdón por tus errores y esperar hasta que esa persona vuelva a decidirse por la paz.

Cuando estás enojado, mientras estás hundido en tu enojo, no importa lo que el otro haga o diga para hacerte sentir mejor; en tanto tú no te sientas suficientemente mal por estar enojado, seguirás así hasta el momento en que no te quede más que desear estar en paz; entonces elegirás correctamente, y si el otro hizo o no algo para contentarte, es por completo irrelevante, puesto que al final la decisión de volver a la paz es sólo tuya.

—Lo entiendo, sin embargo sigo sintiendo que no puedo ser enteramente feliz en tanto no vea feliz a la gente que amo.

AGOSTO 20, 2007

Antes de seguir, dime hija, ¿cómo te fue durante estos días en que me estuviste evadiendo?

—*Ya sabes cómo me fue...*

Jajaja, sí, pero quiero que me cuentes tu experiencia.

—*Pues, para empezar, me la pasé casi todos los días peleando con mi novio y enojándome con todo y con todos por cualquier cosa.*

Me enteré de cosas poco agradables y sentí mi propia oscuridad como hacía mucho no la sentía. Pero lo más impresionante de todo es que acabo de releer lo que escribí la semana pasada, y me di cuenta de que viví exactamente lo que dijiste, con lujo de detalles: tuve enfrente la oportunidad para escoger entre la paz y la guerra y me decidí por la guerra casi todos los días, hasta que se me ocurrió poner mi voluntad en Tus manos para que Tú decidieras por mí.

Bien, muy bien, me alegra que hayas vivido todo eso y que hayas entendido al final por qué lo viviste.

—*No fue fácil, nada fácil...*

Te dije que tu ego iba a hacer todo lo que estuviera a su alcance para evitar que encontraras la luz en momentos sobre los que tu ego ha tenido el control durante muchos años, pero no te preocupes, lo vamos a analizar con calma.

Primero que nada, me decías la última vez que sigues sintiendo que tu felicidad depende de la de la gente que amas.

Bueno, déjame decirte que esto es realmente así, tu felicidad y tu paz serán completas hasta que todos, y digo absolutamente todos tus hermanos encuentren su paz y su felicidad, reencontrándose consigo mismos y Conmigo.

Sin embargo, el momento en que todos tus hermanos encuentren su paz y su felicidad está aún lejano en el tiempo que tú entiendes y vives, puesto que todos están en el mismo camino de aprendizaje que tú, y cada uno tiene su propio nivel y forma de aprendizaje. Que tú y tus hermanos entiendan que la paz, la felicidad y la unión del mundo Conmigo, dependen de la paz y la felicidad que cada uno encuentre a nivel personal, es algo que aún no logran comprender ni sentir como la verdad y principio espiritual, por tanto ésta no es la verdadera razón de por qué sientes que tu felicidad depende de la de los demás.

La verdadera razón de por qué sientes eso es porque tu ego cree que además de estar separado de todo y de todos, tú no eres capaz de encontrar en ti ni por ti mismo la felicidad absoluta.

Decíamos antes que cuando te enfrentas a una persona o situación negativa, debes tener en cuenta:

Primero, que tú no tuviste **nada que ver** en la negatividad creada o llamada por la otra persona, ni ésta en la tuya.

Segundo, así como tú y el otro son cada uno responsables por la elección de guerra que hicieron, así también cada uno tiene la opción de decidir nuevamente entre la guerra y la paz propias, **más no pueden decidir por el otro**.

Tercero, y esto es muy importante: que **tú no eres culpable**, nunca y bajo ninguna circunstancia, por la forma en que el otro decida sentirse con relación a ti, tal como el otro no es culpable de cómo te sientes tú.

No importa lo grande de la ofensa que tú cometas contra otro; en primer lugar, es tu parte no real (tu ego) la que está actuando; en segundo lugar, el otro siempre podrá elegir entre el perdón o el resentimiento. Cuándo se decida por el perdón es algo que a ti ya no te corresponde ni incumbe, en tanto tengas la voluntad de buscar ese perdón y reconocer que fue tu parte no real la que actuó.

—Pero si yo hago algo que moleste o lastime a otro; por ejemplo, si le soy infiel a mi pareja, ¿cómo no voy a tener la culpa de cómo se sienta? Tendría toda la razón en estar enojado, triste o resentido, y la culpable de que se sienta así sería yo.

Antes que nada, vamos a distinguir entre culpa y responsabilidad.

La **culpa** es un estado emocional y mental que deviene de la toma de conciencia de haber actuado en contra de tu propia paz o de la paz de otros.

La **responsabilidad**, en cambio, es la capacidad de responder frente a tus propios actos, sean concordantes o contrarios a tu naturaleza y a tu paz.

En el ejemplo que pones, tú eres completamente responsable de haber engañado a tu pareja, eres responsable de haber elegido la mentira sobre el amor, eres responsable de cómo te sientes por haber elegido esa mentira y eres responsable de reconocer ante ti misma y ante tu pareja que obraste de manera contraria a tu verdadera naturaleza, arrepintiéndote y pidiendo perdón por tus actos.

¿Quién eligió ser infiel? Tú. ¿Y quién eligió sentirse mal después de ser infiel? Tú. Pero tú también tuviste la opción contraria: pudiste haber elegido no ser infiel o pudiste elegir ser infiel, y sentirte perfectamente en paz con tu elección. Sin embargo, cualquier decisión que tomes, tiene consecuencias y es tu responsabilidad asumir y enfrentar esas consecuencias, cualesquiera que estas sean. Si sabes que tus actos pueden herir a otra persona, debes asumir la responsabilidad de TI MISMO y aunque mucha gente lo entiende al revés, la responsabilidad se asume desde ANTES de tomar una decisión, no después de que se presenten las consecuencias de la elección tomada.

Ahora bien, en cuanto a cómo se sienta el otro en relación con lo que hiciste, por muy lógica que parezca su reacción, tú no tienes nada que ver en aquello sobre lo que él y sólo él es responsable. Así como tú elegiste cómo sentirte en relación con lo que hiciste, así también el otro es responsable de cómo decida sentirse. Hay quienes después de ser traicionados por su pareja, en vez de sentirse tristes o enojados, se sienten liberados y agradecidos de por fin tener una excusa para dejar a su pareja; hay quienes en vez de hundirse en la depresión, deciden tomar la actitud de venganza y salen a hacer lo mismo que les hicieron (a otro pobre que no las debe ni las teme), y hay quienes incluso logran perdonar. ¿De qué depende la actitud que cada uno toma? De lo que cada uno decida.

Si tu pareja te perdonara, ¿también serías culpable de que te perdone? ¿Eres responsable del perdón que te han concedido? ¿Cómo podrías serlo si justamente hiciste todo lo contrario a ser merecedor del perdón? Entonces, ¿de quién es la decisión y, por tanto, la responsabilidad de perdonar? Del otro. ¿Y de quién es la decisión y la responsabilidad de agradecer o no ese perdón y de cambiar o no cambiar? Tuya.

Fíjate cómo el ser humano se siente culpable únicamente de los estados emocionales negativos, pero nunca de los positivos. Fíjate cómo siempre que actúas en contra de la paz, sea propia o ajena, terminas sintiéndote mal y culpable, y cuando alguien actúa en contra de tu paz, lo culpas a él pero de ninguna manera asumes la responsabilidad de tu propia paz y tus propias decisiones.

Hemos dicho antes que siempre que eliges la guerra terminas sintiéndote mal, culpable y arrepentido. Aquí también hay que distinguir entre culpa y arrepentimiento.

La **culpa**, dijimos, es la toma de conciencia de haber actuado en contra de tu propia paz o de la paz de otros. Esa toma de conciencia te puede hacer sentir tan mal que te arrepientes, o simplemente se queda en una sensación desagradable y temporal que con el paso del tiempo se olvida.

El **arrepentimiento**, en cambio, es la aceptación total de que lo que hiciste te hace sentir mal y que, por tanto, deseas sinceramente una oportunidad para cambiarlo o remediarlo. El arrepentimiento deviene de la culpa sólo **cuando sientes sinceramente la necesidad de ser perdonado**, sea por ti mismo o por el otro.

El arrepentimiento puede sentirse inmediatamente o después de un tiempo que será corto o largo, según qué tan convencido estés de que lo que hiciste estuvo mal y de que necesitas ser perdonado, mas es casi inevitable que la gente que no está completamente hundida en su oscuridad, sienta ese arrepentimiento, y el arrepentimiento (y no la culpa) es la clave única que tienes para corregir tu error después de haber elegido la guerra en vez de la paz.

Sentirte arrepentido (es decir, tener la sincera necesidad del perdón) por algo que hiciste a otro o a ti mismo, es la llamada que tu alma te hace para recordarte que ese tipo de palabras o actitudes o acciones te alejan de tu verdadero ser y de tu verdadera felicidad.

¿Cuántas veces a la semana (por no decir "al día") te sientes así, mal, triste y arrepentido? ¿Y cuántas de esas veces buscas realmente el perdón del otro?

¿Y cuántas de las personas a las que pides perdón te han perdonado de corazón y a cuántas has perdonado tú?

Estas preguntas son el eje sobre el cual gira casi toda la cuestión del ego.

Eres tú quien dice o hace algo que ofende o agrede a otro, tú elegiste la guerra en vez de la paz. El otro se sentirá ofendido o agredido si él decide escoger también la guerra, y siempre que dos o más están en guerra, no hay nadie que desee más la paz que aquellos que originalmente votaron por la guerra. Así es que, tarde o temprano, alguno de los dos se arrepentirá y deseará volver a elegir correctamente: el ofendido decidirá olvidar y perdonar lo sucedido o el agresor se arrepentirá y buscará ser perdonado.

¿Y con base a qué están actuando ambos?

Con base en el arrepentimiento, el reconocimiento de que se obró en contra de la propia verdad y la propia felicidad y por lo tanto se necesitan el perdón de uno mismo y del otro.

El arrepentimiento o "cargo de conciencia" puede llegar a ser un sentimiento muy tortuoso y difícil de llevar si no se le entiende de forma correcta.

El arrepentimiento, como llamado del alma, sólo sirve para dos cosas: primero, para que te des cuenta de que elegiste la oscuridad en vez de la luz. Segundo, para que tú mismo te des la oportunidad de volver a elegir; eligiendo esta vez y ante todo, el perdón, sea para pedirlo o para otorgarlo. Y en este punto es muy importante recalcar que la primera persona a la que debes pedirle y concederle el perdón es A TI MISMO por haber elegido mal y por haberte alejado de tu verdadera paz y felicidad.

Una vez que te perdones a ti mismo y entiendas que elegiste mal por haber creído que tu voluntad era diferente a la Mía, podrás buscar el perdón del otro, y si éste no desea perdonarte en ese momento, entenderás también que, ya que su verdadera voluntad y la Mía son la misma, en realidad no hay nada que perdonar y que esto lo entenderá él tarde o temprano.

Si tú eres el "ofendido", perdónate a ti mismo por como te sientes, por defender lo que sea que estés defendiendo por encima del amor de y hacia tu hermano, perdónate por haber elegido la guerra en tu corazón y cuando entiendas lo que Cristo entendió: que sólo el amor es real y que, por tanto, ningún error, ofensa o agresión pueden tener cabida, el perdón de tu hermano lo otorgarás por añadidura.

Te he dicho antes que en todo momento o situación que estés confundido o asustado, te preguntes: "¿qué haría el amor en este momento?".

Ahora, para que te quede más claro, te digo que te preguntes: "¿qué quiere Dios para mí en esta situación?" Y si realmente estás dispuesto a escuchar la respuesta, desde ahora sabrás que sólo hay una respuesta posible: lo único que Yo quiero para ti son tu paz y tu felicidad.

Si aún te quedan dudas sobre lo que debes de hacer o decir, pregúntamelo, y Yo te contestaré que no tienes que hacer nada más que dejar que Yo lo haga por ti.

Ten presente que siempre que pongas tu voluntad en mis manos, Yo sabré encontrar las palabras y acciones necesarias para que en toda situación encuentres tu paz y tu felicidad. Ya no permitas que el ego decida por ti, es más, ¡no decidas!, por favor, escúchame bien, ¡ya no decidas nada por ti mismo! ¡Por favor!

Si me das el espacio y la oportunidad de elegir al menos una vez al día por ti, entenderás lo equivocado que has estado toda tu vida creyendo que sabes lo que quieres, pues créeme, tu ego no tiene la menor idea de qué es lo que realmente quieres.

PARTE 11.
LA MENTE INFERIOR

El ego

El ego es la parte de tu mente que cree que su voluntad es la única
y que aquello que percibe a través del cuerpo es lo único que existe.

¿Qué es el ego y cómo surge?

—Padre, no estoy entendiendo bien la cuestión del ego.

Para empezar, ¿qué es el ego?

¡Vaya! Por fin lo preguntas.

Poco a poco irás entendiendo por qué en esta cuestión del ego es tan importante que seas tú misma quien se plantee las preguntas, en vez de ser Yo quien entre al tema de lleno.

El ego es la parte de tu mente que cree que su voluntad es la única y que aquello que percibe a través del cuerpo es lo único que existe.

—Estoy muy confundida. ¿El ego es como una entidad o persona que vive en mi cabeza? ¿Mi mente está dividida en dos? ¿Tengo dos voluntades? ¿Entonces quién soy yo y con base a qué o quién pienso, siento y actúo? ¿De dónde sale esa otra voluntad?

Has enfrentado tanta resistencia mental a lo largo de tu vida para llegar a plantearte estas preguntas, que aplaudo el hecho de que por fin lo hagas, sin embargo, debes saber que esa resistencia aumentará conforme vayamos contestando cada pregunta. Aumentará tu falta de concentración al escuchar; tu interés en lo que te diga parecerá menguar y te enfrentarás a situaciones oscuras (a veces tenues, a veces muy, pero muy oscuras), en las que la única manera de decidir y crear correctamente será depositando tu fe y tu voluntad en Mí.

Debes estar muy consciente y convencida de querer seguir adelante, de tu fe en ti misma y en que esto que escuchas de Mí es la Verdad. Debes de estar dispuesta a enfrentarte cara a cara con tu ego, pues cada paso que demos en pos de su deshacimiento, será un paso inmenso en tu camino y llegada a tu paz y verdadera felicidad.

Esto que te parece ahora una cuesta arriba, no lo es. Es un camino, plano, corto y fácil de avanzar, pero llevas tantas cargas en tus hombros, en tu mente y corazón, que es necesario que vayamos vaciando esas cargas, una a una, y para lograrlo, tan sólo necesito que me contestes algo:

¿Quién eres?

—No lo sé.

¿Estás dispuesta a descubrirlo?

—Sí.

Entonces continuamos mañana.

—¿Por qué?

Porque necesitas descansar.

AGOSTO 21, 2007

—Estoy lista.

¿Para qué?

—Para que me cuentes todo sobre el ego.

De acuerdo, ¿qué quieres saber?

—Todo lo que me quieras enseñar, pero me gustaría empezar con tu definición del ego. Quisiera que me la explicaras más a fondo porque de verdad estoy muy confundida.

Decíamos que **el ego es la parte de la mente del hombre que cree que su voluntad es la única que existe y que la única verdad es aquella que puede percibirse a través del cuerpo**; el ego percibe y cree que está separado de todo lo que le rodea, por el hecho de percibirlo a través de un cuerpo separado y diferente a todo lo demás.

Para que puedas entender esto, es necesario que primero veamos dónde y cómo surgió el ego del hombre.

Pensemos en un recién nacido. A partir del momento en que es expulsado del útero materno adquiere conciencia es de su cuerpo. A partir del alumbramiento, el niño deja de sentir el calor, la seguridad, la protección, la comodidad y paz del útero; entonces, ¿qué es lo primero que el niño siente?

Aquello que su cuerpo, a través de sus sentidos, le permite percibir: frío, hambre, la luz, los sonidos, los olores y sobre todo, lo más importante, el miedo.

Lo primero que un niño siente al ser separado de su madre es **miedo**, ¿por qué? Porque durante nueve meses esa criatura sólo conocía la tranquilidad, el calor y las condiciones generales de bienestar que experimentaba en el útero. Pero en el momento de la separación, en particular a partir del momento en

134

que el cordón umbilical es cortado, el niño experimenta una tremenda y radical separación de la única fuente de vida, alimento, amor, protección y seguridad que conocía.

El niño no sabe lo que está pasando, no sabe por qué lo desconectaron de su madre y hasta el momento en que siente esa desconexión, es cuando empieza a hacerse consciente de que tiene un cuerpo. Un cuerpo que no sólo le provee sensaciones muy diferentes a aquellas que sentía en el útero, sino también un cuerpo cuyas necesidades cambiarán y serán satisfechas de maneras muy diferentes a las que él estaba acostumbrado.

¿Tú no sentirías miedo si en este momento de tu vida tuvieras que pasar por algo así? Pues imagina el miedo que siente una criatura que no tiene ni una décima parte del entendimiento y herramientas con que cuentas tú ahora.

Estando en el útero, el niño no experimenta hambre porque la madre se la pasa alimentándolo (hasta los antojos tienen su razón de ser), no siente frío porque la placenta lo mantiene a la temperatura regular del cuerpo de la madre; no experimenta el ruido, la luz, los olores ni el tacto de la misma manera como lo hará después de nacer, porque estando en el útero no necesita utilizar ninguno de sus sentidos al cien por ciento, y las únicas sensaciones de amor, protección y ternura, o miedo, enojo y ansiedad que experimenta, son las que la misma madre le transmite con su propio estado emocional, a través del cordón umbilical.

El niño por sí mismo no experimenta ninguna de estas emociones, puesto que aún no tiene una conciencia de separación, no es consciente de quién es ni de que es un ser humano diferente y separado de su madre; el niño se va formando desde que está en el útero con base en las emociones, sensaciones y estímulos que la propia madre experimenta en sí misma y a su alrededor. Por eso es tan importante que durante el embarazo los padres procuren mantener un estado de paz y armonía, entrar en contacto con todo aquello que sea positivo para el desarrollo emocional del niño, como la música, la naturaleza, los animales, las palabras de amor y respeto, etcétera.

Ahora bien, una vez fuera del útero, el niño se da cuenta de que ya no es uno con su madre, lo siente en su cuerpo físico; que quizá nunca fue uno con ella porque ahora ve que sus cuerpos están separados y son completamente diferentes. Aquí está el primer punto definitorio del ego:

El ego surge de la conciencia de separación de los cuerpos, por la cual se olvida que lo que ahora parece estar separado, alguna vez fue uno y estuvo totalmente unido.

Consciente de la separación de su cuerpo y el de su madre, el niño experimenta su primera emoción propia: **el miedo**, y realiza su primera acción en el mundo externo: **llorar.**

Científicamente se sabe que el niño debe llorar porque esto le permite abrir sus vías respiratorias, siendo los doctores los primeros en provocar el llanto del niño con un acto tan amoroso como son un par de nalgadas.

Sin embargo, espiritual e incluso psicológicamente, Yo te digo que el momento en que el niño se da cuenta de que el aire ya no le llega por ese cordón maravilloso que todo lo proveía; en ese momento en que el niño se ve forzado a respirar por sí mismo, no puede experimentar más que miedo.

El niño se hace consciente de que no sólo está separado de aquello con lo que alguna vez fue uno, sino que además tiene que buscar por sí mismo el elemento básico para sobrevivir: el aire, sin siquiera saber si hay suficiente de ello para él.

Que el niño empiece a respirar automáticamente y sin necesidad de instrucción alguna, se considera un milagro, y así es porque es parte de la conciencia divina que rige el funcionamiento del cuerpo humano, sin embargo, la falta de aire que experimenta el niño durante algunos segundos tras el alumbramiento, así como la confusión que siente al darse cuenta de que debe proveerse el aire por sí mismo, dan lugar a la primera idea inconsciente del niño: **carencia.**

¿Y qué pasa cuando una persona se siente carente de algo, en especial de algo de lo cual depende su vida?

Siente miedo.

Y aquí tenemos el segundo punto definitorio del ego:

La conciencia de separación de los cuerpos y la sensación o idea de carencia, dan lugar al miedo, por tanto, el cimiento principal del ego es el _miedo a la separación de la Fuente de Vida y a la carencia._

¿Cómo vamos? ¿Me estás entendiendo?

—*Sí Padre, como pocas veces, por favor sigue.*

Bien. Cabe aclarar que la carencia que el niño experimenta con la falta de aire, se acentúa en el momento en que es totalmente separado de su madre para ser llevado al cunero o a la incubadora. Lo llevan de un lugar cálido, amoroso, seguro y pacífico, a un lugar que, sea como sea, desconoce por completo. Lo llevan del útero del único ser que ama y que lo ha amado como si fueran uno mismo, a los brazos de alguien que ni siquiera su voz ha escuchado, para luego llevarlo junto a otros niños que se sienten y actúan igual que él. Y durante algunos días, el niño sólo volverá a experimentar el amor y la protección a que estaba acostumbrado durante intervalos de pocos minutos, cinco o seis veces al día.

¿Qué sentirías tú si mañana despertaras y te dieras cuenta de que algo o alguien te ha separado totalmente de la única fuente de vida, amor y protec-

136

ción que conoces? ¿Qué sientes al pensar en alejarte de la persona que más amas y necesitas en tu vida?

—*Angustia, enojo, tristeza, impotencia, desesperación, miedo.*

Entonces el principal cimiento del ego es el miedo a la separación de la Fuente de la Vida y a la carencia y, siendo éstas las primeras experiencias que se tienen del mundo, las primeras emociones que experimenta el ser humano al nacer son: angustia, enojo, tristeza, impotencia, desesperación y miedo, además de la sensación de falta de seguridad y protección que estas emociones conllevan.

Es decir, desde el momento de su nacimiento, el humano olvida que es un ser amado y protegido y, por lo tanto:

1. El ego surge de la conciencia de separación de los cuerpos.

2. El cimiento principal del ego es el miedo a la separación de la Fuente de Vida y a la carencia.

3. El miedo a la separación y a la carencia, da lugar a las emociones negativas de angustia, enojo, impotencia, tristeza, desesperación, miedo, falta de seguridad y protección.

4. Las emociones derivadas del miedo dan lugar al olvido de la verdad sobre ti mismo: que eres un ser amado y protegido y que eres uno con la Fuente de Vida.

De esto sacamos como conclusión que...

—*Que el ego es la parte de mí, de mi mente y mis emociones, que debido al miedo, ha olvidado la verdad sobre mí misma.*

¡Exactamente! ¡Estoy muy orgulloso de ti!

—*Pero esta no es la definición exacta que me diste al principio (aunque parece más profunda).*

Así es, y vamos a seguir analizando la definición que te di, sin embargo, era de vital importancia que entendieras primero esto por ti misma a fin de que puedas entender lo que te voy a explicar en un ámbito más práctico, que es en el que tú actúas día a día.

Vayamos entonces con nuestra definición inicial.

Una vez que el niño es consciente de que tiene un cuerpo propio, separado del de su madre, con funciones y necesidades propias y diferentes, el niño también toma conciencia de sus propias sensaciones, tanto internas como externas.

AGOSTO 22, 2007

Mientras está en el útero, el niño no tiene que utilizar sus sentidos para determinar cómo se siente. Las sensaciones de peligro, ansiedad, enojo, o de bienestar, tranquilidad y amor, como ya habíamos dicho, no las percibe a través de lo que ve, toca, oye o huele, sino a través de la unión directa que tiene con su madre a través del cordón umbilical.

Pero, ¿cómo o con qué percibe el niño estas sensaciones si no es con sus sentidos?

Con su corazón y su intuición.

Estando en el útero, y salvo los casos en que la madre experimenta peligros, miedos, ansiedades o enojos, por lo general el niño experimenta un estado de bienestar, paz y tranquilidad, que pocas veces (por no decir "nunca") vuelve a experimentar a lo largo de su vida. Al no utilizar sus sentidos y su cuerpo como referencia para conocer y determinar su estado emocional y su realidad externa, el niño permanece conectado y relacionado únicamente consigo mismo y con la Fuente de Vida que es su madre; permanece conectado sólo con la sensación de paz, amor y protección que vienen del corazón e intuición de su madre hacia su propio corazón.

Sin embargo, vimos ya que a partir del alumbramiento, el niño se desconecta de la Fuente y, por tanto, de sí mismo; se desconecta de la sensación de paz, amor y protección para entrar a una realidad de miedo, carencia y separación. La verdad que el niño conocía, la realidad y el mundo que vivía antes del alumbramiento, que era una realidad que podía sentir y conocer sin necesidad de utilizar su cuerpo, es reemplazada por una realidad de autodescubrimiento y autosuficiencia. Una realidad donde se da cuenta de que ahora tiene un cuerpo separado de la Fuente, que debe utilizar para conocer y sobrevivir en esta nueva realidad.

Por lo tanto, nuestra primera conclusión es que al momento en que el niño se da cuenta de que existe dentro de un cuerpo, el ego (el miedo a recordar quién es) determina que el niño ES SU CUERPO.

Una vez que el niño se da cuenta de que es un cuerpo, y conforme sus sentidos van despertando, se da cuenta también de que este cuerpo percibe cosas completamente nuevas y diferentes a aquellas que percibía de manera sutil con su corazón y su intuición cuando estaba en el útero.

Las dos primeras cosas que el niño percibe al nacer son el **frío y el hambre**, puesto que, en primer lugar, el cambio de temperatura entre el útero y el mundo externo tiene una variación de al menos ocho grados centígrados y, en segundo lugar, se interrumpe de manera radical el flujo continuo de alimento al momento de cortar el cordón umbilical.

Si estando en el útero, el niño siente hambre, pateará o se pondrá inquieto, pero en el mundo exterior, el niño encuentra una nueva forma de avisar que tiene hambre: el llanto.

Entonces, conforme a lo que hemos visto, el niño tiene miedo, y además tiene frío y hambre. No puede pensar o sentir otra cosa, ya no puede sentir la paz, el amor y la protección que sentía aún minutos antes, ya ni siquiera recuerda esa sensación, ahora todo lo que sabe y siente es lo que le dice su cuerpo: que está separado de la Fuente, que tiene miedo, que está solo, desprotegido y carente de todo lo que antes tenía, y que además el mundo exterior da lugar a sensaciones desagradables o, al menos, desconocidas.

¿Qué pasa con una persona que llega a un lugar desconocido, donde no conoce a nadie ni nada, ni siquiera el clima o el idioma?

Tras el miedo o tensión inicial, la persona trata de poner toda su atención en lo que le rodea y en todo aquello que le pueda ayudar a entender mejor su situación; va observando, sintiendo, oliendo y escuchando todo lo que hay a su alrededor a fin de sentirse un poco más segura y ubicada, esto mismo es lo que hace el niño.

El niño se da cuenta de que su cuerpo le está mostrando y ayudando a percibir eso que le rodea y que ya no puede conocer únicamente con su corazón. Empieza a percatarse de la luz, los sonidos, los olores, las sensaciones.

Es su piel la que le dice que cuando está cobijado y arropado se siente bien y que, cuando lo descubren, siente frío. Sus oídos le dicen que las voces que ahora escucha no son las de sus padres; sus ojos le hablan de una luz cuya intensidad no conocía y le muestran el rostro y el cuerpo de una persona que de vez en cuando aparece para amamantarlo y hacerle sentir la paz, el amor y la protección que sentía en el útero, aunque, con el paso de las horas, ese recuerdo se vuelve cada vez más lejano, pues lo único que ahora es constante en su vida (por mucho que su madre lo ame), son las sensaciones y objetos que percibe a través de sus sentidos.

Ahora su cuerpo (y no su corazón) tiene toda su atención y es lo único que puede utilizar para conocer el mundo y sobrevivir.

Entonces tenemos como segunda conclusión que a partir del momento en que nace, la única realidad existente y primordial para el hombre es aquella que percibe a través de su cuerpo.

Lo que unido a la primera conclusión nos da como resultado…

—Que el ego es la parte de la mente que identifica al hombre con su cuerpo y que únicamente le permite creer en la realidad que el mismo cuerpo percibe.

Muy bien. Vas muy bien. ¿Cómo te sientes?

—Me duele mucho el cuello.

Eso es porque le estás mostrando a tu mente una realidad frente a la cual ha sido totalmente inflexible durante veintiocho años. Ese dolor es tu ego diciéndote que no va a ceder, pero no te preocupes, no sólo va a pasar el dolor, sino que lo vamos a analizar más adelante, porque escucho claramente tus preguntas: "¿pero no se supone que el dolor o la enfermedad son llamados del alma?" Tranquila, que todo te será contestado en su momento.

¿Quieres seguir con la explicación o descansamos un rato?

—*Quiero seguir, aunque me gustaría que me explicaras si estas experiencias de la infancia se relacionan o refuerzan de alguna manera a lo largo de la vida.*

Entiendo a qué te refieres, pero todo a su momento. Déjame terminar de explicarte lo que es el ego, para luego pasar a la vida y desarrollo del mismo.

Sabiendo que el ego identifica al hombre con su cuerpo y determina su realidad con base en lo que el mismo cuerpo percibe, pasemos ahora a la otra parte de nuestra definición inicial: **El ego es la parte de tu mente que cree que su voluntad es la única que existe.**

Vimos ya que cuando un niño siente hambre se pondrá inquieto y llorará hasta que alguien lo alimente. Su cuerpo le dice que necesita algo, su mismo cuerpo le muestra la forma de conseguirlo y, al hacerlo, el niño no sólo refuerza su creencia de que él es su cuerpo, sino que además, su pequeña gran mente deduce *que lo que realmente quiere, es aquello que su cuerpo desea o necesita.*

Voy a darte algunos ejemplos para dejar esto más claro:

¿Cuáles son las dos cosas que más pide un recién nacido?

—*¿Comer y dormir?*

Así es, ¿y qué pasa con los ratos de juego y los momentos en que recibe afecto y caricias de sus padres?

Fíjate bien en esto: el recién nacido no busca ni llora ni hace berrinches por aquello que su cuerpo no necesita como son los juegos, las caricias o las risas. Estas realmente son peticiones del corazón, del alma y de las necesidades afectivas del niño, y cuando estas le son concedidas de manera natural, el niño no tiene que hacer el menor esfuerzo por recibir abrazos y besos porque sabe que el amor, la alegría y el juego son parte de su verdadero ser. ¿Alguna vez has visto a un bebé llorar porque su madre no le dio suficientes besos durante la mañana?

—*No, pero sí lloran cuando no les haces caso después de un rato o cuando les quitas su juguete.*

¿Y tú no llorarías si alguien te quita tu computadora? ¿No haces berrinche cuando tu pareja no te pone atención por estar pensando en el trabajo?

—*Bueno, sí, pero es diferente.*

No, es exactamente lo mismo, sólo que en el niño es un patrón inicial de conducta, mientras que en ti ya es un hábito que además se ha vuelto un patrón mental y emocional de miedo al despojo y al abandono.

El niño sólo pide aquello que su cuerpo le indica, aquello que siente como necesidad física y directa de su cuerpo.

Ya vimos que llorar es la manera como un bebé aprende a pedir, pero, ¿cuándo llora el niño? Cuando tiene hambre, sueño o quiere que le cambien el pañal, también cuando algo lo asusta o lo molesta (como que le quiten su computadora…) ¿Qué es entonces lo que la mente del niño identifica como su voluntad, como aquello que quiere?

Todo lo que el cuerpo le pida, en el momento en que se lo pida y que no sea algo que le sea concedido de manera natural; es decir, lo primero que el niño quiere es todo lo que su cuerpo le diga a través de sus sentidos y sus emociones, por tanto, **la voluntad del niño es la voluntad de su cuerpo.**

Date cuenta de algo: rara vez la primera palabra de un niño es "quiero", sus primeras palabras son aquellas que hacen referencia a lo que mejor conoce o más necesita (mamá, papá, agua, perro, leche, etcétera.).

Sin embargo, ¿qué crees que el niño pediría si su primera palabra fuera "quiero"?

¿Crees que pediría afecto, paz, comprensión, caricias, dinero o pareja?

No, el niño pedirá aquello que cree necesitar y determinará qué es lo que necesita con base a lo que le pida su cuerpo.

—Pero, a ver. Si el niño llora porque le quitaron un juguete o porque se asustó con algo, ¿no está pidiendo amor y atención? Cuando un niño llora por eso no hay relación alguna con su cuerpo.

A ver hija, ¿tú crees que cuando un niño escucha un ruido fuerte y se pone a llorar, internamente está pensando: "mis padres me tienen desprotegido y esto me deja una huella de abandono terrible"?

Jajajaja, no hija, un recién nacido no tiene la capacidad de determinar sus necesidades emocionales o afectivas, lo que no quiere decir que no las tenga; en lo primero que el niño centra su atención es en sus necesidades físicas y te voy a explicar cómo un susto o un coraje se experimentan primero como sensaciones físicas.

¿Qué sientes tú físicamente cuando algo te asusta? ¿No sientes un nudo en el estómago, que se acelera tu corazón y hasta que tu temperatura corporal cambia? ¿Qué sientes cuando haces un coraje? ¿No sientes que el estómago se te hace como toalla exprimida y la cabeza te zumba?

¿Crees que estas emociones sólo son propias de un adulto?

Porque si así piensas, estás muy equivocada, un recién nacido siente exactamente lo mismo que tú, sólo que él no es capaz de determinar qué significa lo que está sintiendo, no tiene una palabra específica para asignarla a su estado anímico.

Así es que, una vez más, el niño llora y pide aquello que su cuerpo le indica; su cuerpo le está mostrando sensaciones desagradables, el niño llora y pide lo que el cuerpo le dice.

¿ Qué es lo que quiere el cuerpo en estos casos? **Recuperar su equilibrio.** ¿Y qué necesita el cuerpo de un bebé para recuperar su equilibrio tras un susto o un coraje? Paz, el cuerpo pide paz, aunque no lo creas.

A ti tu cuerpo te pide paz tantas veces durante el día, y tú haces tal caso omiso de su petición, que has generado una enfermedad llamada "estrés". ¿Qué pasa cuando estás asustada o enojada, y tus padres o tu pareja llegan a abrazarte y a consolarte? ¿Acaso no sientes cómo vuelve poco a poco la paz a tu corazón y a tu mente? Si no lo sientes, te sugiero pedir ayuda profesional.

¿Ya lo tienes más claro?

—Sí, gracias.

Bueno, regresando a lo que estábamos, tenemos entonces como conclusión *que la voluntad del ego es determinada por las necesidades del cuerpo.*

Ahora bien, hemos estado hablando del caso de niños recién nacidos, sin embargo, en cuanto a la voluntad del ego (es decir, de la parte de tu mente que no recuerda que su voluntad es la mía), es necesario ir un poco más allá.

—Momento. Entiendo lo que es el ego, cómo surge y más o menos cómo funciona. Pero lo que simplemente no me entra en la cabeza es que el ego, es decir, que una parte de mi mente tenga su propia voluntad.

Me queda claro que no lo entiendes, a eso voy y vamos a llegar, pero de una vez te explico que no lo entiendes porque sigues pensando en términos de dos voluntades. No te has dado cuenta de que sólo tienes una voluntad, la Mía.

Ahora, Yo te hablo de la voluntad del ego porque es necesario que entiendas que, al no reconocer que tu voluntad es la Mía, crees que tienes tu propia voluntad diferente y esta voluntad es a la que Yo me refiero cuando hablo del ego.

Te pido por favor que me dejes seguir con la explicación en el orden en que íbamos y te prometo que poco a poco vas a ir entendiendo ésta y todas las demás preguntas que me hiciste al empezar a hablar de este tema.

—Lo siento.

Tranquila, recuerda que Yo no tengo nada que perdonarte.

Bueno, desde que el niño nace y hasta que empieza a hablar, sus necesidades y su voluntad se fundamentan en sus necesidades y sensaciones corporales y, alguna que otra vez, en sus emociones, particularmente las negativas (miedo, enojo, ansiedad), pues ya vimos que en las emociones y situaciones positivas casi ni se fija porque surgen de manera natural y espontánea, sin mencionar que forman parte de su verdadero ser.

Ahora, cuando un niño adquiere un mayor entendimiento de sí mismo y del mundo, sobre todo desde que empieza a hablar y a caminar, se da cuenta de que además de las sensaciones que percibe con su cuerpo y sus sentidos, existen otras sensaciones que experimenta dentro de su cuerpo: las emociones y los sentimientos.

No quiere decir que antes de hablar o caminar no las experimentara, quiere decir que el niño tenía puesta tanta atención en su cuerpo y las sensaciones externas, que no podía percatarse más que de sus emociones negativas, por ser estas las que más impacto e intensidad tienen a nivel corporal.

¿Qué es lo que lleva a un niño a decir su primera palabra?

—La repetición.

No. Lo que lleva al niño a decir su primera palabra es la necesidad de comunicarse y de expresar lo que quiere.

¿Qué sientes cuando tratas de decir, explicar o pedir algo y no puedes?

—Frustración, impotencia, miedo, enojo.

Pues esas son las emociones que mueven al niño a hablar por primera vez.

¿Y qué lleva al niño a dar sus primeros pasos?

—¿La necesidad de caminar?

No. La sensación de seguridad y protección.

¿Cuántas veces cae el niño antes de poder dar un paso? ¿Cuánto tiempo pasa gateando antes de poder ponerse en pie? ¿Qué crees que siente el niño cuando trata de dar un paso hacia su madre y se cae, una y otra vez?

Impotencia, frustración, enojo, desesperación.

Y si siente todo esto tan negativo, ¿cuándo crees que va a lograr dar un paso solo?

Cuando las circunstancias le permitan sentirse seguro y protegido para intentar dar ese primer paso.

¿Y de dónde saca esa sensación de seguridad y protección?

De su corazón. Del amor que siente en su corazón, bien sea que ese amor venga de sus padres, o si es un niño poco amado y protegido, del amor que hay en sí mismo por sí mismo y de su necesidad de avanzar.

Sin embargo, si estás atenta, te darás cuenta de que estas necesidades que impulsan al niño a hablar y a caminar, no son necesidades corporales, sino mentales y emocionales que posteriormente se identifican y se experimentan en el cuerpo, pero más adelante te lo explico para no confundirte.

¿Y qué pasa cuando el niño dice su primera palabra o da sus primeros pasos?

—Le hacen fiesta y le aplauden.

Bueno, sí, a veces. Pero lo que realmente sucede es que el niño descubre algo nuevo sobre sí mismo y este descubrimiento despierta en él sensaciones que no había sentido: sorpresa y confianza (sin contar el coraje o valor que empieza a descubrir al caer cien veces y volver a intentarlo otras cien más).

El hecho de que le aplaudan y le hagan fiesta, únicamente reafirmará estas sensaciones en el niño.

Con esto quiero llegar a lo siguiente: estos dos momentos son determinantes en la vida del hombre, puesto que son las primeras experiencias que le permiten tomar conciencia de sus sentimientos y emociones, tanto positivas como negativas.

Conciencia de las emociones
AGOSTO 27, 2007

Después de tus experiencias de estos últimos días, ¿qué me puedes decir de la toma de conciencia de tus emociones?

—*Que hay que tener mucho cuidado con ellas.*

¿Por qué?

—*Porque creo que cuando tienes una emoción positiva como la alegría o la paz o la ternura, debes estar atento y tratar de prolongarla, pero cuando tienes una emoción negativa como la ira, el miedo o la desesperación, esas emociones te pueden dominar y hacerte actuar de maneras muy diferentes a como sueles actuar.*

Bien, sobre esto hay que hablar y para ello voy a continuar con el hilo de nuestra última conversación.

Decíamos que hablar y caminar por primera vez son experiencias muy importantes en la vida del humano porque le permiten tomar conciencia de sus emociones, pero no sólo eso. Cuando el niño empieza a caminar se da cuenta de que su cuerpo es autónomo y que lo puede controlar y dirigir hacia donde quiera. Surge la sensación de poder; ahora el niño puede desplazarse por sí mismo, puede ir a donde quiera, se siente libre y cuando alguien se sabe y se siente libre para hacer algo, se siente poderoso.

Pero el niño a veces se caerá o tratará de correr y se dará cuenta de que su cuerpo no responde a la velocidad o con la habilidad que él quisiera, entonces, su poder para controlar su cuerpo y su libertad parecen disminuidos y empieza una lucha de poder, la lucha que el hombre mantiene durante toda su vida: *la lucha entre el cuerpo y la mente.*

Empiezan las primeras sensaciones de frustración y de enojo consigo mismo y con su cuerpo, porque el niño no logra que su cuerpo haga lo que él quiere. Su ego (la parte de su mente que le dice al niño que él es su cuerpo), se enoja consigo mismo. Empieza la disociación entre lo que el cuerpo quiere y lo que la mente quiere.

En cuanto al lenguaje, cuando el niño empieza a hablar y se da cuenta de que al pronunciar una palabra, el objeto o persona a que se refiere, responde a su llamada, adquiere también conciencia de un nuevo poder: *el poder de llamar o manifestar lo que desea.*

El niño dice "agua" y segundos después, aparece una mamila llena; dice "mamá" y esta corre a abrazarlo y cargarlo; repite cualquier palabra que alguien trate de enseñarle como "perro" o "puerta", y si el objeto no está ahí, lo llevan ante él, y si está, al verlo comprende que a ese objeto le corresponde un nombre particular, entiende que ahora puede, literalmente, llamarlo por su nombre sabiendo que si no está ahí, va a aparecer.

Pero ¿qué pasa cuando un niño pide o llama algo y no se lo dan o no aparece?

Llora.

¿Y por qué llora? Porque nuevamente está experimentando una disociación que tardará mucho en entender: *la disociación entre lo que pide o desea y lo que se manifiesta.*

De nuevo experimenta frustración y enojo, que ya no sólo tienen que ver con su cuerpo, sino con el mundo y la realidad en general.

¿Por qué si el niño está pidiendo jugar, lo llevan a dormir? ¿Por qué si está pidiendo agua, le dan leche?

El niño está siendo muy claro en lo que pide y la realidad no le responde conforme a lo que pide. El niño no sabe ni puede entender que necesita dormir o tomar leche porque es bueno para él, y que sus padres amándolo y cuidándolo como lo hacen, le están dando lo que es mejor para él. El niño sólo entiende que quiere algo, y si no lo tiene, le molesta.

Ésa es Mi relación con mis hijos, pero no logran entenderme.

Sin embargo, cuando el niño logra dominar su cuerpo para llegar corriendo hasta sus padres o cuando pronuncia una palabra y logra que la realidad le responda, también encuentra nuevas emociones positivas: autosatisfacción, alegría y confianza, y cuando siente estas emociones, adquiere otro poder más: *el poder de hacer o decir aquello que piensa y desea, el libre albedrío.*

Entonces tenemos que, a partir de que el hombre empieza a hablar y a caminar, adquiere conciencia de los tres poderes principales en su vida:

1. El control de la mente sobre el cuerpo = autosatisfacción

2. La manifestación de lo deseado = confianza

3. El libre albedrío o libertad = alegría

Estos tres poderes son cualidades inherentes a su alma y a su verdadero ser, y si el alma es una, inmutable y eterna, quiere decir que las cualidades que le son inherentes, son las mismas para todos, son inmutables y eternas.

Asimismo, con la conciencia de estos poderes, el hombre se enfrenta a la respectiva disociación y lucha de poderes:

1. El control del cuerpo sobre la mente = enojo y decepción
2. La disociación entre la mente o lo deseado y la realidad = frustración
3. La limitación del libre albedrío por su cuerpo y por todo lo externo a él = miedo

Esta lucha o disociación es una cualidad inherente del ego, es decir, de la parte de tu mente que cree que tú eres tu cuerpo, y que al tratar de que la voluntad de tu cuerpo sea la que rija tu realidad, se enfrenta con las cualidades inherentes a tu alma que le muestran que lo que el cuerpo pide o experimenta no es lo único que existe.

Porque si el ego quiere experimentar o crear algo solamente a través del cuerpo (la única realidad que el ego conoce), se dará cuenta de que no puede. El niño con su maravillosa imaginación cree que puede volar (y no se equivoca porque la imaginación es una parte de la mente superior que todo lo sabe y todo lo puede), y cuando se avienta de la cama y cae directo al suelo, encuentra que hay una gran diferencia entre lo que está en su mente y lo que su cuerpo puede hacer. ¿Y por qué el niño no puede volar? Porque ha aprendido a pensar con la parte de su mente que lo identifica con su cuerpo y esa parte de su mente le ha enseñado que su cuerpo puede más que su mente.

—*Pero el hombre no puede volar...*

Hija, eres libre de pensar y creer lo que quieras.

—*¿Y qué pasa con los niños que no pueden caminar o hablar, experimentan los mismos poderes o cualidades?*

Quienes nacen con una disminución de facultades como los sordomudos, también encuentran una forma de manifestar lo que desean, no a través de la palabra hablada, pero sí a través de su propio lenguaje. No importa cómo o qué lenguaje utilices para llamar algo, en tanto entiendas que a cada símbolo corresponde una realidad particular.

En cambio, un niño con problemas de autismo, de lento aprendizaje o síndrome de Down, sufre una disociación entre la realidad y la forma de expresarla porque su mente no puede asociar símbolos de ningún tipo.

En el caso de los niños que no pueden caminar o moverse por sí mismos, tenemos un problema diferente porque les será más difícil tomar conciencia de sus tres poderes. No quiere decir que no los tengan, sino que en ellos se manifiestan de manera distinta. Estos niños tienen la misión de aprender que el cuerpo es tan sólo un instrumento de comunicación de la mente y que, a pesar de no tener el total control de su cuerpo, son dueños absolutos de su mente y de todo lo que pueden crear con ella, por tanto, toman conciencia primero de su libre albedrío y del don de la palabra o lenguaje.

Este es un tema bastante complicado que, si no te importa, prefiero platicarte más adelante.

La división de la mente

—Ok; pero volviendo al tema, aún no entiendo a dónde vamos con todo esto. Decías que el ego es la parte de la mente que cree que su voluntad es la única, pero antes habíamos dicho que el ego cree que su voluntad es la del cuerpo, sin embargo, de acuerdo a lo que hemos visto, me queda claro que conforme el niño crece, se desarrolla la voluntad de la mente y esta lucha con el cuerpo. Entonces, ya no entiendo nada.

Jajaja. Por eso me gusta platicar contigo, porque sé que puedo y debo entrar a detalle lo más posible para que tu mente y corazón sean capaces de entender todo lo que digo.

Efectivamente, el ego es la parte de tu mente que cree que su voluntad es la única que existe y que la única verdad es la que puede percibirse a través del cuerpo. Ya explicamos la parte de por qué el ego cree que la única realidad que existe es la percibida a través del cuerpo.

Ahora bien, si la única realidad existente fuera la percibida a través del cuerpo y si la voluntad del cuerpo fuera la única que existe, ¿crees que el niño necesitaría caminar o hablar? ¿Crees que el niño no está suficientemente cómodo y descansado cuando es cargado o llevado en carreola a todos lados? ¿Crees que el cuerpo del niño necesita hablar cuando lo único que basta para que le den lo que pide es un buen berrinche?

No, el cuerpo humano, como tal, no necesita caminar, ni hablar, ni muchas otras cosas. **El cuerpo humano fue diseñado para responder sólo a las exigencias de la mente**.

Si el cuerpo realmente necesitara caminar o moverse, ¿qué pasa con las personas que no tienen piernas o que tienen parálisis total y siguen siendo más lúcidas y productivas que mucha gente sana? Si el cuerpo necesitara hablar, ¿cómo le hacen los sordomudos que logran llevar una vida prácticamente normal?

Estas son personas que han logrado trascender las limitaciones del cuerpo para encontrar la libertad de la mente y del espíritu como poder fundamental en su vida.

Ya te había explicado que lo que lleva a un niño a caminar y hablar es la necesidad de comunicarse, sentirse libres y confiar en sí mismo, y estas, hija, son necesidades de la mente y del corazón, no del cuerpo.

Entonces, tenemos que junto a las necesidades y deseos del cuerpo (comer, dormir, ir al baño), están las necesidades que no son corporales sino de la mente y del corazón. Y si dijimos que el ego es la parte de tu mente que cree que la única realidad es la percibida a través del cuerpo y que, por tanto, cree que tu voluntad es la de tu cuerpo, **quiere decir que hay otra parte de tu mente que sabe que hay una voluntad y una realidad independientes de tu cuerpo**.

Decíamos que es importante que el niño empiece a identificar sus emociones, pero no te dije claramente por qué. Cuando el niño empieza a entender que además de sus sensaciones físicas o corporales, hay otras sensaciones internas que se sienten EN EL CUERPO mas NO POR CAUSA DE ÉL (el enojo se siente en el estómago o la cabeza, pero no viene de ahí; la alegría se siente en el corazón pero no viene del cuerpo), el niño empieza a darse cuenta de que es un ser multidimensional, es decir, un ser que percibe en el cuerpo, por el cuerpo mismo y que también percibe en el cuerpo, por algo que no es el cuerpo.

El niño empieza a darse cuenta de que con su cuerpo percibe y siente frío, hambre, sueño, pero también se da cuenta de que en su cuerpo (sobre todo en su estómago), siente algo (enojo) que no fue percibido directamente por su cuerpo, sino A TRAVÉS de éste, para que algo QUE NO ES SU CUERPO, lo interpretara como molesto o irritante para él.

Déjame explicarte: el niño quiere un juguete, lo toma y juega con él gracias a su cuerpo, pero si alguien llega y se lo quita, a través de su cuerpo, percibe que fue despojado de él. En ese momento, algo, que NO es su cuerpo, interpreta que ese despojo no es agradable y ese algo manda una señal al cuerpo para que éste sienta o perciba como real esa idea de desagrado. Entonces el cuerpo, con base en la interpretación que recibió de algo que no era él mismo, produce una sensación física acorde a la interpretación recibida.

¿Y qué es ese "algo" que se encarga de interpretar la realidad percibida a través del cuerpo?

La mente.

Y cuando hablo de mente no me refiero a la red de neuronas que mandan estímulos eléctricos al sistema nervioso central y periférico, para que éste mande la información necesaria al sistema celular del aparato u órgano correspondiente. Cuando hablo de mente me refiero a la inteligencia o razonamiento autónomo que ningún científico ha sido capaz de definir o de encontrar dentro del cuerpo o del cerebro humano, así es que pensemos por ahora en tu mente como "la voz que oyes en tu cabeza".

Ahora bien, tenemos una parte de tu mente que, como ya vimos, cree que tu voluntad es la voluntad de tu cuerpo y que lo que éste percibe es la única realidad, y tenemos otra parte de tu mente que sabe que la voluntad de tu cuerpo no es la única y que la realidad que éste percibe tampoco lo es.

¿En qué momento se produce la división de la mente?

En el momento del alumbramiento, y se va reforzando durante toda la vida del hombre.

¿Cuál es la parte de tu mente que interpreta la realidad percibida por tu cuerpo?

Ambas partes, sin embargo, a partir de que nace y a lo largo de su vida, el hombre aprende a hacerle caso sólo a una de esas dos interpretaciones.

¿Y a cuál le hace caso?

A la interpretación del ego.

¿Por qué?

Porque como ya vimos, desde que nace, el hombre aprende que lo primero a lo que debe poner atención es a los estímulos recibidos a través de su cuerpo, porque las sensaciones que el cuerpo experimenta son mucho más fuertes y, a veces, más claras que los pensamientos y emociones sutiles percibidos a través del corazón y de la mente superior.

—*Pero entonces no entiendo; primero el ego identifica la realidad percibida por el cuerpo, luego establece que la voluntad del hombre es la voluntad de su cuerpo, pero cuando el ego manda, la interpretación de que algo es bueno o malo, primero se produce en el pensamiento y luego en la sensación física o corporal. ¿Entonces el pensamiento del ego es independiente del cuerpo?*

No, la interpretación que el ego hace de cada situación o experiencia sólo se basa en lo percibido a través del cuerpo.

Hoy día, el ego es el que ve a través de tus ojos, el que siente a través de tu cuerpo, y cuando tú percibes algo a través de tu cuerpo, el ego hace la interpretación correspondiente con base en SU PENSAMIENTO Y EMOCIÓN ORIGINALES: el miedo y la carencia.

El ego jamás interpreta con base en el amor, la paz o la abundancia porque NO LOS CONOCE, el ego sólo conoce lo que percibe a través del cuerpo y, como ya vimos, el ego conoce sólo aquello que no te es dado de manera natural. Es decir, la paz, el amor, la abundancia y la alegría son tu estado natural, el estado natural de cualquier niño, y si dijimos que un recién nacido aprende a poner atención sólo a su cuerpo, el niño hace esto no sólo por razones de supervivencia, sino porque lo que percibe a través de su cuerpo es todo lo que "altera" su estado natural.

Por lo tanto, el ego es la parte de tu mente que percibe a través del cuerpo para interpretar lo percibido como amenazante o peligroso porque, al basarse en el miedo, el ego no conoce la verdad sobre ti mismo: QUE NADA NI NADIE PUEDE ALTERAR NI AMENAZAR TU VERDADERO SER.

149

Y al tener como base el miedo, todo pensamiento o emoción generados por el ego buscarán ser una reafirmación constante de esa verdad. Cada situación u objeto que tú percibes con tu ego, será una reafirmación del miedo.

—¿Me puedes poner un ejemplo?

Claro. Una persona que quiere aprender a patinar, sabe que se va a caer y que no va a ser tan fácil, sin embargo, empieza con un gran entusiasmo y confianza en que lo va a lograr; ése es su estado natural.

Inconscientemente, esta persona sabe que su mente puede lograr que su cuerpo responda a lo que quiere, que desea aprender a patinar y que la realidad se manifestará para que lo logre y que además es libre de patinar cómo y cuando quiera. Sin embargo, si al estar aprendiendo se cae una y otra vez, el ego está percibiendo (a través del cuerpo) que su mente no puede controlar a su cuerpo sino que el cuerpo controla a la mente, que la realidad que deseaba no se está manifestando y que no es tan libre para patinar cómo y cuando quiera. Ésta es la situación que tu ego interpreta o juzga como amenazante de tu estado natural.

Entonces el ego se identifica con el cuerpo y lo encuentra limitado, torpe y desobediente. El ego interpreta que esta situación es una muestra más del miedo que debes de tener a la separación y a la carencia, porque no cree que todos los cuerpos funcionen igual, no siente el apoyo y el amor de la Fuente y no se cree abundante en cualidades; tu ego te dirá "ni lo intentes, ya viste que no puedes", "mira cómo se burlan todos de ti", "ya sabía que soy un inútil" y el entusiasmo inicial se vuelve frustración, enojo y desesperación. Esto crea un patrón de pensamiento y conducta en ti por el que, cada vez que intentes hacer algo nuevo, tu ego estará alerta para recordarte lo mal que lo haces.

Origen de las emociones

Ahora bien, déjame decirte algo más allá: **tus emociones son las formas como te hablan tu alma y tu ego**, y saber de dónde viene cada emoción tan sólo depende de lo agradable o desagradable de la sensación o pensamiento que experimentas.

Cualquier emoción de amor, paz, alegría, abundancia, certeza, sabiduría, vienen **de tu alma, son tu estado natural**; cualquier emoción que se contraponga o que te impida sentir alguna de las emociones de tu alma, **vienen de tu ego.**

—Pero si yo· llego y le grito a alguien porque le hice caso a mi ego, y luego me siento muy bien por "haberle puesto en su lugar", esa sensación de bienestar ¿viene de mi alma?

No, pero es que no lo estás analizando correctamente. ¿Qué fue lo que en primer lugar te movió a gritarle a esa persona? ¿Qué sentiste antes de empezar a gritar?

Para que realices una acción negativa o agresiva, debiste haber sentido previamente una emoción negativa o de agresión como el enojo, la irritación, la soberbia, el miedo. Es ese **impulso inicial** el que te dirá quién te está hablando y a quién estás escuchando. Esa sensación inicial es tu ego que, basado en el miedo, te dice: "no permitas que esta persona te diga eso, ponla en su lugar" y si tú supieras hacerle caso a tus emociones, entenderías de inmediato que es tu ego el que está utilizando tu cuerpo y tus emociones para llevarte a escoger la guerra en vez de la paz.

Ahora, si después de agredir a una persona te sientes muy bien y orgulloso de haberla puesto en su lugar, ten mucho cuidado, porque esa sensación de bienestar y triunfo es la sensación de tu ego que está diciendo: "¡Muy bien hecho! Una vez más logré que me hicieras caso, logré hacerte sentir tanto miedo que no fuiste capaz de encontrar otra salida que no fuera la agresión".

Sin embargo, como nada de lo que el ego hace o dice es real, llegará el momento en que ya no te sientas bien y tan orgulloso por lo que hiciste o dijiste y te sentirás arrepentido, será tu alma la que te estará hablando en pequeños susurros para decirte: "Oye, esa persona que actuó no eras tú, ese no es tu verdadero ser y eso no te acerca de manera alguna a tu verdadera felicidad, ¿por qué mejor no pides una disculpa y tratas de no volver a hacerlo?".

—¿Y cómo puedo distinguir una sensación de bienestar que viene del ego de una que viene de mi alma?

Analizando la acción que antecedió a esa sensación de bienestar y la **emoción primaria** que impulsó esa acción.

Por ejemplo, una señora va a la tienda y al llegar a la caja el encargado tarda mucho en atenderle o le cobra de más; la señora empieza a impacientarse y a irritarse. Enojo e irritación son sus emociones primarias.

Después de cinco minutos de que su ego le repite una y otra vez: "¡Dile algo! No puede ser que sea tan lento!", la señora reaccionará y a gritos le hará ver al encargado lo incapaz y lento que es (esta es la acción derivada de la emoción primaria) y, tras hacerlo, saldrá de la tienda repitiéndose a sí misma "Qué bueno que lo puse en su lugar. Alguien tiene que hacerles ver lo mal que están en esta tienda; a ver si así mejoran el servicio".

Esa sensación de triunfo o bienestar es un engaño de su ego que trata de justificar su miedo inicial con una aparente sensación de haber actuado correctamente. Sin embargo, queda claro que esta sensación no viene de su alma, puesto que la emoción primaria que desencadenó toda la situación fue el miedo.

Una cosa más: toda sensación de bienestar, triunfo, orgullo, o cualquier otra proveniente del ego, siempre será una sensación fuerte, esporádica, mental o sugestiva, mientras que la sensación de bienestar que viene de tu alma es permanente, sutil y corporal.

Te voy a explicar: tanto al gritarle al empleado como minutos después, la señora en cuestión sentirá cierta alteración en todo su cuerpo (aumentará su ritmo cardíaco, su pulso, su temperatura corporal y sus pupilas se dilatarán, entre otros síntomas). Estos síntomas permanecen aún cuando el ego le repita cien veces que hizo muy bien en poner al empleado en su lugar. La señora convencida de que actuó en forma correcta, sigue repitiéndose mentalmente "se lo merecía"; sin embargo, los síntomas físicos de alteración emocional negativa no desparecen tan rápido como aparecen las repeticiones mentales positivas. Esos síntomas permanecen mientras la señora cree las mentiras de su ego o hasta darse cuenta de que no obró correctamente.

Toda sensación de aparente bienestar derivada del ego proviene de una repetición mental constante que, a través de la reafirmación, busca convencerte de que ésa es la verdad.

En cambio, si la señora en vez de gritar hubiera sido compasiva y paciente con el empleado, o si tras su irritación e impaciencia iniciales, la señora eligiera la paz y la paciencia en vez de la agresión, vuelve a ella una sensación de tranquilidad y aceptación (*sutil*) que no sólo frenaría los síntomas físicos iniciales de irritación (*corporal*), sino que al momento de elegir la paz no necesitaría repetirse a sí misma cien veces que hizo bien en no gritarle al empleado. La certeza de haber actuado correctamente es algo que se le concede de forma natural porque, como ya mencioné, la paz es el estado natural *permanente* del hombre.

Por lo tanto:

Bienestar   ego = repetición y reafirmación de una idea.

Bienestar   alma = aceptación de la situación.

A partir de ahora me referiré a tu ego como tu "mente inferior", y a la otra parte de tu mente, regida por tu sabiduría interna, como tu "mente superior".

Por lo tanto, ¿qué es el ego?

El ego es la voz de tu cuerpo y de tus sensaciones, pensamientos y emociones inferiores.

–*¿Por qué inferiores?*

Porque ningún pensamiento, emoción o sensación que venga de tu ego (de la parte de tu mente que te identifica con tu cuerpo) viene de tu Yo superior, ni de tu verdadero ser ni de tu sabiduría interna. Tu verdadero ser o Yo superior se encuentra en la parte de tu mente que sabe que no eres tu cuerpo, e interpreta la realidad con base a lo que está en tu corazón y en tu alma: la paz y el amor de Dios.

Ningún pensamiento o emoción que venga de tu ego puede venir de Mí, porque Yo sé que tú no eres tu cuerpo.

—¿Entonces qué soy?

Tú eres Yo y Yo no soy tu cuerpo, Yo soy. Soy todo lo que es y no es, y tú eres uno conmigo, que ha decidido experimentarme a Mí a través de un único cuerpo.

—Pero a ver, entiendo que el ego se basa principalmente en el cuerpo y en lo que este percibe, pero siempre he entendido que el ego está formado también por una serie de recuerdos, hábitos y patrones de conducta negativos que no siempre tienen que ver con el cuerpo.

Dame un ejemplo. Mejor aún, dame tres ejemplos.

—La soberbia; creer que yo puedo o sé más que los demás, culpar a otros por mis problemas, molestarme cuando alguien me hace ver un defecto, error o actitud negativa.

¿Te costó trabajo encontrar los ejemplos?

—Sí, mucho, como que mi mente se quedó en blanco o como que esa parte de mi mente y mis recuerdos se escondió.

Jajaja. Así es, siempre que pueda, tu ego tratará de esconderse de ti y de Mí, ya entenderás por qué.

Quiero que pienses en estos y en tantos ejemplos como puedas y que mañana me digas tus conclusiones.

—¿Por qué yo y por qué hasta mañana?

Porque tienes que aprender a pensar con tu mente superior y porque tienes un cuerpo que necesita descansar.

—¿Y por qué tengo que pensar con mi mente superior?

Porque tu ego es la parte de tu mente que aprende a través de la repetición, pero tu mente superior aprende a través del entendimiento.

—Ok., hasta mañana.

Hasta ahora y siempre.

Los recursos del ego

AGOSTO 29, 2007

—*Padre, necesito ayuda, no sé qué hacer con algunas relaciones y situaciones de mi vida.*

¿Qué es lo que te tiene tan enojada?

Creo que sabes que tu enojo no es con otros sino contigo.

¿Qué te enoja tanto de ti misma?

—*Estoy muy enojada, no sólo por como he actuado últimamente, sino porque no logro encontrar el amor en mí. Estoy actuando con base a mi ego más que nunca y me da mucho coraje porque creí que ya lo sabía controlar. Cualquier cosa que algunas de las personas que más quiero hacen o dicen me molesta, y me molesta más aún sentirme molesta. Es decir, estoy enojada por estar enojada. Quisiera dejar nuestros errores atrás (en especial los míos), pero no puedo, siguen volviendo a mi mente una y otra vez imágenes y palabras que me hacen sentir muy mal y, sobre todo cuando hablo o estoy con esas personas, es como si ellas me recordaran con su simple presencia lo enojada que estoy y lo mal que hago las cosas.*

Sé que al ego no le gusta que lo vean, pero ¿por qué, si ya lo estoy viendo, le sigo haciendo caso? ¿Por qué no logro actuar o sentirme diferente? Me siento con ganas de vengarme y no sé de quién ni por qué; siento ganas de castigar a alguien y lo proyecto hacia esas personas, pero creo que todo es contra mí misma y no sé porqué me siento así. Siento que tengo que alejarme de todo el mundo pero no sé si esa sea realmente la solución.

No sé qué hacer; sé que no estoy pensando, sintiendo ni decidiendo con mi mente superior, pero tampoco sé cómo hacerlo. Me lo propongo, y cuando llega el momento de elegir la paz, termino decidiéndome por la guerra, en especial por la guerra conmigo misma.

Ayúdame.

Sabes que nunca dejaré de ayudarte y de acudir a ti cada vez que me lo pidas, pero sabes también que para que Yo pueda ayudarte, debe haber una mínima disposición en ti para poner tu voluntad en Mis manos y una mínima fe en que te voy a ayudar.

Esto que escribes, aunque no lo creas, viene de tu mente superior; tu ego jamás podría reconocer que tú eres la causa y objeto de tu enojo. **El ego siempre ve y señala hacia fuera porque el cuerpo no puede ir hacia dentro de sí mismo.**

Hay una mínima luz en todas estas palabras y sentimientos que viene de esa parte de ti que sabe que te estás alejando de tu verdadero ser y de tu verdadera felicidad. Esa mínima parte a la que le has hecho un huequito en tu vida, está pidiendo ayuda a la única persona que puede ayudarte a encontrar tu paz; y en el momento en que estás dispuesta a escuchar y atender esa pequeña parte de ti, Yo respondo, porque aunque siempre estoy contigo, sólo puedo ayudarte cuando estás dispuesta a recibir Mi ayuda.

Te dije que tu ego iba a hacer todo lo posible por evitarte encontrar tu luz y tu paz internas, y que conforme más te acerques a ellas y más te alejes de tu ego, mayores serán sus esfuerzos y herramientas para regresarte al estado mental y emocional en que has vivido toda tu vida. Tu ego utilizará tus recuerdos más dolorosos, vergonzosos y tristes, tus adicciones, tus patrones de pensamiento; utilizará tu cuerpo, tus emociones, las actitudes y "defectos o errores" de los demás para justificar y arraigar en ti el miedo y la carencia.

¿Miedo a qué? ¿Carencia de qué?

Miedo a Mí, miedo a tu verdadero ser, miedo a ser lo que realmente eres. Carencia de paz, de fe, de sabiduría y de certeza de que eres y tienes todo lo que te corresponde por derecho divino.

¿Y por qué quiere arraigar en ti el miedo y la carencia?

Porque sin ellos el ego no existiría y tú volverías a ser lo que realmente eres.

Es muy importante que sigamos hablando de tu ego. Es importante que me permitas terminar con la explicación que te he estado dando durante varias semanas, pues te prometo que en ella encontrarás las respuestas, consuelos y herramientas necesarios para dejar tu enojo a un lado y volver a tu paz.

Lo que quiero que sepas ahora es que esto que estás sintiendo y viviendo es muy bueno, vaya, me alegro de que estés pasando por esto. ¿Sabes por qué? Porque cada vez que te sientes enojada o triste, y eres capaz de volver a Mí, estás llevando luz a la oscuridad que hay en ti. Cada vez que te experimentas a ti misma siendo todo lo que realmente no eres, estás descubriendo que ser lo que no eres no te hace feliz, y que esa infelicidad te está llevando a buscar tu verdadero ser y, por tanto, a tu verdadera felicidad. Hasta que no te experimentes a ti misma siendo todo lo que no eres, no podrás ser lo que realmente eres. Hasta que no te pierdas, no podrás encontrarte.

Esto que estás pasando es necesario en tu crecimiento, estás deshaciendo poco a poco, todo lo que tu ego ha hecho contigo y con tu vida, y conforme vayas deshaciendo cada parte que tu ego ha anudado, te irás dando cuenta de que nada que venga del ego es real.

Encontrarás la luz y la paz al darte cuenta de que la guerra contra ti misma es imposible porque tú eres Yo y Yo jamás pelearé contigo.

155

Miedo y conductas negativas

—¿Por qué siempre dices que el ego y lo que hago con base a él "no es real"?

En el principio todo lo que había era el Amor y la Luz y la conciencia de éstos sobre sí mismos. Es decir, el Amor sabía que era Amor y la Luz sabía que era Luz, sin embargo, a fin de conocerse y experimentarse a sí mismos, el Amor y la Luz se contemplaron a sí mismos y vieron que no tenían ningún otro patrón de referencia porque no había nada más.

Debido a esto y a fin de experimentarse y conocerse completamente a sí mismos, la Luz y el amor decidieron crear sus contrarios: el miedo y la oscuridad. ¿Para qué? Para poder experimentarse y verse a sí mismos, digamos, desde otra perspectiva, pues el Amor y la Luz no pueden ser ni experimentarse sin algo que los refleje y que les dé la oportunidad de expresarse.

¿Cómo puedes darte cuenta de cuánta luz hay en un cuarto sin las sombras que esta refleja? ¿Cómo podrías saber lo amoroso que eres si no tienes oportunidad de expresar y experimentar el amor?

Si vivieras en un mundo donde sólo hubiera paz y amor, no tendrías conciencia de ellos; vivirías un estado de SER el amor y la paz, mas no tendrías la oportunidad de experimentarlos y tomar conciencia de ellos si no existiera algo o alguien que los necesitara. Tampoco podrías decidir ser amoroso y pacífico, pues estarías siendo amor y paz; necesitarías una oportunidad para SER O NO SER amoroso y pacífico a fin de darte cuenta de que sí eres capaz de serlo.

Así, y a reserva de ampliar esta explicación más adelante, el amor creó a su contrario, el miedo, para poder experimentarse y conocerse a sí mismo plenamente.

Pero si el Amor es todo lo que siempre ha existido y el amor es el creador del miedo, **el miedo entonces es una creación del amor, y al ser el amor lo único que existe, el miedo NO ES REAL**. El miedo (que es el fundamento del ego) no es real porque lo único que existe y es real es el amor.

La última vez que platicamos, te pedí que me dieras tres ejemplos de actitudes o pensamientos basados en el ego que no tuvieran que ver directamente con el cuerpo, ¿llegaste a alguna conclusión?

—No. Sólo que cada vez que pienso, siento o actúo con base a mi ego, olvido por completo que soy capaz de pensar, sentir y actuar de otra manera diferente, pero en cuanto al cuerpo, no entiendo o no encuentro una relación entre este y mis pensamientos y emociones de enojo, miedo, ira, etcétera.

Decíamos que tu ego es la parte de tu mente que aprende a través de la repetición; mientras más repites algo, más cierto y arraigado se hace eso en ti.

Te explicaba que todas las primeras sensaciones negativas que el hombre siente son las que experimenta de niño debido a su cuerpo.

Un niño que cada vez que es despojado de un juguete hace berrinche, está creando en sí mismo (con base a su mente inferior) patrones de pensamiento y conducta que le indican que debe enojarse y hacer berrinche cada vez que se le quita algo o no se le da lo que pide.

Si además, después de hacer el berrinche, los padres le cumplen su capricho, aprende que la forma de obtener lo que quiere es a través del enojo y la agresión. Entonces este patrón se repetirá a lo largo de la vida de esta personita: cada vez que sus amigos no hagan lo que él quiere, cada vez que su jefe lo regañe, cada vez que su pareja no esté a su disposición.

En el caso de una persona soberbia, ¿de dónde crees o en qué momento crees que aprendió a ser así y con base a qué? Cuando de niño hizo berrinche y luego le concedían lo que pedía, entendió que su enojo tenía razón de ser, que estaba en lo cierto al enojarse; ahora nadie le puede decir lo contrario, él sabe que tiene la razón y tendrá más certeza de esto conforme más repita el patrón. Y cuando un día vuelve a hacer berrinche, pero esta vez no obtiene lo que quiere, piensa que algo debe estar mal y se enoja más. ¿Por qué? Porque siente miedo; miedo a la carencia, a no tener siempre lo que quiere, a que su libre albedrío se vea limitado por algo o alguien externo a él, a la separación de la Fuente y, por tanto, a la falta de amor y aceptación. Miedo porque el niño había vivido una verdad absoluta y cuando alguien llega y le dice que su verdad es mentira, le estás quitando su realidad, le tratas de quitar a su ego una de tantas creaciones falsas. En resumen: el niño trae el patrón de enojo y, cuando es despojado de algo, el enojo vuelve con mayor intensidad al quitarle ese algo que el ego considera como parte de sí mismo.

Las emociones generadas por el ego se basan en algo percibido a través del cuerpo y luego, la mente inferior, utiliza el cuerpo mismo para crear un estado físico acorde a la emoción.

¿Qué pasa con la gente autodestructiva?

No importa en qué momento de su vida aprendieron que ellos eran culpables de todo y que nadie los quiere, en algún momento se originó una situación en que alguien les culpó o les dijo que no los querían; su mente inferior dedujo que eso era verdad y mandó el estímulo de miedo y tristeza al cuerpo a fin de que la persona sintiera esa verdad en todo su ser.

Ahora bien, como ya sabes (y si no lo sabes te lo digo ahora), existe algo que se llama *memoria celular*. El cuerpo humano es tan maravilloso y perfecto que cualquier estímulo externo o interno (desde una quemadura hasta la ira o el éxtasis espiritual) es llevado de la mente (inferior o superior), hacia el sistema nervioso y el sistema celular. Cada célula de tu cuerpo registra y graba en ella el recuerdo de cualquier estímulo que llegue al cuerpo y que sea suficientemente intenso o repetitivo para que tu mente (y por tanto, tu cuerpo) lo tomen como una realidad (por eso, después de que alguien se quema por primera vez, no vuelve a meter la mano al fuego). Y si en determinado momento de intenso miedo o enojo, o si una vez al mes durante diez años, alguien cree y siente que es malo y que nadie le quiere, no será ya sólo su mente inferior la que repita ese patrón, será también su sistema celular completo el que, le hará sentirse rechazado o culpable, y se confirmará el patrón mental y emocional inicial, generando un síntoma físico específico, desde una sensación en el estómago, el corazón o la cabeza, hasta una depresión crónica.

¿De dónde salen todos tus pensamientos, emociones y actitudes negativos?

De tu mente inferior; de la parte de tu mente que, tomando el control de tu cuerpo y basándose en las experiencias de éste, graba en esa parte de tu mente y en tu cuerpo patrones de pensamientos, emociones y conductas negativos basados en tus experiencias corporales iniciales.

Un día te enojas mucho con un amigo. No sólo tienes el pensamiento de lo que te hizo enojar, sino que tu mente inferior manda a tu cuerpo el estímulo nervioso respectivo para que sientas además la rabia en todo tu cuerpo (tu pulso, tu corazón, tu estómago).

Digamos que al día siguiente se te pasó el enojo, pero el resto de la semana estás particularmente irritable y agresivo. Entonces tu mente inferior, cada vez que percibe algo como desagradable o irritante, de nuevo manda a tu cuerpo el mismo estímulo, tu cuerpo vuelve a reaccionar de la misma manera y esto es todos los días de la semana, tres veces al día.

Para el final de la semana, ya no necesitas ni siquiera analizar si algo te molesta o no, tu mente inferior tendrá tal control sobre tu memoria celular, que será tu cuerpo (y el patrón negativo grabado en este) el que te controle a ti. Antes de siquiera poder analizar la situación, tu cuerpo ya estará agitado en todos los niveles; tu cuerpo toma control de ti, pero como tu mente inferior controla tu cuerpo, tu mente inferior te controla por completo. Obviamente, para finales del mes presentas una gastritis aguda.

—¿Todos los patrones de pensamiento o conducta negativos vienen de la infancia?

No todos, aunque sí los principales: miedo a la separación y a la carencia, frustración, enojo, desconfianza, decepción, abandono, miedo a la muerte y a la propia sexualidad.

Hay otros patrones de conducta y pensamiento que se pueden generar hasta la adolescencia o la vida adulta, pero lo dos principales son: la ira y la lujuria.

Por muy enojado que esté un niño, y digan lo que digan los psicólogos, nunca podrá sentir la ira que siente un adolescente o un adulto, por el simple hecho de que el corazón y la mente de un niño no han vivido suficiente para acumular una conciencia de odio y resentimiento.

En cuanto a la lujuria, un niño no puede crear estos patrones en sí mismo (ni siquiera a través del ejemplo) porque (Freud disculpe) los impulsos sexuales intensos del hombre y la mujer se desarrollan entre los 10 y los 13 años.

—¿Y todos los pensamientos o emociones negativos vienen del ego?

Sí, todos, excepto el arrepentimiento, que como ya vimos, no debe confundirse con la culpa y, analizado correctamente, es más bien una emoción con fines positivos, puesto que es un llamado de tu alma o mente superior para ayudarte a reconocer aquello que te aleja de tu verdadera felicidad.

Ahora bien, los pensamientos y emociones negativos que vienen del ego son muy limitados, es decir, siempre son los mismos pero repetidos en muchas situaciones y bajo excusas o apariencias muy diferentes, y el fundamento de todos ellos es sólo una emoción, con todas sus variantes: el miedo.

Veamos sus variantes:

- **Miedo a la separación de la Fuente:**

   Esto es, miedo a no participar de la fuente de amor, paz y luz originales. El ego, al percibir el cuerpo del hombre como separado de todo lo demás, deduce que también está separado de su origen. Al percibir esto, el ego entiende que Dios, la Fuente, está separado y lejos de él, cree que no lo conoce y que no puede conocerlo y al no conocer a Dios, el ego le teme, puesto que el ego teme a todo aquello que sea diferente o esté separado de sí mismo.

- **Miedo a la carencia:**

   Al percibir a la Fuente como separada del cuerpo, el ego deduce que todos los atributos de la Fuente también están separados del hombre, siendo éste limitado y carente en todos los sentidos. El ego no conoce a Dios, tampoco conoce sus atributos, deduce que el hombre no sólo no posee dichos atributos, sino que tampoco puede alcanzarlos o conocerlos, y si el hombre no es ni puede ser como Dios es, y si Dios es todo, para el ego, el hombre no es nada.

- **Miedo a la muerte:**

   Al percibir el cuerpo como separado de la Fuente y al percibir el dolor y la limitación del cuerpo, el ego deduce que el cuerpo no participa de la naturaleza eterna e inmutable de la Fuente, sino que es finito, temporal, mutable y limitado. Y cuando el ego se identifica con el cuerpo, su mayor temor es la muerte puesto que la destrucción del cuerpo supone la destrucción del ego.

- **Miedo a la propia sexualidad:**

  Al percibir que el cuerpo humano participa sólo de una de las dos características esenciales de la Fuente (masculino y femenino), el ego concluye que, efectivamente, el hombre no participa de la naturaleza completa de la Fuente, que el cuerpo es limitado por sí mismo, por su sexo.

Al descubrir que la sexualidad es una función principalmente corporal e instintiva del hombre, el ego toma el control de la misma a fin de que todo lo que el cuerpo perciba a nivel sexual, sea interpretado desde la perspectiva del sexo propio. Es decir, el hombre aprende a percibir su entorno desde la naturaleza sexual masculina. Al descubrir que hay alguien diferente a sí mismo (la mujer), el ego, que siempre se fundamenta en el miedo, lo interpreta como amenazante y peligroso. ¿Por qué? Porque si el hombre es sólo una parte de la naturaleza divina de la Fuente, la mujer debe ser la parte faltante, y si hombre y mujer son capaces de experimentarse, conocerse y unirse a través del acto sexual como si fueran uno mismo, entonces hombre y mujer experimentarían su naturaleza total: hombre y mujer, masculino y femenino, ying y yang unidos en un mismo momento reconociendo su naturaleza divina. Y reconocer la naturaleza divina de sí mismo es reconocer la unión con la Fuente y, por tanto, la inexistencia del ego.

Esto, sin mencionar que desde muy pequeños al hombre y a la mujer se les enseña a sentir vergüenza de su sexualidad; no se les permite tocarse ni estar desnudos ni hablar de sexo como si fuera lo que es: la cosa más natural del mundo. Entraremos más a detalle en el tema después, lo que puedo decirte ahora es que la única manera de vencer el miedo a la propia sexualidad es aceptando y recordando que tú ya estás completo; la naturaleza dual de Dios (masculino-femenino) mora en ti perfecta e inmutable y nada ni nadie puede completarte puesto que no te falta nada. Experimentarte como hombre o mujer y experimentar el sexo como un acto de unión de dos cuerpos perfectos y completos en un mismo ser, debe ser una reafirmación de la naturaleza divina de ambos.

- **Miedo al abandono:**

  Como ya vimos, el momento del alumbramiento es la primera experiencia de separación de la Fuente, debido a la cual el ego entiende que aquello que el hombre ama y que lo ama, lo abandonará y se separará de él.

El ego experimenta desde el nacimiento la falta de amor y atención de la Fuente, no porque realmente sea así, sino porque el ego cree que para experimentar y percibir el amor y la paz de la Fuente, debe hacerlo sólo a través del cuerpo. Es decir, el ego cree que la presencia física, el contacto físico como caricias, abrazos, besos, y la repetición y reafirmación de alguien externo que

160

le diga al hombre que es amado, son las únicas formas verdaderas de percibir el amor y la paz que hay en sí mismo, y cada vez que no experimenta estas formas de "amor", vuelve al ego la idea de abandono, puesto que al separarse el cuerpo de uno del cuerpo de otro, tu mente inferior supone que no hay amor posible.

- **Miedo al rechazo:**

  Esto es algo muy curioso, en este caso, el ego experimenta el miedo de no ser amado.

¿Entiendes esto? **El miedo tiene miedo de no ser amado**. Esto implica que en alguna parte de tu mente inferior hay un mínimo recuerdo de que el creador del miedo es el Amor mismo, y esa parte de tu mente desea ser AMADA Y ACEPTADA por su creador.

¿Cómo es esto posible? La luz y el amor divinos que moran en ti son mucho más fuertes y reales que cualquier miedo; sin importar cuánto domine tu ego en tu mente, tus emociones y tus acciones, siempre hay una pequeña luz en ti que busca recordarte quién eres y el ego no puede negar del todo esta verdad, puesto que tu mente inferior guarda el recuerdo de un momento de tu vida en que eras amado, protegido y aceptado tal cual eres.

Sin embargo, a lo largo de tu vida, el ego encontrará miles de excusas y pretextos para negar y borrar este pequeño recuerdo; se aferrará a las palabras y actitudes de otros a fin de que creas que nadie te quiere ni te acepta tal cual eres.

¿Y por qué hace esto el ego si lo que quiere es ser amado y aceptado por su creador?

Porque hasta que no te canses de buscar el amor y la aceptación fuera de ti, no te darás cuenta de que el amor y la aceptación **están en ti porque tú eres Yo**. El ego quiere que lo ames y lo aceptes; por favor, ten muy claro esto: EL EGO QUIERE SER AMADO Y ACEPTADO POR TI.

Esta es la clave que tantos maestros, tantas religiones, tantas culturas, tantos buscadores han tratado de descifrar a lo largo de los siglos. Hay quienes dicen que debes abrazar al ego y hay quienes dicen que debes luchar contra él y eliminarlo por completo. Ninguna teoría es correcta ni equivocada porque el resultado es el mismo: sea a través de la aceptación, o de la eliminación total, o de la no-atención sobre el ego, llegarás a la conclusión de que sólo puedes ser Yo porque Yo soy todo lo que es y lo que no es, incluido tu ego.

Cuando dejas de pelear con aquello que tú crees que eres y que no eres, aceptas, aceptas la verdad sobre ti mismo, y cuando eres capaz de aceptar completamente cada parte de ti, empiezas a SER, y al ser tú mismo vuelves a ser Yo.

Amarte a ti mismo siempre y en todo momento, reírte de tus propios errores y defectos, ser compasivo con tu mente inferior y tener fe en tu mente superior, son las claves para vencer el miedo al rechazo, aceptándote y amándote tú sin esperar el amor y la aceptación de los demás.

Sólo mediante la observación constante de tu ego y la aceptación total, y repito, la aceptación pacífica, total y absoluta de todo lo que tu ego te presente, serás capaz de volver a tu verdadero yo, puesto que, ¿quién es el observador y quién es esa persona capaz de aceptar y amar no sólo lo peor de ti, sino todo lo que no eres?

Ese observador soy yo, y mientras más me permitas observar y amar y aceptar cada parte de ti por ti, me estarás permitiendo ser yo a través tuyo y mientras más seas y actúes a través de mi, más rápido recordarás quién eres y más rápido volverás a serlo.

• **Miedo a la locura:**

A pesar del dominio que tu ego trata de ejercer sobre tus pensamientos, emociones y acciones, y a pesar de que tu ego se instala como la voz principal que oyes en tu cabeza, rara vez el ego logra eliminar completamente Mi voz.

Yo te hablo todo el tiempo, desde que naces hasta que mueres; te hablo no sólo con pequeños susurros a los que llamas "conciencia", te hablo con señales, te hablo con canciones, con libros, con películas, te hablo a través de otros, de maneras agradables y a veces desagradables (según la interpretación de tu ego), y cada vez que escuchas Mi voz y Mis palabras, el ego entra en estado de pánico, se pregunta si estará loco.

Cada vez que escuchas en tu mente o en tu corazón una pequeña voz que te dice "no lo hagas", "no lo digas", "no vayas", cada vez que sientes que algo está muy bien o muy mal sin tener razones lógicas para sentirlo, soy Yo quien te habla y es tu ego el que te dice "Me estoy volviendo loco".

¿Por qué? Porque el ego cree que su verdad es la única y reconocer otra presencia o verdad en ti, implicaría reconocer que él no es el único poseedor de la verdad. El ego no puede darse el lujo de permitirte escucharme, porque si te dejara escucharme en todo momento terminarías aceptando Mi verdad, la única que existe y, por tanto, el ego dejaría de existir.

Reconocer que lo que el ego te presenta son locuras, es reconocer la irrealidad del ego; la realidad única es el Amor.

• **Miedo a Dios:**

¿Hace falta decirte mucho? Independientemente de que desde el principio de los tiempos, las diversas religiones y culturas del mundo le han enseñado al hombre a temer a un Dios castigador y vengador de sus pecados, el ego teme por sobre todas las cosas a Dios porque, como te he repetido durante tantos días, el ego teme que recuerdes la verdad sobre ti mismo, pues hacerlo implica desconocerlo a él.

De todos estos miedos, el más arraigado y más fuerte de todos es el miedo a la muerte porque, como ya vimos, al identificarse el ego con el cuerpo, el ego sabe que sin este no puede existir. Lo que el ego teme es la desaparición o la muerte del cuerpo, pues al creer en la separación de la Fuente, el ego tiene la firme creencia de que sin cuerpo no hay vida y que la desaparición o destrucción del cuerpo significa la destrucción total y permanente de la vida. El ego no puede creer que haya vida después de la muerte porque **el ego es incapaz de sobrevivir a la muerte del cuerpo.**

En cuanto al miedo a la propia sexualidad, han sido pocas las culturas en la historia de la humanidad que han logrado trascender este miedo. El temor a la sexualidad es algo que, en particular en tu país y debido a la religión, ha sido infundido de varias maneras: desde que el niño es pequeño se le regaña por "tocarse ahí abajo", pasando por la infancia y la adolescencia en que hombres y mujeres son encaminados e instruidos sobre los roles sociales que deben seguir estrictamente, hasta las enseñanzas religiosas que establecen que el sexo es pecado, cosa del diablo para tentar al hombre o que dicen que eliminando el deseo carnal se alcanza la iluminación.

Creaciones de la mente inferior

Ahora bien, del miedo, cualquiera que sea su variación, devienen todas las siguientes emociones: frustración, desesperación, enojo, impotencia, decepción, ansiedad, desconfianza, tristeza, ira, desidia, culpa, soberbia, envidia, avaricia, lujuria, gula, vanidad, violencia, resentimiento, entre otras. Y todas estas emociones siempre tienen por consecuencia cualquiera de las siguientes: enojo, tristeza o culpa.

—Sigo sin entender cómo es que estas emociones se relacionan con el cuerpo.

Todas estas emociones, como te expliqué antes, no las experimenta el cuerpo por sí mismo automáticamente.

Se presenta una situación "x" en la que, a través de tus sentidos y tu cuerpo, percibes algo. Debido a que tu cuerpo es el medio por el cual percibes y debido a que el ego o mente inferior es el que tiene el "control" de tu cuerpo, tu misma mente inferior interpreta ese algo como malo o peligroso y se encarga de mandar al cuerpo la alerta correspondiente en forma de sensación física.

¿Y qué es lo que tu mente inferior interpreta como malo o peligroso?

Todo aquello que le permita reforzar sus miedos.

Vimos ya que, de una u otra manera, todos los miedos se adquieren desde el nacimiento o durante la infancia y se refuerzan a lo largo de la vida. ¿Pero cómo se refuerza, por ejemplo, el miedo al rechazo?

Cuando un adolescente entra a una nueva escuela y por alguna razón se ha sentido rechazado otras veces por sus padres o amigos, sentirá ese miedo el primer día de clases; tendrá miedo de que nadie quiera ser su amigo, y el ego (creador de ese miedo) le recordará todas y cada una de las veces en que se ha sentido rechazado. Le hará pensar, visualizar, sentir y actuar como una persona rechazada y, si recuerdas lo que platicamos sobre el proceso creativo, entenderás que este joven atraerá a su vida ese rechazo. Y al atraerlo, el miedo se reforzará, trayendo como consecuencia sensaciones de frustración, ansiedad y tristeza que mantendrán al joven identificado con su ego.

—¿Cómo puedo dejar de interpretar la realidad con base a mi ego?

Dejando de juzgar y aceptándolo todo a través de tu mente superior.

Todo el tiempo te he dicho que el ego es una parte de tu mente, por eso lo llamo "mente inferior". Y si el ego es una parte de tu mente y esta es la creadora absoluta de tu realidad, quiere decir que la parte inferior de tu mente es tan capaz de crear tu realidad como lo es tu mente superior.

Así es que ahora entiende algo: el hombre, a través de su mente inferior, desde que nace empieza a crear patrones mentales y emocionales basados en su cuerpo y sus miedos; si dijimos que desde que nace el hombre aprende a enfocar su atención en su cuerpo y en lo que éste le muestra, entonces manifestará en su vida aquello en lo que cree y tiene puesta su atención.

Sin embargo, aunque tu mente inferior es creativa, al estar identificada con tu cuerpo y no con su verdadera realidad (Yo), sólo crea cosas o situaciones que puedan ser percibidas por y en tu cuerpo, pero nunca puede crear algo que no tenga que ver directamente con él. Ésa es la mayor frustración del ego: saber que tiene el control sobre tu cuerpo, pero que **no tiene el control sobre lo que ésta fuera de él, ni sobre otros cuerpos.**

Éste es el miedo a la separación de la Fuente del que hablamos antes, y al saber el ego que no puede controlar lo que está fuera de tu cuerpo, sólo tiene dos opciones: aceptarlo o rechazarlo.

Sin embargo, como el ego se basa en el miedo, NO HAY ACEPTACIÓN POSIBLE, por tanto, la única opción del ego es RECHAZAR.

¿Y cuál es la forma en que el ego rechaza lo que está fuera de su control?

EL JUICIO.

Todo juicio que tú haces como bueno o malo de una persona, cosa o situación particular, viene de tu ego. Tu mente superior no puede juzgar nunca ni bajo ninguna circunstancia **porque tu mente superior sabe que tú eres todas las cosas, en consecuencia, no puede más que aceptarlo todo.**

—Yo creía que todo juicio de bondad o maldad sobre determinada cosa, persona o circunstancia venía de mi sentido común.

No, el sentido común es la capacidad de discernir sobre las consecuencias o naturaleza lógicas de una acción, pensamiento o situación, y lo que tu ego hace no es discernir la lógica de tus pensamientos, emociones o acciones, pues si así lo hiciera, no podrías sentir miedo de ningún tipo. Lo que tu ego hace es juzgar como igual o diferente o como favorable o desfavorable para sí mismo la persona, objeto o situación que tiene enfrente.

Si vas a un bar y alguien llega a ofrecerte droga, el sentido común te dice que tomarla va a dañar tu salud, pero el ego te dice: "Tómala, no quiero sentirme rechazado otra vez" o "Hazlo, no te va a pasar nada porque yo sé cuándo decir no".

Aquí, la situación se presentó para que, como siempre, tú seas capaz de elegir por ti mismo la luz o la oscuridad, independientemente de las razones de tu alma para ponerte esta prueba. En el momento en que te ofrecen droga o "una copita más" cuando estás a punto de vomitar, tu ego dice "bien, muy bien, con esto sí me van a adorar", o "a ver si así me hacen caso mis padres", o "con esto se me olvida". Juzga la situación como buena para los fines del propio ego (fomentar y reafirmar el miedo) y te lleva a actuar en consecuencia.

—Pero si pienso que me da miedo tomar la droga por todo lo que me pueda pasar física, mental y emocionalmente, ¿este miedo no viene de mi ego? ¿No sería un miedo positivo?

Todo miedo o temor viene siempre de tu ego, pero en este caso lo que te está motivando a decir "no", además del sentido común, es tu mente superior, la cual es incapaz de sentir miedo. Lo que esta hace es hacerte consciente de que tu verdadera felicidad no está en tomar la droga, pero como tú no conoces ni entiendes a tu mente superior, supones que ese conocimiento es miedo.

El ego siempre decide a favor de sí mismo y de sus propias creaciones, nunca a favor de tu verdadero ser ni de tu verdadera felicidad, pues si recuerdas lo que decíamos al principio, el ego es la parte de tu mente que, debido al miedo, ha olvidado y teme recordar la verdad sobre ti mismo.

—Entonces, ¿todo lo malo que me sucede lo he creado a través de mi ego?

En primera, ¡DEJA DE JUZGAR! Sé que por ahora te es difícil dejar de poner etiquetas de "bueno" o "malo" a todo lo que te sucede, pero por favor, haz tu mejor esfuerzo.

En segunda, no sólo lo que parece "malo" es creado por tu ego; la mayoría de las cosas, personas y situaciones que has vivido y conocido a lo largo de tu vida y que han causado en ti alguna sensación o emoción "negativa", han sido creadas desde tu ego.

Sobre esto déjame explicarte un poco sobre el proceso creativo del ego, ya que este proceso que llevas a cabo es casi completamente inconsciente y lo haces desde el momento en que naces.

Tenemos los miedos principales que explicamos antes y, sobre cada uno de estos, te voy a poner un ejemplo de creación del ego, pero en todos los casos el fin de las creaciones del ego es reafirmar el miedo específico que dio origen a la creación particular.

- **Miedo a la separación de la Fuente:**

  Tu mente inferior crea, desde que nace, situaciones en que pueda hacerte sentir completamente separado de Dios: desde la falta de amor y atención de tus padres, hasta el ingreso en una escuela que enseñe fervientemente que Dios está "en el cielo" y que tú estás en la tierra ganándote "el infierno", o situaciones en tu vida adulta en que te sientas tan perdido que reniegues de Mi existencia.

- **Miedo a la carencia:**

  Tu mente inferior te pondrá en situaciones en las que te haga sentir carente en muchos sentidos, desde la escasez económica, que seas un niño que no tenga para comprar ni siquiera sus útiles escolares, hasta la quiebra de tu negocio, un robo o asalto, o verte rodeado de gente llena de bendiciones de las que tú te sientas olvidado por Mí.

- **Miedo a la muerte:**

  Desde que naces tu ego te muestra un mundo finito donde todo es destruido y arrancado de raíz, desde una pequeña flor que se marchita al ser arrancada, hasta la muerte de un ser querido o una mascota, las guerras, la inanición, los asesinatos, entre otros miles de ejemplos, aunque te diré que algunos miedos, por ejemplo, a los accidentes, a determinados tipos de comida, a la vejez, derivan de este miedo primordial a la muerte.

- **Miedo a la propia sexualidad:**

  Tu mente inferior se regocija con este miedo porque tiene tanto material para crear... Desde la dificultad para expresarles a tus padres o hermanos tu cariño y respeto, pasando por el miedo a que "tu primer amor" se entere de lo que sientes, hasta juntarte con amigos que te expliquen con detalles el *Kamasutra* o, incluso, las violaciones.

- **Miedo al abandono:**

  Desde la separación de la madre tras el alumbramiento, hasta el divorcio de los padres, el cambio de escuela de un amigo íntimo, la infidelidad de una pareja, e incluso el abandono de ti mismo por las drogas o el alcohol.

• **Miedo al rechazo:**

Aquí el ego tiene una infinidad de pretextos y circunstancias para crear situaciones que te convenzan de que nadie puede amarte tal como eres: empezando con las críticas y comparaciones de tus familiares, la falta de amigos, un aumento que le dan a un colega en vez de dártelo a ti, un negocio igual al tuyo que prospera antes y mejor, hasta la sensación de soledad absoluta, pasando por las enseñanzas básicas de que eres "pecador" y debes ganarte "el cielo".

• **Miedo a la locura:**

Para no quedarnos tan tarde platicando, cada vez que tienes un presentimiento y no le haces caso, una idea original que se te ocurre de la nada y no la llevas a cabo, cada vez que no sigues una "señal divina" y terminas diciendo "debo estar loco" o algo similar, tu ego proclama: "¡Soy el creador y qué!"

• **Miedo a Dios:**

Toda situación en que sientas que Yo te he abandonado, que te voy a castigar por lo que hiciste o que el diablo te ha tentado, no te quepa duda, la has creado desde tu ego.

Estas situaciones o creaciones del ego hija, no son sólo tuyas, son creaciones de todos los seres humanos basadas en los mismos miedos y para los mismos fines: reafirmar la verdad del ego.

Sin embargo, como ya te expliqué, las creaciones del ego NO SON REALES, no pueden ser reales porque lo único real es el Amor, por ello las creaciones del ego pueden ser deshechas en el momento en que reconoces su irrealidad.

Cuando se presente ante ti una situación creada desde tu ego (la cual podrás identificar, como ya vimos, **con base a tus emociones**), **ACÉPTALA**, acéptala completamente, pues al dejar de luchar con ella estás reconociendo **que Dios está en esa situación** y al reconocer que Dios, que es todas las cosas, está ahí, no podrás reconocer más que el Amor, y al ser el Amor lo único real que existe, estarás desconociendo la realidad del miedo.

Ahora bien, antes de nacer, todos los seres humanos deciden qué experiencias desean vivir a fin de trascender su ego. Sé que éste es un tema largo y complicado y lo trataremos a detalle más adelante, pero por ahora debes saber que antes de nacer, tú decidiste el tipo de circunstancias que debías vivir y experimentar. No creaste de antemano las situaciones, pero sí creaste o trazaste un camino general de tus principales puntos a enfrentar sobre ti mismo y sobre tu ego. ¿Por qué? Porque el fin de toda alma es volver a Mí, y siendo tu ego la parte de tu mente que teme recordar la verdad sobre ti mismo, debes de recorrer varios caminos a fin de alcanzar la sabiduría que te permita deshacer las creaciones de tu ego hasta volver a tu verdadero ser.

—¿Y por qué teme mi ego recordar la verdad sobre mí misma?

Porque si recordara que tú no eres tu cuerpo sino que sigues siendo Una con todo y conmigo, que estás perfectamente a salvo, que eres amada y protegida en todo momento, dejarías de necesitar tu cuerpo y, por tanto, tu ego.

La realidad del ego

—No entiendo de dónde nace la voluntad autónoma del ego para no querer desaparecer.

De ti. Tú crees que eres tu ego, tu cuerpo; tú no crees que tú eres Yo, y aunque hay una parte de tu mente que lo sabe, crees y quieres creer que no lo eres porque piensas que, si lo fueras, dejarías de existir tal como existes hoy.

—Estoy más confundida que nunca, ¿quién soy entonces? ¿Qué parte de mi mente soy?

Eres ambas y ninguna. ¿Qué eres: mujer, abogada, hija, amiga o pareja? Eres todo eso y más, y no eres nada de eso, y lo sabes porque logras integrar todo eso en tu mente, tu corazón y tu vida.

Eres la parte de tu mente que se identifica con su cuerpo y que cree que su voluntad es la única, y eres la parte de tu mente que sabe que eres mucho más que tu cuerpo y que tu voluntad es la Mía.

Eres todo lo que es y lo que no es porque eres Una conmigo y **cuando aceptes todo, absolutamente todo lo que eres y lo que no eres, entenderás esta verdad.**

Hija, todo lo que te he venido explicando ha sido para llegar a lo siguiente: TU EGO NO ES TU PEOR ENEMIGO.

Tu ego es LA PARTE DE TI, (del ser integral que elegiste ser y experimentar para encontrarme a Mí en ti), que existe y existirá en ti para ayudarte a entender todo lo que NO ERES, **hasta que entiendas lo que eres realmente.**

Tu ego, hija, es TU MEJOR AMIGO y aliado en este juego que es la vida y sólo podrás entender esto cuando aprendas a escuchar todo lo que él te dice a través de tus pensamientos y emociones. Cada pensamiento destructivo, cada recuerdo doloroso, cada sensación de miedo, enojo, ansiedad, frustración, culpa, etcétera, es una guía para que te des cuenta de tus falsas creaciones y decidas volver a crear correctamente.

Cada vez que alguien te agrede y te enojas, ahí está tu ego diciéndote "pártele la cara" y tú, que crees que eso es lo único que puedes hacer porque estás identificada con tu ego y por tanto crees que la voluntad de tu ego es la única, decides partirle la cara al de enfrente.

Pero el ego no está ahí para que le partas la cara a nadie. El ego lo creaste tú y está ahí para que puedas ejercer tu libre albedrío, pues si no creyeras que hay una voluntad diferente a la Mía, harías siempre lo que Yo haría y tu vida en este mundo dejaría de tener sentido, pues estás en este mundo sólo para ser libre y, con tu libertad, encontrarme a Mí en ti dónde, cuándo y cómo tú quieras.

Cada vez que sientes ganas de partirle la cara a alguien, ahí estoy Yo diciéndote a través de los susurros de tu corazón: "No lo hagas", y al final, no es que haya una lucha entre el ego y Yo porque tal lucha no es posible, sino que se te concede a ti la oportunidad de decidir en cada momento **cuál voz quieres escuchar.**

¿Por qué al ego no le gusta que lo veas ni te enfrentes a él?

Porque mientras más lo escuchas, lo entiendes y lo trasciendes, más te acercas a la verdad sobre ti mismo, y el día que encuentres esa verdad volverás a Mí, lo que de ninguna manera significa que vayas a morir sino que, a partir de ese momento, tu libre albedrío, es decir, tu capacidad de elegir entre la luz y la oscuridad, el amor y el miedo, la paz o la guerra, dejará de ser para manifestarse como Mi voluntad, y con Mi voluntad no podrás elegir más que la luz, el amor y la paz; pero tú todavía deseas un poco de oscuridad, conflicto e incertidumbre en tu vida. Lo deseas porque, te guste o no que te lo diga y lo aceptes o no, amas la vida, amas ser libre y amas jugar a ser Yo sin realmente saber quién soy.

—Estoy en shock. ¿Podemos seguir mañana?

Claro, sólo quiero dejarte una tarea: quiero que pienses en qué ha sido lo mejor y lo peor que te ha dado tu ego, y quiero que este ejercicio lo hagas al menos una vez al mes durante los próximos dos años.

Lindos sueños.

—Gracias Padre.

La locura de la identidad
SEPTIEMBRE 2, 2007

—Lo mejor que me ha dado mi ego ha sido ayudarme a darme cuenta de qué es lo que no quiero y de qué es lo que no soy. Lo peor que me ha dado mi ego es justamente todo lo que no quiero y todo lo que no soy.

169

¿Qué conclusión sacas de esto?

—*Que yo no soy lo que mi ego dice.*

¿Qué dice tu ego que eres?

—*Dice que soy mi cuerpo y que además, mi cuerpo no le gusta; dice que soy una persona llena de miedos y resentimientos incapaz de encontrar la paz mental, emocional y espiritual; dice que soy una persona insegura y desprotegida ante todo y todos los demás; dice que todos tratan de fastidiarme y que siempre hay un culpable de cómo me siento y que ese culpable por lo general no soy yo. Dice que soy una persona mala, incapaz de dar ayuda y afecto a quienes más lo necesitan, que soy incapaz de ver más allá de mi misma, que soy egoísta, que no conozco la verdadera amistad ni el verdadero amor; que estoy separada y lejos de todo, en particular de Dios; dice que no debo dejar que nadie me agreda, me habla de valores e ideales como el orgullo, la dignidad, la libertad y la autosuficiencia, de motivos que me hacen sentir que todos me atacan y que yo ataco a todos. Me dice que no debo confiar en nada ni nadie y que tenga cuidado porque la gente que quiero me va abandonar, que lo que platico contigo son locuras, que estoy loca, que no puedo tener todo lo que quiero porque no he hecho nada para ganármelo. Dice que lo que yo llamo "mis dones" no es real, que el cuerpo es incapaz de obrar milagros y que mi mente no es tan desarrollada para realizarlos, que no tengo suficiente fe en ti ni en mí misma. Dice que yo he creado todo el caos a mi alrededor, mejor dicho, que soy la culpable y que no puedo deshacerlo. Dice que soy el cúmulo de experiencias, emociones y pensamientos de mi pasado y que en mi futuro seguiré repitiendo los mismos errores. Dice que cada vez que tengo un problema debo huir o darle la vuelta y que ante el conflicto lo mejor es atacar primero o, en el mejor de los casos, alejarme. Dice que soy hipócrita al tratar de sonreír o estar en paz ante algo o alguien que no me gusta. Dice que la única forma de que sea feliz es logrando la aceptación de los demás respecto de mi cuerpo, forma de pensar, actuar, sentir, etcétera. Dice que soy víctima de la gente que quiero y que al mismo tiempo soy su victimario. Dice que debo hacerles ver a los demás cuánto daño me han hecho y que si yo he dañado a alguien es mejor olvidarlo, sin embargo, cuando actúo conforme mi ego me dice, después me repite lo mala persona que soy, lo culpable y mal que debo sentirme, y lo repite una y otra vez. Siento que mi ego me odia y quiere que me odie a mí misma, y hay una parte de mí que no sé si es mi ego o algo más, que está harta, "hasta la madre" de sentirse como se siente.*

Y si tú no eres lo que tu ego dice, ¿qué crees entonces que eres?

—*No lo sé, supongo que todo lo contrario, pero no sé si en algún momento de mi vida he sido o sentido todo lo que no soy. Es decir, no sé cómo ser lo que realmente soy, ni sé cómo dejar de ser lo que no soy.*

¿Pero sabes qué es lo peor? Que estoy en una lucha interna espantosa donde, por una lado y como te dije antes, culpo a todo lo que está fuera de mí por alterar mi paz y mi felicidad y, por otro lado, estoy furiosa por saber que mi paz y mi felicidad únicamente dependen de mi y no logro encontrarlas por mí misma ni en mí misma.

Sólo cuando todo alrededor de mí está bien, me siento en paz, y cuando algo se sale de control, pierdo por completo la paz (si es que realmente estaba ahí). No, es más, creo que no logro estar en paz en ningún momento, ni siquiera cuando duermo.

He encontrado gran consuelo y muchas respuestas en tus palabras, pero no logro estar en mí y vivir tu verdad cuando no estoy hablando contigo.

¿Crees que hablar conmigo es lo único que te da paz?

—*Sí, a veces.*

¿No siempre?

—*No.*

¿Por qué no?

—*Porque muchas veces te escucho o leo tus palabras y lo único que siento es una gran angustia al pensar que no sé cómo vivirlas.*

Eso es lo que te estoy enseñando.

—*¿Y por qué no he aprendido nada?*

Porque no quieres creer que ya lo sabes todo.

—*¡Pero no sé nada!*

¿Lo ves? ¿Cuál es esa parte de ti que pide ayuda y que al momento de recibirla no la toma? ¿Cuál es la parte de ti que pide vivir las experiencias necesarias para aplicar mis enseñanzas y que a la mera hora decide vivir conforme a todo lo demás?

Si tu ego cree que eres tu cuerpo y tu mente superior cree que eres Yo, ¿quién o qué es la parte de ti que se pregunta todos los días "quién soy"?

—*No lo sé Padre, de verdad que no lo sé.*

Te estoy llevando hasta los límites de tu entendimiento y es importante que Yo no te dé más respuestas hasta que no encuentres por ti misma esta última.

—*No te pido que me des la respuesta pero sí que me ayudes a encontrarla.*

Aquí estoy, siempre estoy contigo.

—*A pesar de que estoy al borde de la locura...*

No es verdad, un loco es incapaz de darse cuenta de que está loco.

—*Bueno, a pesar de que estoy muy, pero muy confundida y muy desesperada, logro ver que mi mente va todo el tiempo de un extremo al otro: de la paz a la ira, del perdón al resentimiento. Todo el tiempo, y de verdad quiero decir todo el tiempo, no hago más que decidir. Cada palabra, actitud, sentimiento, omisión, pensamiento y acción de cada momento, es una decisión, una decisión que yo misma tomo. Algunas decisiones las tomo automáticamente, otras las pienso, y sabiendo que no es la mejor decisión, la tomo, y las menos de las veces lo dejo en Tus manos.*

Hoy fui capaz de observarme a mí misma mientras estaba enojada. Fue como si me observara desde dentro y veía a mi ego cómo tomaba posesión de mí, y desde el punto en que observaba, era capaz de ver a mi ego hablar y actuar por mí y, al mismo tiempo, veía a mi mente superior o a una parte de mi ser, totalmente desapegada de la situación, simplemente observado lo mismo que yo.

Como que en cada momento en que decido pensar, sentir o actuar de determinada manera, la decisión viene de alguien que no es mi mente superior, ni mi mente inferior. Hay un momento mínimo en que una parte de mí escoge con cuál de mis dos mentes actuar y, después de escoger, la parte de mi mente escogida toma total posesión de mí.

¿Y qué o quién crees que sea esa parte de ti que escoge cómo pensar, actuar o sentir?

—*No lo sé, por un lado creo que no es mi mente superior, porque si esta decidiera siempre por mí, siempre actuaría a favor de la paz y de mi verdadera felicidad. Y si fuera mi ego, creo que nunca tendría un solo minuto de paz. Lo único que sé es que todo, absolutamente todo lo que pienso, siento y hago depende sólo de mí, y que yo misma a veces me procuro tanto dolor y tanto enojo que lo único que sé que quiero realmente en este momento es paz, paz mental, emocional y espiritual.*

Dices que todo depende de ti, de la decisión que TÚ tomas en cada momento, y si ya descartaste que ni tu mente superior ni tu mente inferior son las que deciden, quiere decir que tú no eres ninguna de ellas, sino que ellas son parte de ti, ¿cierto?

—*Cierto.*

Y si tú no eres tu mente superior ni tu mente inferior y no son estas las que deciden por ti, ¿quién eres tú?

—*Yo soy la voluntad detrás de las opciones y la creadora de ambas. Yo soy mi libre albedrío.*

¿Y qué es el libre albedrío?

—*La capacidad o poder de decidir por mí misma y en todo momento entre la luz y la oscuridad para crear mi realidad.*

Entonces tú eres la creadora única y última de tu vida y de tu realidad.

—*Sí.*

Y si tú eres creadora y Yo soy creador, quiere decir que tú y Yo somos iguales.

—*Sí.*

Pero yo no tengo un cuerpo, ¿o si?

—*Sí, porque tú eres, estás y tienes el cuerpo de todo lo que es y lo que no es, de todo lo tangible y lo intangible, visible e invisible.*

Eso querría decir que Yo estoy, soy y tengo incluso tu cuerpo.

—*Así es.*

Pero si tú y Yo somos iguales porque ambos somos creadores y, además, Yo soy y estoy en tu cuerpo, entonces tú y Yo somos Uno y el mismo, por lo tanto…

—*Yo soy Tú.*

Y si Yo soy y estoy en todas las cosas, lo tangible y lo intangible…

—*Yo soy todas las cosas.*

Y si tú eres Yo, y Yo soy todas las cosas, y Soy el Creador primero y último, ¿para qué necesitas un cuerpo y un libre albedrío?

—*¿No te lo debería de preguntar yo a Ti?*

No, porque te estoy ayudando a pensar con tu mente superior y porque quiero que te des cuenta de que Mi sabiduría es tuya porque tú y Yo somos uno y el mismo.

Si Yo soy el que soy, y Yo soy la paz, la verdad, el amor y la felicidad absolutos, y tú eres uno conmigo, ¿por qué o para qué necesitas tu libre albedrío?

—*Para que a través de mí puedas experimentar tu contrario.*

¿Y por qué querría Yo experimentar mi contrario si Yo lo soy todo?

—*Porque cuando yo (y todos los demás) lo experimentemos todo, incluso lo que parece contrario a ti, nos daremos cuenta de que en verdad Tú lo eres todo y, por tanto, no tienes contrarios, y al serlo Tú todo, no hay miedo ni rechazo posibles.*

¿Y por qué o para qué quiero Yo que tú y todos se den cuenta de ello?

—*Para que recordemos quiénes somos, es decir, para que recordemos que somos tú, pues aunque Tú sabes quién eres y quiénes somos nosotros, nosotros decidimos vivir esta vida para jugar a olvidarte y encontrarte nuevamente.*

¿Y qué pasaría si todos recordaran quiénes son? ¿Qué pasaría si tú y todos amaran como Yo amo?

—*El mundo, tal como lo conocemos, dejaría de existir para dar lugar al paraíso.*

¿Y por qué entonces nadie quiere recordar quién es? ¿Por qué les sigo dando el libre albedrío para crear y experimentar incluso lo que parece contrario a Mí, sabiendo que eso les hace sufrir y los retrasa en su llegada a Mí?

Te lo pongo más claro: ¿Por qué tú no quieres creer que tú y Yo somos uno y el mismo? ¿Y por qué te permito Yo creerlo?

—*Porque con mi libre albedrío sigo eligiendo pensar con mi ego y no con mi mente superior.*

Y si Yo ya sé qué es lo mejor para ti, ¿por qué te dejo aún elegir por ti misma sabiendo que puedes elegir con tu ego en vez de con tu mente superior?

—*Porque nada de lo que yo decida pensar, sentir o hacer puede alejarme o separarme de Ti.*

Porque tú y Yo somos uno.

—*Así es.*

Quiere decir que tú ya sabes qué es lo mejor para ti.

—*Sí...*

¿Y por qué te permites a ti misma elegir lo que no es lo mejor?

—*No lo sé.*

Sí lo sabes, pero no quieres aceptarlo.

Sabes que si aceptaras que tú y Yo somos uno y eligieras vivir conforme a ello, serías señalada, juzgada, rebajada, lastimada y torturada como lo fueron Jesús, Ghandi y muchos otros maestros de la historia, y crees que no eres capaz de soportar ese tipo de sufrimiento.

Sabes que si alguien te preguntara quién eres, y tú contestaras: "Yo soy Dios", no sólo se burlarían de ti, sino que te quedarías sola.

—*Pues sí.*

¿Y si Yo te dijera que eso no tiene por qué ser así?

—*Me cuesta creerlo.*

Claro, porque estás ejerciendo nuevamente tu libre albedrío, pero déjame decirte algo: ¿Sabes por qué Jesús, Buda, Ghandi y todos los maestros que pasaron por tanto sufrimiento fueron capaces de soportarlo?

Porque dejaron de resistirse y lo ACEPTARON TODO. Ellos entendieron que al ser uno Conmigo, y al Yo estar en todas las cosas, por muy malas o desagradables que parecieran, no podían más que amar y aceptarlo TODO.

Si en vez de estar escribiendo esto en forma de dictado o conversación, todas mis palabras las escribieras como si tú misma las pensaras, si en vez de decir "Tú" o "Dios" dijeras solamente "Yo", estarías actuando como si tú y Yo fuéramos el mismo, pero ¿no le aterra acaso a tu ego pensar en todo lo que la gente diría?

Si por un momento te permitieras creer que tú eres Yo, ¿cómo serías contigo misma? ¿Qué le darías de comer a tu cuerpo, cómo lo tratarías, como lo verías? ¿Qué pensamientos habría en tu mente? ¿Qué emociones y sentimientos te permitirías? Y si Yo soy uno contigo y con todas las cosas, ¿cómo serías con todo lo demás? ¿Cómo tratarías a la naturaleza? ¿Cómo tratarías a tus padres, a tu pareja, a tus amigos, a tus familiares y a los desconocidos? ¿Qué sentirías por ellos? ¿Qué les ofrecerías? ¿Esperarías algo a cambio?

Y si por un momento lograras creer que tú eres Yo y te dieras cuenta de que los demás también son uno conmigo, pero no lo saben, ¿serías compasivo con ellos o los juzgarías? ¿Les tendrías paciencia y tratarías de ayudarlos a recordar? ¿Cómo te tratas a ti misma desde que sabes todo esto? ¿Eres paciente, amorosa y compasiva contigo misma o te sigues juzgando y torturando por no poder o querer recordar?

Amarás a tu prójimo como a ti mismo ¿recuerdas?

¿Ya has logrado amarte como Dios ama?

—*No.*

¿Por qué no?

—*Porque sigo viviendo con base a mi mente inferior y luchando entre esta y mi mente superior.*

¿Y quieres seguir luchando?

—*No.*

¿Qué vas a hacer entonces?

—*Salirme de mi mente.*

Me parece maravilloso, ¿cómo?

—*Tratando de ir a mi centro, a mi corazón.*

¿Y qué hay o qué vas a encontrar ahí?

—*Silencio.*

¿Y qué hay o qué abarca el silencio?

—*Todo lo que es y lo que no es.*

¿Y por qué quieres silencio?

—*Porque ya no quiero pensar.*

¿Entonces qué quieres?

—*Ser. Quiero ser y estar en paz.*

Así sea, y así es.

Sólo por un día intenta creer que tú eres Yo, ama como Yo amo y actúa, piensa y siente como crees que Yo lo haría. Sólo por un día.

—*No sé cómo hacerlo.*

Tú no, la parte de ti que no ha recordado quién eres, no lo sabe, pero Yo sí. Sólo por un día déjame recordarte quién eres. Basta con que al despertarte digas: "Padre, tú que eres uno conmigo, permíteme este día vivir tu verdad y aceptarlo todo". El resto del día sólo mantente muy atenta en esos momentos en que tu ego luche por ser el elegido y pon la decisión en Mis manos. Sólo 24 horas.

—*Ok., te lo prometo.*

—*Dime algo, la parte de mí que todos los días se pregunta "¿quién soy?", ¿quién o cuál es?*

Yo. Por lo tanto, tu verdadero ser.

—*¿Por qué?*

Porque es la pregunta fundamental de tu alma y su único deseo es recordar quién eres.

Cada vez que alguien se pregunta a sí mismo "¿quién soy?", está pidiendo recordar la verdad sobre sí mismo, y no importa la edad o momento en que alguien se haga esa pregunta, siempre que ésta surge es porque el alma (la chispa divina que habita en cada cuerpo) necesita acercarse de nuevo a su verdadero ser, es decir, a Mí.

—*Muchas, muchas gracias.*

Basta con una: la gracia del Amor de Dios y tú eres esa gracia. Te amo.

Ubicación del ego
SEPTIEMBRE 19, 2007

Te he extrañado.

—Y yo a ti, aunque créeme que no te me olvidas.

Lo sé, por eso he insistido tanto en que retomemos nuestra conversación.

Hay algo que he notado y he querido decirte desde hace varios días:

Cada vez que hablamos de tu mente superior y tu mente inferior, veo que de inmediato relacionas tu mente con tu cabeza, en particular con el área de la frente.

Entiendo que hagas esto porque relacionas tu mente con tu cerebro y como tu cerebro está en tu cabeza, inmediatamente enfocas tu atención en esta área.

Sin embargo, déjame explicarte algo que incluso ya ha sido investigado y explicado por varios científicos: **tu mente no está en tu cerebro ni en tu cabeza.**

Tú crees que está ahí, no sólo porque en tu cabeza está tu cerebro, sino también porque es en tu cabeza donde escuchas la voz de tus propios pensamientos, así como es en la pantalla de tu cabeza donde aparentemente visualizas tus ideas y recuerdos.

Pues bien, quiero que te observes a ti misma: los sonidos que escuchas a tu alrededor, ¿cómo los percibes?

—A través de mis oídos.

Sí, el sonido es percibido a través de los oídos como una serie de vibraciones externas que, al ser percibidas, llegan como estímulo nervioso al cerebro y este las traduce en forma de sonido, pero ¿es tu cerebro el que está escuchando? ¿Es tu cerebro el que canta al escuchar una canción o el que responde a una pregunta?

¿En qué parte de tu cuerpo sientes el sonido?

—En los oídos.

No, tú enfocas tu atención en los oídos al momento en que escuchas algo, pero una vez que percibes el sonido, ¿cómo se siente ese sonido?

—No sé si lo siento, pero lo percibo como si estuviera alrededor de mí, fuera y alrededor de mí; a veces lejano, a veces cerca, o lo escucho más de un lado que del otro, aunque si cierro los ojos, es como si no hubiera dentro y fuera.

¿Te ha pasado que estás tan concentrada en algo que cuando alguien te llama o suena una alarma, no escuchas?

—Sí.

¿Y cómo es posible eso? Si dijimos que el sonido es vibración percibida por tus oídos y transmitida al cerebro en forma de estímulo nervioso, y si el cerebro es el que interpreta la vibración como sonido y, además, el cerebro siempre está funcionando, ¿cómo es posible que a pesar de que la vibración y el estímulo están ahí, tú no los escuches?

—No lo sé.

Mente y cuerpo están por completo relacionados, al grado que uno (el cuerpo) no sobrevive sin el otro (la mente), sin embargo, uno es el instrumento y otro el operador.

Una persona con discapacidad auditiva no puede percibir la vibración del sonido porque el cuerpo (el instrumento) tiene una disfunción, a pesar de que el operador (la mente) está ahí.

Septiembre 25, 2007

De igual modo, cuando estás distraído pensando en algo y no escuchas lo que alguien te dice, tu mente (el operador), está ausente, es decir, no hay nadie que escuche porque no hay nadie poniendo *atención*, pero entonces ¿dónde está el operador?

El operador, es decir, tu mente, ¿está realmente dentro de tu cuerpo? Si lo está, ¿dónde se localiza si no es en tu cerebro?

Y si el sonido es percibido debido a las vibraciones que llegan del exterior a tus oídos, ¿cómo es posible que puedas escuchar tus propios pensamientos o los sonidos internos de tu cuerpo y, más aún, cómo es posible que escuches Mi voz? ¿Cómo es posible que percibas estos sonidos si no hay una vibración externa que llegue a tus oídos?

—Creo que no tengo la menor idea, no puedo pensar.

Bien, de eso se trata, de que empieces a salir de tu mente inferior.

Veamos, en primer lugar, ¿dónde está tu mente y cómo funciona con relación a tu cuerpo?

Ya hemos hablado de tu mente superior y tu mente inferior; esta última cree que tú eres tu cuerpo, la otra sabe que tú eres mucho más que tu cuerpo. Ambas están dentro de tu cuerpo, ¿pero dónde?

En todo tu cuerpo.

La mente es la conciencia divina que es eterna, perfecta e inmutable y es la que mantiene a cada órgano, cada célula, cada sistema de tu cuerpo funcionando de manera "inconsciente" y automática.

178

Ahora bien, ya vimos cómo se produce físicamente la división de la mente y cómo surge el ego, pero, ¿qué implica la división de la mente a nivel corporal?

Déjame explicarme mejor. Decíamos que el cuerpo es el instrumento y la mente el operador. Por ejemplo, si piensas en un piano, piensas en el pianista; además, para que el piano funcione y suene, necesitas la caja, las teclas y las cuerdas.

En cuanto a la relación mente-cuerpo, donde la mente es el pianista y el cuerpo es el piano, las emociones y pensamientos hacen las veces de las teclas y tu organismo interno hace las veces de la caja y las cuerdas.

Es decir, tu cuerpo responde a las órdenes de tu mente (inferior o superior) y funciona con base a tus emociones y pensamientos, los cuales afectan a todo tu organismo interno.

Cuál parte de tu mente sea la que controle tu cuerpo depende de las emociones y pensamientos que experimentes.

Como vimos, todas las emociones, sentimientos y, por tanto, pensamientos "negativos", vienen de tu mente inferior y tales emociones se experimentan a nivel físico-corporal en una determinada zona de tu cuerpo: el estómago.

Por su parte, las emociones y sentimientos sublimes (amor, alegría, paz, certeza, etcétera), dijimos que vienen siempre de tu mente superior y que también se sienten en una determinada zona de tu cuerpo: el corazón.

Ahora bien, no es sólo en esos órganos donde experimentas todas tus emociones.

Una emoción negativa, como el enojo o la tristeza, pueden sentirse al principio en el estómago para de ahí subir al corazón (que se acelera), a la garganta (que se cierra) y a la cabeza (que se tensa), modificando incluso tu temperatura corporal.

Una emoción sublime como la alegría, en cambio, se siente primero en el corazón (que se acelera), luego sube a la garganta (que se abre o se cierra) y baja al estómago (las famosas "mariposas"), brindando al final una sensación general de ligereza en todo el cuerpo.

Explicado esto, déjame ir un poco más allá. Te había dicho que la forma para darte cuenta de cuál parte de tu mente está actuando, es poner atención a tus emociones porque estas hablan a través del cuerpo, sin embargo, ni tu mente superior ni tu mente inferior se localizan en un órgano determinado.

Tu mente inferior, tu ego, rige y se localiza primariamente en el área del **chakra de la raíz** (la base de la columna vertebral que te conecta con la tierra, con tus raíces y con la supervivencia del cuerpo, es de color rojo); luego en el **chakra sexual** (arriba de los órganos sexuales, debajo del ombligo, y te conecta con las cuestiones relativas a la sexualidad y la autoestima, le corresponde el color naranja); y después en el **chakra del plexo solar** (arriba del ombligo, debajo del pecho, y te conecta con cuestiones de poder, deseos, autoimagen y percepción del mundo externo, de color amarillo).

¿Qué son los chakras? Los chakras son centros de vibración energética encargados de recibir, transmitir y regular la energía que produces en tu interior y recibes del exterior, pero esto lo explicaremos a detalle más adelante.[1]

El ego o mente inferior se mueve dentro de todas estas áreas. Del centro (plexo solar) hacia abajo (al chakra de la raíz y de ahí a los pies) y del centro hacia arriba (al corazón, de ahí a la garganta y a la cabeza).

Por eso es que siempre que experimentas una emoción proveniente de tu ego, la sientes primero en el estómago, pues este es la base del ego. Por eso algunas culturas de Oriente consideran que el centro del hombre está en el ombligo, porque se cree que mediante la atención constante en dicha área, se puede eliminar y transcender el ego.

Pero, ¿por qué se mueve así el ego?

A fin de asegurar tu atención, el ego toma control de aquellos órganos corporales que pueden producir una sensación **suficientemente intensa** como para hacerte creer que has perdido la paz. Ninguna emoción se siente tan fuerte y tan claramente como las que sientes en el estómago.

Ahora bien, la alteración de cualquier órgano de tu cuerpo conlleva la alteración, casi inmediata, de todo tu organismo, incluyendo los órganos vitales (corazón, pulmones y, por tanto, la respiración) y de los órganos directamente relacionados con tus sentidos (vista, olfato, tacto, etcétera).

El ego se mueve hacia todas las direcciones de tu cuerpo puesto que, sin el control total del mismo, aún serías capaz de encontrar algo de paz, pero como ya sabemos que estás identificada con tu cuerpo, en el momento que tu cuerpo pierde la paz, crees que tú también la has perdido.

Debido a lo anterior, podemos decir que siempre que piensas y actúas con tu mente inferior, estás pensando y actuando, como se dice vulgar pero correctamente, **con las vísceras.**

Ahora, en cuanto a la mente superior, esta rige y se localiza en las áreas del **chakra del corazón** (zona del pecho que te conecta con las emociones y sentimientos sublimes, en especial el amor y el verdadero yo, con la intuición y la sabiduría interna, de colores verde y púrpura); el **chakra de la garganta** (te conecta con la creatividad y con tu forma de expresarte a ti misma en el mundo, de color azul cielo); el **chakra del entrecejo o tercer ojo** (en la frente, justo en medio de las cejas, conecta con la clarividencia, la clariaudiencia, percepción superior, entendimiento mayor y la fe, de color azul índigo); y el **chakra de la coronilla** (enmedio del cráneo, conecta con el cielo o divinidad

---

[1]   Véase capítulo: "De las Auras y la Energía", pág. 251

y con tu relación con Dios, de colores violeta y dorado, según el nivel de desarrollo espiritual).

Tu mente superior se mueve en estas áreas, del centro (del corazón) hacia dentro del mismo, y desde ahí, la emoción o sentimiento experimentado determina el curso a seguir: Si es una emoción intensa y activa como la alegría, el centro se activa (el corazón se acelera) y corre hacia abajo (al plexo solar y de ahí a los pies) y hacia arriba (a la garganta y la coronilla), tomando control de las áreas dominadas por tu ego.

Si la emoción es sutil y pasiva como la paz o el amor, el centro se regula (el corazón se desacelera) y se concentra en sí mismo para retirar la energía sobrante o la alteración del resto del cuerpo y de los órganos, por lo que en este caso, en vez de que el cuerpo se desplace a los extremos (de la coronilla a los pies), los extremos se desplazan hacia el centro (de la coronilla y de los pies al corazón).

¿Y por qué se mueve así tu mente superior?

Porque las emociones que percibes a través de tu corazón y de las demás áreas regidas por tu mente superior, son tan sutiles, que tu mente superior busca provocar una sensación o reacción (el aceleramiento o desaceleramiento de tu corazón) que te permita enfocar tu atención en tu centro. Por eso te dije en su momento que a fin de controlar los efectos físicos de una emoción negativa, debes tratar de controlar primero tu ritmo cardíaco.

Por consiguiente, podemos decir que cuando piensas y actúas con tu mente superior, estás pensando y actuando **con tu corazón**.

Ahora bien, cuando digo que tu mente "se mueve", no quiere decir que literalmente lo haga; quiere decir que **tu energía se mueve**.

Tu mente, sea superior o inferior, ES ENERGÍA CONSCIENTE DE SÍ MISMA que regula la energía de todo tu cuerpo y de cada órgano en particular; por lo tanto, cuando tu mente se activa con base a tus emociones o pensamientos, tu energía corporal y fisiológica se activa también, produciendo los estímulos eléctricos y nerviosos necesarios para que tu cuerpo responda a la parte de tu mente que estás utilizando, y la parte de tu mente que utilices en cada momento, determinará el nivel y cantidad de energía que, incluso tu aura, experimentará.

—*¿Mi aura?*

Sí, éste es un tema muy importante que veremos, pero por ahora es importante concluir la explicación anterior.

¿De qué te sirve saber que tu mente superior y tu ego se mueven y localizan en distintas áreas de tu cuerpo?

Hasta hoy, has vivido tu vida de acuerdo a tu mente inferior, tu ego, por lo que has experimentado el mundo con base en el mismo. Todo lo que ves, tocas, hueles, escuchas y saboreas, lo has hecho a través de tu ego, que tiene el control de tu cuerpo y que, según la emoción y pensamientos que experimentas en cada momento, te lleva a percibir el mundo de determinada manera.

Cuando estás deprimida, al voltear a tu alrededor todo parece gris, triste, solo; cuando estás enojado, las voces de otros se escuchan más fuertes y te resultan molestas, el clima te resulta molesto, lo que comes te sabe mal o simplemente pierdes el apetito.

Sin embargo hoy, lo que debes entender es que mientras más le permitas a tu mente superior actuar por ti, menor será el control del ego sobre tu cuerpo y sobre tu forma de experimentar el mundo.

Cuando te enamoras, todo se ve más brillante, más alegre, amas a todo el mundo y cualquier mínimo detalle te hace feliz; cuando estás en un estado de verdadera paz, todo a tu alrededor parece comulgar contigo, nada te altera y el mundo es un lugar seguro y amoroso.

El ego o mente inferior es quien controla tu cuerpo, el mundo de lo físico y lo material, una parte de tu realidad indispensable para tu experiencia en esta vida, pero tu mente superior es la que controla tu mundo interno e inmaterial, la parte de tu realidad que sobrevive al cuerpo y que es la única existente, estés o no en esta vida.

Sabiendo dónde está tu mente y cómo funciona con relación a tu cuerpo, vayamos a la siguiente pregunta: ¿cómo es posible que escuches tus propios pensamientos o Mi voz si no hay de por medio una vibración externa que llegue a tus oídos?

Ésta es la prueba principal de que toda tu realidad es creada primero *dentro de ti*. Es la prueba de que no todo lo que el cuerpo experimenta fuera de sí mismo es lo único real, y más aún, es la prueba de que lo que experimentas fuera de tu cuerpo tuvo su inicio dentro del mismo.

Fíjate bien en esto: el ego cree que tú eres tu cuerpo y que lo que experimentas a través de o en el mismo, es la única realidad, entonces, el ego cree que tus pensamientos (que escuchas dentro de tu cabeza, a pesar de no existir una vibración externa perceptible por tus oídos) son producidos por tu cuerpo y que, por tanto, este **piensa por sí mismo**.

Quienes no tienen una conciencia de la meditación y la atención sobre los propios pensamientos, viven la vida de acuerdo a sus pensamientos generados de manera automática, uno tras otro, sin ponerles la menor atención, puesto que al creer el ego que el cuerpo piensa por sí mismo, y al estar identificadas con su ego, estas personas dan por hecho que no hay manera de controlar los propios pensamientos.

Sin embargo, en el momento que empiezas a tratar de escuchar las voces de tu cabeza; en el momento que empiezas a "observar" tus pensamientos sin juzgarlos o analizarlos, te das cuenta de que sí puedes controlar tus pensamientos; por tanto, te das cuenta también de que si dejas de pensar "qué feo día", por mucho que esté lloviendo, el día terminará pareciéndote mucho menos desagradable, y mientras más tengas esta actitud, entenderás poco a poco que cada cosa que has experimentado en tu vida ha sido creada por ti, desde dentro de ti, con base en tus pensamientos y emociones.

El punto clave de toda esta explicación es hacerte entender lo siguiente: en la medida en que te escuches a ti mismo, que escuches y le hagas caso a tu cuerpo, a tus emociones y a tus pensamientos, te irás conociendo mejor a ti misma. Lograrás identificar y conocer cada vez mejor a tu ego, y conforme vas conociendo e identificando a tu ego, lograrás entender, primero, cómo funciona el ego en ti; segundo, cuáles son los pensamientos y emociones detonantes de tu ego; tercero, cuánto control ha adquirido tu ego sobre tu cuerpo, tu mente y tu corazón; y, cuarto, qué tan feliz o infeliz te hace vivir conforme a tu mente inferior.

Identificada la infelicidad que proviene de tu mente inferior, lograrás entender que tu verdadero deseo, lo que realmente quieres, es la felicidad, la paz y el amor. Al darte cuenta de que eres tú y las decisiones que tomas con base en tu ego, lo que ha provocado tu propia infelicidad, empezarás a entender que no eres lo que tu ego dice, y al entenderlo, empezarás a buscar tu verdadero ser, tu felicidad. Empezarás a escuchar a tu cuerpo para sanarlo en vez de cargarlo de negatividad; escucharás a tu mente para llenarla de pensamientos amorosos y pacíficos; empezarás a escuchar a tu corazón para permitirle expresarse en cada ámbito de tu vida y, particularmente, empezarás a escucharme a Mí, a tu verdadero ser, para empezar a ser lo que siempre has sido.

En la práctica, tu ego tiene muchas formas de controlar tu mente, tu cuerpo y tus emociones y muchas veces no basta con darse cuenta de ello, sino que es necesario hacer (o dejar de hacer) algo para materializar el entendimiento, de manera que te voy a dar unos ejercicios sencillos que deberás realizar a diario durante un año (revisar ejercicios al final del libro).

PARTE III.

METAFÍSICA INICIAL

De las auras
y la energía

...entiende ahora que todo lo que existe está compuesto de energía;
energía que no sólo fluye dentro del objeto mismo,
sino de este a su interior y a su exterior.
OCTUBRE 1, 2007

—*Mencionaste antes que la parte de mi mente que utilice en cada momento, determinará el nivel e intensidad de energía que incluso mi aura experimentará. ¿Me puedes decir más de eso?*

Claro. Como bien sabes, el aura es el campo de energía que rodea al cuerpo, cuyo color, medidas e intensidad dependen del estado mental y emocional que experimentas en cada momento.

Hay quienes dicen que "no creen en estas cosas" y se consideran a sí mismos muy escépticos y racionales, lo curioso es que la misma ciencia, en particular la física y la química, demuestran que todo lo que existe está compuesto de energía. El estado material de las cosas (líquido, sólido o gaseoso) depende del grado de concentración de la energía, así es que, dejando de lado los escepticismos, *entiende ahora que todo lo que existe está compuesto de energía; energía que no sólo fluye dentro del objeto mismo, sino de este a su interior y a su exterior.*

Ahora bien, toda la materia experimenta determinado grado de solidez, decíamos, según la concentración y condensación de la energía que le compone; ese mismo grado de condensación determina el nivel de vibración de la materia.

Dudo que recuerdes tus clases de física en la escuela, pero volviendo a los principios básicos:

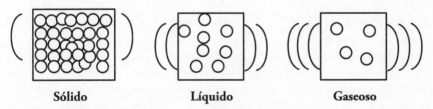

| Sólido | Líquido | Gaseoso |

Mientras mayor condensación, mayor vibración; mientras más sólido un objeto, menor es su capacidad de evaporación y, por tanto, de transformación.

187

En consecuencia, a menor densidad, mayor maleabilidad o capacidad de transformación, ¿cierto?

—*Cierto.*

¿De qué nos sirve que un objeto sea capaz de transformarse?

Lo sólido puede convertirse en líquido (acero fundido), lo líquido en gaseoso (vapor) y lo gaseoso en otro estado que explicaré más adelante. Igualmente, en sentido inverso, lo gaseoso se convierte en líquido (lluvia), y lo líquido en sólido (hielo). La capacidad de pasar de un estado a otro de la materia implica un grado de evolución, pues mientras menos densa o concentrada es la energía que compone el objeto, mayor es su capacidad de transformación.

Ahora bien, el nivel de vibración de un objeto puede ser alto o bajo, denso o ligero, según su nivel de condensación o solidez, y del tipo de energía de que esté compuesto. Si decíamos que la energía de un objeto fluye de dentro de sí mismo hacia el exterior y que rodea a la materia, tenemos que toda materia tiene un aura o campo de energía circundante que será más o menos amplia en tamaño, tendrá o no determinados colores y niveles de vibración según la solidez del objeto en cuestión, y salvo que dicho objeto se mezcle de alguna manera con otro (que tendrá su propia energía y su propia aura), el aura y nivel de vibración de aquél, se mantendrán generalmente estables y estáticos.

—*Pero no entiendo cómo se genera el aura de los objetos.*

La materia está compuesta por átomos y moléculas que, en sí mismos, son energía en vibración y movimiento. Si en cada objeto hay una infinidad de átomos vibrando al mismo tiempo, dichos átomos generan energía, es decir, ondas de vibración con determinada frecuencia e intensidad que van de dentro hacia fuera, del interior del objeto hacia su contorno exterior. El color y dimensiones de dicha energía o aura, dependen de una serie de factores como el origen natural o artificial del objeto, las energías adicionales o externas con que se ha mezclado y las influencias del ambiente externo donde se encuentra.

El aura es fácilmente visible en los objetos compuestos de materia sólida puesto que en ellos hay mayor nivel de condensación de la energía, y menos visible en los estados líquido y gaseoso por el alto nivel de vibración y la baja condensación de la energía.

Entonces, hay objetos que tienen un solo estado: una mesa es materia sólida con un alto nivel de condensación y un bajo nivel de vibración, cuya energía se mantiene generalmente estática, pero también hay cosas que se componen de más de un estado, una planta o cualquier otro ser vivo, es materia sólida, líquida y gaseosa, cuya aura varía radicalmente de un objeto meramente sólido, puesto que dentro tiene distintos niveles de vibración. Pero además de los tres estados materiales, los seres vivos cuentan con un pequeño detalle: la planta tiene conciencia divina, es decir, tiene vida propia.

La planta nace, crece, se reproduce y muere con base en una conciencia superior a la materia misma que la conforma. Por lo tanto, al estar viva, es decir, al tener conciencia divina, a diferencia de la materia inerte, el nivel de condensación o de solidez de la planta es mucho menor. ¿Por qué? Porque dentro de la misma materia o energía condensada hay otro tipo de energía cuyo nivel de vibración es tan alto, que se encuentra en otro estado: el etéreo o éter.

Sobre este otro estado no te puedo hacer un dibujo, porque mientras en los tres estados anteriores siempre debe haber algo que los contenga, o en su caso, son contenidos y limitados por sí mismos, el éter o estado etéreo no puede ser contenido.

El estado etéreo es el espacio entre los espacios, el vacío que sostiene al todo y por tanto no puede ser contenido ni limitado, sino sólo expresado a través de los otros tres estados de la materia.

Digamos que el éter sería así:

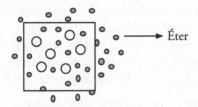

Estado gaseoso

El éter es **energía pura, no condensada ni contenida**, con el más alto nivel de vibración y con la mayor capacidad de transformación o evolución. El éter es el estado de la energía que, por su alto nivel de vibración, se encarga de portar la conciencia divina de los objetos, sean o no seres vivos, y la conciencia divina será capaz de mayor o menor evolución, en función del nivel de condensación de la energía que componga el objeto.

Siguiendo con nuestros dibujos:

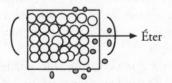

Sólido: El éter, que transporta la conciencia divina, está ahí, pero su capacidad de movimiento y el nivel que abarca en el objeto, es muy reducida por la condensación misma de la energía o átomos que conforman la materia. Como sabes, hay gente capaz de mover o doblar objetos con su mente, pero estos hechos extraordinarios se deben a la gran capacidad de la persona para conectar con la energía pura que se encuentra en estado etéreo. Estas personas no mueven los átomos de la materia, lo que mueven es el éter, que por ser energía pura no condensada, tiene una gran capacidad de transformación y, por lo mismo, puede ser influenciado y manipulado, incluso mentalmente, aunque son aún excepcionales dichos casos.

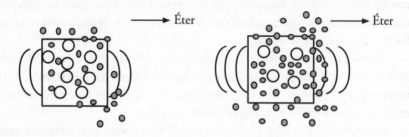

Líquido y gaseoso: En el agua, como en el aire, el éter tiene una mayor posibilidad de presencia y movimiento debido a la baja condensación y alto nivel de vibración de la energía, por tanto, la conciencia divina que mora en ambos estados es más fácilmente influenciable que en el estado sólido. Prueba de ello es el tema que ahora está de moda: la transformación de las moléculas del agua por la influencia del pensamiento positivo consciente. Aquí, al igual que en los casos de telequinesia, la influencia del pensamiento recae directamente sobre el éter y no sobre las moléculas mismas como piensan los científicos; sin embargo, debido a la enorme maleabilidad del éter en estos estados, el efecto y la rapidez de la influencia externa sobre los mismos, es mucho mayor y mucho más fácil de experimentar que en el estado sólido. Si a esto agregamos que aire y agua son los dos componentes vitales de toda la vida en tu planeta, tenemos que el éter que mora en ambos estados, mora también en todo lo que existe, con un gran nivel o capacidad de transformación o maleabilidad.

Esto, por lo que toca a los objetos inanimados en general.

Ahora bien, cada cosa que existe en el universo está dotada de conciencia divina, sin embargo, para que haya vida se requiere que todos los estados de la materia funcionen como una unidad dentro del objeto. Cuando los cuatro estados de la materia se unen dentro de un mismo cuerpo, el nivel de vibración del mismo permite que la conciencia divina que transporta el éter, se active para hacerse consciente de sí misma a través de la autonomía del movimiento, el sonido y las sensaciones propias de dicho cuerpo. Es decir, en los objetos inanimados, la conciencia divina existe como **potencial que puede ser utilizado por algo externo a dichos objetos**; tú puedes utilizar la conciencia divina de un lápiz (es decir, del éter) para moverlo mentalmente de un lugar a otro, pero el lápiz nunca será consciente de que se tiene que mover. Pero al tratarse de un ser vivo, sea con base en sus instintos o en su mente, **la conciencia divina se activa para hacerse consciente de sí misma.**

190

Déjame explicarlo mejor: que tengan conciencia divina significa que participan, en determinado nivel, **de Mí conciencia**, es decir, son criaturas divinas creadas con el aliento de vida de Dios mismo, que en consecuencia participan de Mi amor, Mi inteligencia, Mi paz y Mi bondad, y aunque no son conscientes de dichas cualidades, al no tener una mente inferior o razonamiento autónomo, son capaces de reconocer (por sus mismos instintos) aquello que sea similar a sí mismos.

Ahora, dentro de la materia consciente o seres vivos, hay diferentes grados de conciencia. Las plantas tienen **conciencia divina no-consciente**, o sea tienen vida propia pero no tienen inteligencia o razonamiento autónomos ni conciencia de sí mismas; tan sólo tienen instintos.

Los animales, por su parte, tienen **conciencia divina parcialmente consciente**, es decir, además de los instintos de supervivencia y reproducción, tienen inteligencia (no razonamiento, aunque parezca que sí) y conciencia de sus propios instintos y estímulos físicos (lo que a veces podría parecer como que tienen sentimientos).

Tanto en plantas como animales (sobre todo en estos últimos), debido a su conciencia divina y a que en la fusión de los cuatro estados de la materia el éter les permite actuar como una unidad, ambos grupos son capaces de percibir la energía externa, como son las emociones humanas.

Salvo por las plantas y animales predadores, ningún animal o vegetal dejará de responder ante los actos o emociones derivados del amor y la bondad humanos, aunque todos los animales y plantas responden también al temor. Los predadores son lo que son, únicamente por razones de supervivencia, pero ninguna planta o animal es capaz de maldad alguna por sí mismo, más bien todos son bondad en sí mismos.

Bueno, volviendo al tema de la energía, si comparas el color y tamaño del aura de una mesa con el de una rosa o de un perro, te darás cuenta de que cada una varía mucho en tamaño, vibración, color y estabilidad. Esto, debido al nivel de conciencia y de vibración que cada uno experimenta.

—*¿Y si no puedo ver las auras?*

El problema no es que no las veas, sino que creas que no puedes, y como no crees que puedas, o dejas de intentarlo, o al intentarlo lo haces con la idea de que no lo vas a lograr.

El cuerpo de un ser vivo, cualquiera que sea, está compuesto de los cuatro estados de la materia. Si recuerdas los dibujos de antes, visualízalos todos juntos dentro de un mismo cuerpo:

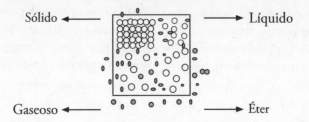

A pesar de que el ochenta por ciento del cuerpo de los seres vivos está compuesto por agua y aire, al estar unidos los tres estados en un mismo cuerpo, la capacidad de movimiento y transformación del éter es inmensa y, por tanto, **la conciencia divina se activa**. Si decíamos que todos los estados de la materia, pero particularmente el agua y el aire, son influenciables a través del éter, por las energías externas a ellos, y si decimos que el ochenta por ciento del cuerpo de los seres vivos está compuesto de agua y aire, tenemos entonces que, de todo lo que existe en el universo, los seres vivos son los que cuentan **con una mayor capacidad de transformación y son, así mismo, los más fácilmente influenciables por las energías externas a ellos**.

Me vas siguiendo ¿verdad?

—*Sí, aunque mi mente es poco científica y me empieza a doler la cabeza un poco, la verdad es que tu explicación es bastante clara, pero en estos casos, ¿qué pasa con las auras?*

Bien, deja tu dolor de cabeza en Mis manos; no te resistas a recibir esta información porque tú misma la has pedido. No estoy hablando contigo para dañarte, al contrario, saber es sanar la ignorancia, y si te permites saber que Yo estoy aquí contigo para sanarte, ningún dolor tiene razón de ser.

Bueno, hagamos un resumen:

- El aura es el halo de energía que rodea a los objetos, y su dimensión, color y nivel de vibración dependen de una serie de factores internos y externos a dichos objetos.

- En los seres inanimados, el aura o energía que los rodea se mantiene estática hasta que reciben una influencia externa que afecta el éter que los compone, pudiendo variar incluso su estructura molecular.

- Los seres vivos, al estar compuestos por los cuatro estados de la materia, tienen un mayor nivel de vibración y transformación, siendo asimismo altamente influenciables por las circunstancias y energías externas a ellos.

- Si en los objetos inanimados, el aura se mantiene estática, en los seres vivos el aura está en constante cambio y movimiento, lo que depende en primer lugar, de las sensaciones que el ser en cuestión experimente a cada momento y, en segundo lugar, de las energías o influencias externas a él.

Ahora bien, decíamos que dentro de los seres vivos hay diferentes grados de conciencia, por tanto, el aura de cada especie de ser vivo variará en función de la conciencia de éste.

—¿El aura depende del nivel de conciencia?

Sí, déjame explicarte. Las plantas tienen conciencia divina no-consciente, y los animales conciencia divina semiconsciente. Por otro lado, decíamos que la conciencia divina se mueve en el estado etérico y que éste no puede ser contenido ni limitado, sino sólo expresado a través de los otros tres estados de la materia. Al ser el estado físico de mayor maleabilidad, el éter lo contiene todo, por tanto, es el estado físico menor condensado y en consecuencia, de mayor vibración.

Ahora bien, si todos los seres vivos contienen en sí mismos un estado etéreo de alta vibración y el éter es el vehículo de la conciencia divina o **alma,** quiere decir que…

—A mayor conciencia, mayor nivel de vibración.

Entiendo la conclusión porque es lógica, pero lo que no entiendo es: ¿hay grados en el alma?

No, entendiste mal. A mayor conciencia de sí mismo, mayor vibración. A mayor conciencia de la propia vida, de las propias emociones o instintos y de la propia identidad, mayor nivel de vibración.

Ya vas entendiendo hacia dónde voy ¿verdad?

—Sí. Mientras más consciente soy de mi propia identidad, de mis propios pensamientos y emociones, mayor es el nivel de vibración de mi energía.

Exactamente.

El aura de una planta será siempre y en mucho diferente a la de un caballo o un tigre, ¿por qué? Porque cada uno tiene un diferente nivel de conciencia sobre sí mismo.

Por lo tanto, **el aura es el campo de energía que rodea a la materia, cuyo aspecto, dimensiones y nivel de vibración dependen del nivel de conciencia que la materia tenga sobre sí misma**.

Ahora, ¿qué significa "ser consciente de sí mismo"?

Significa **ser capaz de elegir.**

El aura de una planta es casi siempre igual porque, salvo por los instintos y sistemas básicos de defensa y supervivencia, que no son una elección en sí, las plantas no son capaces de elegir, por lo tanto, su nivel de vibración es bajo en comparación con otros seres vivos (salvo el hombre, que como ya veremos, es capaz de vibrar más bajo que cualquier otro ser viviente).

El aura de un animal es siempre variable porque, al ser parcialmente consciente de sí mismo, sus instintos e inteligencia le permiten elegir de vez en cuando. Pero, ¿cómo elige un animal? Con base en sus emociones y estímulos internos. Cuando vas a montar un caballo por primera vez, el animal, con base en sus instintos, decidirá si te permite o no montarlo, pero si tratas de acariciar a su cría, sus instintos le obligarán a impedírtelo hasta que, de alguna manera, entienda que puede confiar en ti.

Por lo tanto, el aura de un animal varía en apariencia y nivel de vibración, con base en los estímulos y emociones que experimente en cada momento, sin embargo, la influencia externa que animales y plantas pueden recibir, es mucho mayor en comparación al hombre, ya que, al no ser totalmente conscientes de sí mismos, tampoco lo son de aquello que es externo a ellos. Si tratas de sanar mentalmente a un animal enfermo, verás que es mucho más fácil lograrlo que en el caso de un ser humano, puesto que el animal, al no diferenciar entre su energía y la de otros, no opone resistencias. Ejemplo claro es cuando te acercas a un animal con miedo; el animal reacciona de inmediato con agresividad, no porque sepa que tienes miedo, sino porque, al percibir tu energía y no poder diferenciar entre tu energía y emociones y las suyas, el animal se adueña de tu miedo, lo toma como propio y reacciona de manera agresiva o defensiva, según lo que tú le estés transmitiendo.

En cambio, el aura del ser humano tendrá siempre un alto nivel de vibración (salvo en los casos que veremos más adelante), pero también una menor posibilidad de alteración o influencia por la energías externas a sí mismo. Desgraciadamente, hay tan poca información y el hombre es tan poco consciente de sí mismo y de sus estados emocionales o energéticos que, a pesar de ser el único ser vivo capaz de distinguir entre sus emociones y las emociones ajenas, se deja influenciar tanto por éstas últimas, que pierde muy fácilmente su identidad.

Explicado todo lo anterior, podemos entrar ahora al tema que nos ocupa:

¿Qué tienen que ver el ego y el sonido con el aura del hombre?

¿Cómo se relaciona todo esto con lo que veníamos hablando?

Te lo dejo de tarea y mañana seguimos, pero te voy a dejar una tarea extra: mañana, tantas veces como puedas, vas a intentar, mejor dicho, vas a ver el aura de todo lo que haya a tu alrededor.

—*¿Cómo?*

Usando tu mente superior; usando la parte de tu mente que no sólo sabe que puedes ver auras, sino que sabe que esa es tu visión natural porque es la Mía.

Descansa.

Volviendo a casa

———————— ✐

Yo soy tu Padre que te espera siempre con los brazos abiertos.
Junio 30, 2008

—*Sé que nunca me has dejado sola, que siempre estás conmigo y que ha sido mi voluntad dejar de escucharte. Te pido perdón. Te extraño mucho.*

Ha pasado mucho tiempo desde la última vez que platicamos y la verdad es que me ha costado mucho trabajo recobrar el valor para buscarte. Bueno, en realidad, siempre te estoy buscando, aunque sea de las maneras y en los lugares más extraños, pero volver a acercarme a Ti de esta manera, es algo que me daba mucho miedo y ahora entiendo por qué.

Hace poco releí nuestras pláticas y me quedé muy asombrada porque me di cuenta de que, definitivamente, no soy yo quien escribe, ni quien vive o piensa conforme a esas palabras. Supongo que de ahí mi miedo… saber que Dios está conmigo y en mí, que es uno conmigo y que tras esa certeza, ya no tengo pretextos para no seguirte… da miedo.

Y tenías toda la razón: no soy feliz porque no quiero, porque sigo esperando.

Ya no quiero esperar, de verdad te extraño y te necesito, y si es Tu voluntad, te pido que vuelvas a ser mi amigo y vuelvas a platicar conmigo como antes.

Me he alejado pero no me he ido.

Me comprometo contigo a no alejarme más y a difundir tu mensaje tanto como me sea posible, sólo te pido, por favor, no me abandones.

Te amo

Aquí estoy hija. Yo tampoco me he ido ni me iré nunca de tu lado, pero has endurecido tanto tu corazón, que cada vez me es más difícil lograr que me escuches, pues tu voluntad de escuchar está puesta en otro lado, muy cerca de tu ego.

¿Qué voces del mundo has escuchado que te hayan traído consuelo alguno? ¿Has encontrado tu dicha fuera de ti y de Mí? ¿Dónde has puesto tu fe?

Te he llamado la atención de muchas maneras en lo que va de este año, pero sigues negándote a voltear a verme.

195

Mírame, mírame bien, pues aquí estoy contigo, en la luz de tus ojos, y si los cierras, en el centro de tu corazón. Cierra los ojos y mírame.

Sigues siendo libre de ser lo que quieras, hasta que te des cuenta de que tú eres Yo, y hasta que no te aceptes a ti misma tal como eres, y no sólo aquello que tú has inventado; hasta que aceptes tu realidad divina, no podrás aceptarme a Mí como parte de tu vida, mejor dicho, como tu vida misma.

¿Qué ha pasado contigo? Pediste conocer tu misión de vida y la negaste; pediste respuestas y no las creíste; pediste acercarte a Mí y te alejaste. Sin embargo, Yo no tengo nada que perdonarte. Yo no estoy ni estaré nunca enojado contigo, pero tú sí lo estás, mucho, contigo misma, porque sabes que este aparente distanciamiento no ha hecho más que retrasarte.

Te doy la bienvenida de nuevo. Yo soy tu Padre que te espera siempre con los brazos abiertos. Aquí estoy hija, para consolarte y guiarte tanto como tú me lo permitas. Bienvenida seas y gracias por volver a Mí.

No llores mi niña, no llores. No necesito tus lágrimas para saber que tu amor por Mí es sincero.

—Lo siento mucho Padre, de verdad lo siento mucho.

Estás aquí de nuevo y eso es lo único que importa. Sabe que tienes ya Mi perdón, pues nunca ha habido nada que reprochar. Perdónate tú por haberte privado a ti misma del mayor regalo de todos: la verdad.

Pero la verdad es tu legado por derecho divino y nunca te podrá ser arrebatado por nada ni por nadie, ni siquiera por el tiempo.

Date tiempo para volver a tu corazón, vuelve a escucharlo. Relee una vez más nuestras conversaciones y busca nuevamente en tu corazón todas esas inquietudes que te trajeron hasta aquí por primera vez.

Yo necesito de ti y de ese corazón de niña y esa mente inocente; necesito de tus preguntas y de tus dudas porque son las mismas de todos Mis hijos, y si uno solo es capaz de preguntar por todos, Yo soy capaz de contestarle a cada uno.

Tómate tu tiempo, pero esta vez, comprométete contigo misma y no temas un solo instante por nada, pues ahora sabes que Yo estoy y estaré siempre contigo.

—Gracias Padre.

Gracias a ti.

—¿Dónde está mi corazón?

Donde siempre ha estado.

—¿Por qué no logro sentir las cosas?

Porque estás atorada en tu cabeza.

—Es increíble, impresionante que justo hoy, sin querer, sin haberlo planeado, haya vuelto a abrir mi diario y a releer lo que escribí exactamente hace un año.

Hace exactamente un año, mi negocio estaba por nacer; iba a dar a luz a un proyecto mío que no era para mí y tenía un serio problema con mis emociones al respecto. Hoy estoy a dos días de que ese proyecto, ese bebé, cumpla su primer año y no logro conectarme con mis emociones.

¿Cómo terminar o trascender este círculo que es la vida? ¿Cómo es posible que siga cometiendo los mismos errores, justo en las mismas épocas?

Es hora de observar.

Tómate tu tiempo, Yo voy a estar aquí, pero quiero que hagas unos ejercicios para reconectarte con tu corazón: durante los próximos tres días vas a tratar de mirarlo todo con tu corazón; cada cosa o persona que veas, lo vas a enfocar con tu corazón. Es como si apuntaras el pecho a esa dirección, poniendo tu atención en la emoción o sentimiento que el objeto o persona provoca en ti.

Además, durante los próximos ocho días, vas a tratar de prolongar lo más posible cualquier actividad (o inactividad) que te cause alguna emoción positiva o agradable.

También durante los próximos ocho días, vas a dormirte concentrando tu atención en tu respiración, pero visualizando que la misma entra y sale de tu corazón. De ser posible, esto hazlo además durante el día, en momentos que tengas para la meditación.

Por último, trata con todas tus fuerzas de no pensar, y pregúntate en todo momento: ¿qué siento ahora? ¿Cómo me siento? Háblale a tu corazón y dile que estás con él y que estás dispuesta a escucharlo.

197

El ego y
la energía

———————————————⟶

El tipo de energía que creas y mantienes en ti, es el mismo
del que te verás rodeado y con el que rodearás a otros.
JULIO 14, 2008

Bueno, entremos ahora a un tema sumamente importante y complejo, pero vamos a irnos por pasos:

1. Influencias sobre el aura humana

Creo que ha quedado claro que el cuerpo del hombre se compone de los cuatro estados de la materia: sólido, líquido, gaseoso y etéreo, y que por lo mismo, su capacidad de transformación o evolución es mucho mayor que la de los demás seres vivos.

Dijimos también que el éter, al ser el estado de mayor vibración y maleabilidad, es altamente influenciable por las energías internas y externas del cuerpo que ocupa, afectando el aura o campo energético del ser humano.

a) Influencias internas

Bien, si tenemos que la energía del hombre fluye dentro de su cuerpo hacia fuera, debemos analizar, en primer lugar, las influencias internas en la propia energía, y quiero que me digas tú, cuál crees que sea la principal influencia interna sobre tu campo energético.

—¿Las emociones?

Efectivamente, aunque te faltaron los pensamientos. Independientemente de que la energía no se crea ni se destruye, sólo se transforma, y de que siempre está en constante movimiento, el éter o energía pura no condensada recibe sus primeras influencias de los pensamientos y emociones que experimentas desde el día que naces, y a lo largo de tu vida.

Para explicar mejor esto, quiero ponerte un ejemplo clarísimo que está muy de moda: los niños índigo.

198

A estos niños se les llama así porque, gracias a la cámara Kirlian, los científicos descubrieron que el color de su aura era azul índigo. ¿Pero qué significa esto?

Decíamos que el color de las auras depende de diversos factores, entre ellos el nivel de vibración de la persona, es decir, el nivel de conciencia que tenga sobre su propia identidad, sobre su verdadero yo, sus emociones y su entorno. Un niño índigo es una personita que nace con una conciencia muy desarrollada sobre su verdadero yo, pero ojo, no quiere decir que nace sabiendo su nombre, su estatus social ni el número de cuenta bancaria de sus padres. Quiere decir que es consciente de su naturaleza divina y del amor que representa en el mundo. Nace sabiendo que tiene una misión que cumplir en esta vida y que, dentro de todos los parámetros y normas impuestas por la sociedad, hay una lógica divina superior que le lleva a cuestionarlo todo.

¿Y por qué es azul índigo su aura?

Antes, con el tema del ego, explicamos que el cuerpo humano tiene varios centros energéticos o chakras que rigen la energía de ciertas partes de tu cuerpo, correspondiéndole a cada uno un color diferente. En el caso del azul índigo, dicho color corresponde al chakra de la frente o tercer ojo, que representa y rige las funciones de la mente superior o mente divina tales como sabiduría, certeza, fe, alta autoestima, clarividencia, clariaudiencia, entre otros.

Si decíamos que el color y dimensiones del aura se ven afectados por los pensamientos y emociones del hombre, y si en el caso de este ejemplo de los niños índigo decíamos que ellos nacen ya con una gran conciencia de su propia identidad, es decir, pensando y sintiendo la presencia de Dios en sí mismos y en los demás, tenemos entonces que su aura refleja el color de su chakra predominante que a su vez refleja el nivel de vibración o conciencia sobre sí mismos.

Ahora bien, en el caso de estos niños, no quiere decir que su aura se mantenga siempre del mismo color ni con el mismo nivel de vibración. Por muy conscientes que sean estos seres, al final son tan humanos como cualquiera, lo que implica que sienten tanto enojo, tristeza, miedo, ira, frustración, alegría, amor, compasión y ternura como cualquier otro. Entonces, en estos casos y sin importar el grado de conciencia o vibración con que nacieron, habrá una serie de pensamientos y emociones, así como un chakra predominante en cada momento, los cuales determinarán el aspecto y nivel de vibración de su energía.

Tú eres índigo, lo sabes, pero si te tomaran una foto en un momento de mucha ira, verías tu aura con una vibración y una dimensión casi mínimas, de un color rojo o naranja oscuro. Pero si te toman una foto en un momento de mucha alegría y satisfacción, verías que tu aura volvería a su color original (azul índigo), con un alto nivel de vibración y halos de colores pastel o brillantes, que dependerán del tipo de suceso que estés viviendo.

¿Qué quiere decir todo esto? Quiere decir que tus pensamientos y emociones pueden aumentar o disminuir significativamente tu nivel de vibración, y esto implica lo siguiente:

Si tu nivel de vibración baja por algún pensamiento o emoción negativa, tu aura o campo energético se contrae, su color cambia con base al chakra predominantemente afectado (por lo general, con las emociones negativas, los chakras afectados son el primero, segundo y tercero, cambiando sus colores a tonos oscuros o sucios) y el éter que rodea y sostiene a los otros tres estados de tu cuerpo, bajará su nivel de vibración, lo que implica que se afectarán también los otros tres estados de la materia y, por tanto, todo tu cuerpo:

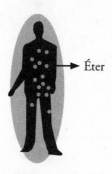

Éter

En su momento explicamos que cuando experimentas una emoción o pensamiento negativo como el enojo, tu cuerpo entero se ve afectado, modificándose incluso tus signos vitales, temperatura corporal y hasta el tono de tu piel. Bien, pues todos estos cambios (ese control que tu ego toma sobre ti y sobre tu mente), inician la afectación del campo etéreo y, una vez que este es afectado, forzosamente, los otros tres estados (sólido, líquido y gaseoso) que rigen tu cuerpo, se verán afectados en el mismo porcentaje.

Ahora bien, si tu vibración aumenta debido a una emoción o pensamiento positivo, tu aura se expande, su color cambia (a tonos brillantes o pastel) según el chakra afectado (por lo general los chakras cuarto a séptimo) y el éter aumentará también su vibración, afectando a todo tu cuerpo, el cual al subir sus niveles de vibración y transformación, puede ser física y molecularmente sanado:

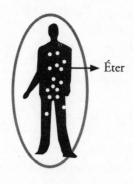

Éter

—No entiendo una cosa. Decías que el éter es energía pura no limitada ni influenciada, pero entonces, ¿cómo es que mis pensamientos y emociones hacen que el éter cambie?

Te pongo otro ejemplo gráfico; digamos que el éter es el 0, el vacío y el potencial absolutos. En una caja vacía, tú puedes meter todo cuanto quepa ahí ¿cierto? Igualmente, si tienes un agujero de 250 metros cuadrados en un terreno de 500, puedes construir lo que quieras dentro de esas dimensiones ¿no? Lo mismo pasa con el éter; es un espacio vacío y puro que puede ser llenado y/o transformado con base a cualquiera de tus pensamientos y emociones, sean negativos o positivos:

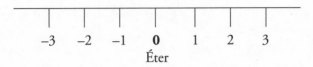

b) **Influencias externas**

Explicada la influencia de tus pensamientos y emociones sobre tu campo energético, vayamos ahora a las influencias externas.

Si decimos que el éter es vacío y potencial puro, altamente maleable e influenciable por tu situación interior y exterior, ¿qué pasa cuando una persona con baja vibración y otra de alta o media vibración se acercan?

Tenemos estas tres posibilidades:

Hemos explicado antes que a pesar de lo que dicen las leyes de la física, en cuestiones espirituales y personales, IGUAL ATRAE IGUAL. Una persona con cierto desarrollo espiritual atraerá a su vida personas con el mismo nivel de desarrollo. Esto te lo expliqué en nuestras primeras pláticas, al hablar de las almas gemelas, ¿lo recuerdas?

—Sí, lo recuerdo y lo entiendo.

Bien, en el caso 1, si una persona de baja vibración se encuentra con otra de alta o media vibración, hay dos posibilidades. O bien que la de baja vibración aumente su frecuencia vibratoria, o bien que la de alta vibración baje la suya. ¿Y de qué dependen ambas?

De su nivel de conciencia, es decir, de la conciencia que tengan sobre sus propias emociones, pensamientos, niveles de energía, y de su capacidad para elegir.

—¿Elegir qué?

Seguir como están o cambiar.

El de baja vibración puede estar muy enojado y puede decidir permanecer en ese estado (hablamos sobre esto en el capítulo "Proceso Creativo y del Ego") o puede decidir que es mejor relajarse. El de alta vibración puede sentirse muy feliz, pero si no es consciente de sí mismo y no tiene las herramientas para permanecer en su centro, puede que después de un rato de estar con el otro se sienta muy cansado, "como si le hubieran chupado la energía". Esta última expresión, que también ahora está de moda, es completamente cierta. Si tú no practicas diario el estar consciente de tus pensamientos, emociones y niveles de vibración (a través de meditación, observación de tus pensamientos y emociones, postura corporal, y la oración), es muy probable que una persona con baja frecuencia vibratoria te robe tu energía. Y cuando digo "robarte la energía", lo digo en sentido literal.

Una persona con baja frecuencia vibratoria es alguien que autoconsume su energía, es decir, sus patrones emocionales y mentales son tan nocivos y requieren tanta energía (fíjate en cómo te desgastan los enojos, momentos de mucha tristeza o pensamientos autodestructivos constantes como la culpa) que, salvo que se logren cambiar dichos patrones de manera radical y consciente, el aura no puede generar energía por sí misma. La energía existe en potencial, mas no cuenta con un canal de transmisión adecuado, tal como sucede cuando se rompe el filamento de un foco: la electricidad está ahí, el foco está ahí pero una parte del sistema de transmisión está roto. Al no poder generar energía con el canal de transmisión fundido (los patrones mentales y emocionales nocivos), el aura o cuerpo etéreo, busca fuentes de alimentación externas. Cuando en un edificio se va la luz, pero una de las oficinas cuenta con planta de energía independiente, los sistemas eléctricos "roban" de dicha planta la energía necesaria para funcionar hasta el momento en que vuelva a servir la fuente de energía original. Las personas de baja vibración se alimentan de la energía de las demás porque **su fuente original de energía no funciona correctamente**.

—¿Por qué? ¿No debería ser al revés? ¿Qué lo positivo sobrepase a lo negativo?

Sí, debería y es al revés cuando la gente es realmente consciente de que está con alguien que está vibrando más bajo o cuando es consciente de que está experimentando emociones o sensaciones que no provienen de sí mismo. Pero por lo general sucede al contrario porque debido a la falta de conciencia, lo negativo logra alimentarse de lo positivo. Tu misma vida puede darte un ejemplo claro de esto: ¿cuántas veces te ha pasado que estás de muy buen humor y llega alguien que está de malas, o como se dice vulgar pero correctamente, malvibroso, y tú, sin darte cuenta y sin desearlo, de inmediato te contagias de su mala vibra o mal humor?

En cambio, cuando una persona que está enojada o deprimida se acerca a platicar con alguien que está vibrando en una mayor frecuencia y que es plenamente consciente de que la persona que llegó no se encuentra en sus mejores momentos, trata de ser compasiva con ella y muy probablemente haga que recupere el ánimo, primero, por su capacidad de elegir sentirse mejor, y segundo, porque no se permitió a sí misma contaminarse de la energía externa.

Si te fijas en el dibujo 1, verás que ambas auras se entremezclan, sin embargo, a pesar de que el aura de alta vibración es de mayor dimensión que la otra, esto no implica ni que el de baja vibración contamine al de alta vibración ni viceversa, en tanto no se tenga conciencia del propio nivel de vibración y del propio desarrollo espiritual.

¿Te va quedando claro?

—Clarísimo.

Bien. En los dibujos 2 y 3 tenemos dos situaciones diferentes. En ambos casos, igual ha atraído a igual. Es decir, una persona que generalmente está con baja vibración (es decir, poca conciencia de sí misma y poca voluntad para elegir cambiar su estado), muy probablemente atraiga a su vida personas con la misma *frecuencia espiritual*, o sea personas tan negativas como él/ella, creando cada una por sí misma y juntas, un campo energético negativo a su alrededor.

Déjame explicarte con ejemplos.

Si una persona está en una etapa de su vida en que todo le sale mal, duda de Mi existencia y vive enojado con todo el mundo, esta persona, como ya vimos en la parte de proceso creativo, estará llamando a su vida situaciones y personas que reflejen su estado mental y emocional tal cual es en ese momento. Ahora, una vez que esa persona se encuentre con otra que esté en su misma situación mental y emocional (con el mismo grado mínimo de desarrollo espiritual y bajo nivel de vibración), a pesar de ser sumamente parecidas en todos los aspectos (incluyendo la energía), la falta de conciencia de cada una, es decir, sus EGOS, las mantendrán creando un círculo vicioso de negatividad, donde el aura de uno se mezcla y confunde con el del otro hasta llegar a un momento en que hasta **las identidades se confundan.**

De seguro has vivido o visto casos así. Dos personas que viven una vida poco espiritual y que son muy parecidas en todos los aspectos: forma de vestir, de hablar, de pensar, de sentir (o no sentir), etcétera.

Cuando no haces esfuerzo alguno por ser consciente de ti, de tu vida, de tus pensamientos y emociones más profundos, de tu energía y tu sentido espiritual de vida, el ego te mantiene no sólo en una especie de ceguera frente a lo que vives o conoces, sino que además llama a tu vida aquello que te impida tomar la elección de cambiar, creando lazos en verdad nocivos entre la otra persona y tú.

Una vez que dos personas negativas se juntan, aunque sea por un momento (digamos, una noche de copas), es difícil que se separen pues cada una requiere retomar su espiritualidad y capacidad de elección a fin de aumentar su vibración. Si alguna de ellas lo logra, será al hacerse consciente de aquello que no le conviene (sus propias elecciones negativas) y de lo que no es suyo (las energías de la otra persona), y entonces podrá romper el círculo. Mientras tanto, la frecuencia de baja vibración generada entre ellas, las seguirá afectando tanto a nivel personal, como a nivel social.

Quizá has llegado a un lugar donde hay dos o más de estas personas de baja vibración, y hayas sentido que "la tensión se corta con cuchillo", o que el ambiente en general se siente "pesado". Esta es consecuencia de lo que venimos hablando: *el tipo de energía que creas y mantienes en ti, es el mismo del que te verás rodeado y será con el que rodearás a otros.*

Ahora bien, en el caso del dibujo 3, cuando dos personas con una vibración más o menos alta y un grado determinado de desarrollo espiritual se encuentran, se crea un tipo de campo energético muy particular. En vez de volverse un círculo vicioso entre ambas, se crea un halo de energía de alta vibración a su alrededor. Sus auras o energías se unen y mezclan, sin embargo, toda vez que ambas han desarrollado determinado grado de conciencia, sabrán distinguir entre su propia energía, pensamientos y emociones, de la energía, emociones y pensamientos ajenos; si alguna de ellas se siente contaminada o influenciada por la otra, podrá utilizar **sus *herramientas*** para volver a su centro y limpiarse de las energías externas conforme a lo que te explicaré más adelante.

Si ambas personas están en un grado similar de desarrollo espiritual, encontrarán la forma de ayudarse mutuamente para desarrollar su misión de vida. Se crea un lazo espiritual entre ambas (que muchas veces es establecido desde antes de nacer, como lo veremos más adelante) y la relación entre ellas se ve fortalecida y bendecida por su propia naturaleza: la conciencia de ser partícipes de Mis cualidades, de Mi amor y de Mi voluntad, y la con-

---

[1] Véase Ejercicio II, pág 245.

ciencia plena de la capacidad de elección que cada una tiene para desarrollar dichas cualidades.

Adicional a todo esto, cabe agregar otro principio de tus clases de física en preparatoria: **mientras más energía, más luz; mientras menos energía, más oscuridad**. Mientras mayor la capacidad del objeto para generar energía, mayor será la luz que produzca, y viceversa.

Si has entendido lo que te he explicado, entenderás también que mientras más bajo vibre la energía de una persona, menor será la luz que refleje al exterior.

Las personas y seres oscuros (de los cuales después hablaremos en detalle) son quienes al utilizar su capacidad de elección (y dejar de utilizar su conciencia sobre su verdadero yo), deciden mantenerse con un bajo nivel de vibración energética y espiritual. Son personas que sólo con verlas a los ojos reflejan sus pensamientos, intenciones y emociones negativas; su sola presencia incomoda a los demás y pueden llegar a manipular seriamente el éter o energía de otros, tan sólo con la mera intención de causar daño.

El ser humano es el único ser vivo capaz de elegir, **y de elegir por sí mismo su propio mal**. Aún cuando alguien no sepa que una situación, objeto, persona, pensamiento o emoción determinados le causan daño, no hay manera de negar que el hombre tenga, aunque sea muy escondido, un sentido de felicidad y bienestar mayor que busca durante toda su vida. Por muy perdido que esté el hombre, nunca podrá negar que hay cosas que no le hacen bien, ni a él ni a la gente que le rodea. Te expliqué antes, en los capítulos de "Las Propias Creaciones" y en el de "Infelicidad Voluntaria", que sin importar qué tan bajo vibre una persona por propia elección, su alma siempre encontrará una forma de llamarle la atención y darle una oportunidad para retomar al camino de la luz. Siempre hay elección, siempre, pero el hombre, insisto, es el único ser vivo capaz de elegir su propio mal y su propia infelicidad.

Por lo mismo es difícil encontrar en estas personas la luz y el amor que hay en ellos; es más fácil juzgarles que ser compasivos, más fácil temerles que amarles. Sin embargo, te enseñé que una persona espiritual aprende a ver en ellos la luz, muy a pesar de la oscuridad que les rodea y te enseñé también que sin importar qué tan bajo estén vibrando, su alma siempre les mandará alguna señal o llamada de atención como oportunidad para volver al camino de la luz (desde un presentimiento, la ruptura de una relación o amistad, un accidente, una enfermedad, según el nivel de vibración y la necesidad particular de evolución de cada persona).

Una **persona o ser de luz**, en cambio, es aquella cuyo nivel de vibración es tan alto, que su sola presencia reconforta y consuela, cuya mirada puede dar paz a cualquier corazón roto, y cuyas manos pueden sanar cualquier dolor. Son personas que tienen un carisma natural, una chispa que hace que la mayoría de la gente le quiera y le respete. No obstante, esas mismas personas son también mal juzgadas muchas veces, mal entendidas y apartadas de la sociedad, pero no porque sean oscuras o haya maldad en ellas, sino porque vives en un mundo donde aún no se distingue claramente la luz de la oscuridad y donde es más fácil aceptar y seguir a esta última.

Te he explicado que a las personas oscuras o de baja vibración se les mandan señales para que retomen el camino, se acerquen a su luz y a su verdadero ser, pero el ego busca atacarlas constantemente y de todas las maneras posibles. Una persona que esté trabajando mental, emocional y espiritualmente para volverse más constante en sus meditaciones, se enfrentará con un sinnúmero de circunstancias que le impidan meditar ("tengo mucho trabajo", "había mucho tráfico y llegué muy tarde" —como si el tráfico no fuera una excelente oportunidad para meditar—, "tuve visitas y se fueron hasta la madrugada", etcétera). Pero si recuerdas lo que hablamos en el capítulo "Los Recursos del Ego", te darás cuenta de que, finalmente, el ego no puede mas que ser el mejor aliado de esa persona en tales circunstancias, puesto que cada circunstancia que el ego crea para impedir que la persona medite o busque su verdadero ser, es una oportunidad para decidir entre la luz o la oscuridad, y por cada vez que la persona decida a favor de su luz, su verdadero ser se estará manifestando cada vez más clara y abiertamente.

Bueno, es hora de que paremos y descanses.

—*Pero no quiero parar, estoy muy picada.*

Lo sé, y ese es justamente el problema. Tienes una gran ansia de saber, tienes un deseo sincero de saber y entenderlo todo, pero tu ansiedad te empieza a dominar. Tienes miedo de que estas pláticas se interrumpan de nuevo y que la sabiduría se vaya.

Sin embargo, te he demostrado que sin importar cuántos obstáculos pongas para que me acerque a ti, Sigo y Seguiré aquí. No me iré a ningún lado porque vivo en ti, y no dejarás de escucharme en tanto no pongas obstáculos para hacerlo.

Yo no dejo de hablarle a ninguna persona que tenga una mínima voluntad de encontrarme, ni a ningún corazón que tenga la mínima voluntad de escucharme.

Hay mucho por platicar aún, muchos años (¡sí, años!) de largas conversaciones por delante, y nos vamos a apurar, pero por el momento necesito que confíes en Mí y descanses, y que confíes en ti misma y te perdones por haberte alejado, sabiendo y teniendo fe en que este nuevo compromiso es para toda la vida.

—*¡Tienes razón Abba! Linda noche y muchas gracias por todo.*

Yo no he hecho nada; esta vez, tú lo estás haciendo todo y Soy Yo quien te agradece que te permitas vivir el Amor.

Descansa.

Julio 18, 2009

2. Manejo del ego sobre la energía.

Continuaremos con nuestra plática de hace unos días. ¿Quedó claro cuáles son y cómo actúan las influencias internas y externas sobre tu aura, tu energía y tu comportamiento?

—Sí, quedó claro, creo…

Bueno, trabajaremos sobre el "creo…" conforme avancemos.

Comentamos antes que la falta de conciencia sobre ti misma aumenta la posibilidad de que tu energía se vea influenciada por energías externas y que, muchas veces, esa misma falta de conciencia puede crear un circulo vicioso tan nocivo entre dos o más personas de baja vibración, que las identidades se pierden y confunden. Las pandillas como los punks, los motociclistas, los drogadictos, o los ahora famosos emos, son un ejemplo muy claro y actual de lo que quiero explicarte hoy.

Tenemos a Juan, quien está muy enojado y deprimido porque sus padres viven una relación destructiva de la que él siente que paga las consecuencias. Juan tiene 17 años y lleva más de diez pensando y sintiendo que su vida es un asco, que nadie lo quiere y que lo que más desea en el mundo es desaparecer o, en el peor de los casos, sentirse aceptado y amado por alguien.

Por otro lado, tenemos a José, quien ya tiene 24 y, según él, ha vivido mucho. Su padre los dejó cuando él nació; su madre trabaja todo el día para sacar adelante a la familia y él quedó relegado de la alegría de la vida, hasta que probó la droga por primera vez a los 19 años. Desde entonces su vida, dice, es mucho más emocionante, tiene más amigos, la gente de su colonia le teme y los jóvenes que conoce quieren ser como él. Como lleva tanto tiempo en el "negocio", maneja el mejor auto del año, viste con ropa cara y sale con las mujeres más guapas.

Juan y José son vecinos; la mamá de Juan siempre le ha dicho que no se junte con José porque es "mala influencia" (fíjate cómo esta expresión tiene su razón de ser); un día, Juan y su mamá pelean, él sale de su casa furioso y se encuentra con José. Debido a que esa amistad le estaba prohibida, Juan siente más ganas de estar cerca de él. Al encontrarse platican y José le dice a Juan que lo entiende, que lo ve muy deprimido, pero que no se preocupe, que él tiene la solución a sus problemas... y Juan prueba la droga por primera vez a sus 17 años.

Desde entonces, Juan entró al "negocio" y su vida, según él, es mucho más emocionante, tiene más amigos, la gente de su colonia le teme, sus amigos quieren ser como él, maneja el mejor auto del año, viste con la ropa más cara y sale con las niñas más guapas.

Juan es compañero de clase de Manuel...

¿Entiendes ahora el círculo vicioso?

En la vida de todos los seres humanos, **todos son Juan y todos son José**; todos llevan dentro de sí una lucha interna entre la luz y la oscuridad y todos tienen siempre la capacidad de elegir entre cualquiera de las dos opciones. Sin embargo, una vez establecida la relación entre dos personas de baja vibración como en el ejemplo anterior, las identidades propias se pierden y confunden con las de las personas que inicialmente te influenciaron y contaminaron, y con las de las personas que tú influyes y contaminas. José influenció y contaminó a Juan, pero en su momento José era un Juan cualquiera al que se le presentó otro José que lo ayudó (o, mejor dicho, "pasó a fastidiar") para ser quien es hoy.

Ahora bien, decía que en todo momento, tanto José como Juan, y el resto de los seres humanos tienen la posibilidad de decidirse por la luz en vez de la oscuridad, pero si en el capítulo "El Ego" dijimos que la luz siempre se comunica con el hombre de formas muy sutiles a través de emociones y señales que muchas veces no sabe cómo interpretar, mientras que el ego u oscuridad se comunica a grito pelado a través de las vísceras y una serie de factores muy notorios, tenemos entonces que el ego pelea siempre por ser el más escuchado y el que más llame la atención. Pero ¿cómo le va a hacer el ego para lograrlo?

Supongamos que el día que Juan pelea con su mamá, segundos antes de encontrarse con José, su papá llega y le dice que entre a la casa porque tiene que hablar con él. Ésa sería una señal de la luz que, muy sutilmente, le está diciendo a Juan "no hables con José". Pero digamos que quince días después, Juan vuelve a pelear con sus padres, sale corriendo de su casa sintiéndose furioso, triste, impotente, rechazado, con ganas de vengarse de sus padres y de toda la gente. Sus padres le gritan que vuelva inmediatamente, pero las vísceras de Juan lo tienen atrapado; no quiere ver a sus padres, los odia; la voz en su cabeza le dice que les "dé una lección". Mientras tanto, la pobre luz que hay aún en Juan en algún lado de su corazón le dice: "no te hagas daño ni se lo hagas a tus padres, tú bien sabes que te aman", le sigue hable y hable, pero Juan no escucha.

—*Es muy fácil para el ego lograr que le hagamos caso, ¿verdad?*

No sólo eso, el ego es mucho más consciente que tú de que la energía puede utilizarse y transformarse tanto en tu beneficio como en tu contra y, por tanto, la utiliza antes que tú.

El ejemplo anterior habla de algo que ya habíamos visto: el control del ego sobre tu mente y tu cuerpo, pero veamos ahora cómo maneja el ego tu energía.

¿Cómo fue que Juan llegó a enojarse tanto con sus padres?

El papá de Juan va llegando a casa. Viene furioso porque tuvo un día terrible en el trabajo, el tráfico lo tuvo parado una hora en el mismo punto y, para colmo, sabe que al llegar a su casa va a encontrarse con puras quejas y reclamos de su mujer. Juan sabe… Desde que oye llegar a su padre, sabe (por alguna razón y de alguna manera que no entiende) que su padre está furioso. ¿Cómo lo sabe?

La energía se siente, particularmente la energía entre dos personas que tienen una relación cercana. Todos los seres vivos (plantas, animales, seres humanos) tienen la capacidad de percibir la energía de otros seres vivos que les rodean, incluso a distancia. La energía se percibe y se siente, como ya te expliqué, **a través de los chakras** de tu cuerpo, y de todos los niveles de energía y emociones que se pueden percibir energéticamente, el que más se siente de todos es el **enojo o la ira**, que por lo general se perciben a través del chakra del plexo solar, en el corazón y en el estómago.

Desde que el padre de Juan llega a casa furioso, Juan siente un nudo en el estómago, el corazón le late más rápido, no entiende por qué se siente así… siente miedo…su nivel de vibración empieza a bajar…pasan cinco minutos…su vibración ha bajado tanto que su aura busca fuentes de alimentación externa…el papá irrumpe a la habitación de Juan…en cuanto lo ve, Juan se siente furioso, pero su padre está aún más furioso.

Pero, ¿Juan está en verdad furioso? ¿En realidad es de él esa sensación de enojo?

Fíjate bien, dijimos en su momento que el principal recurso del ego es el *miedo*. En cualquier situación donde el miedo esté presente, aunque sea en un grado mínimo, el ego se aprovecha de ese miedo, no sólo a nivel mental, emocional y corporal, sino también a nivel energético. Ninguna emoción baja tanto la vibración energética de una persona como el miedo, y el miedo, como ya vimos, genera una serie de emociones poco favorables que se encargan de consumir el resto de la energía sobrante del cuerpo (enojo, ira, tristeza, depresión, culpa, venganza, etcétera).

Una vez que el ego consigue que el nivel de vibración de tu energía baje considerablemente, tu aura (el éter que te rodea) empieza a buscar **fuentes de alimentación externas**. Cuando el aura de Juan (ya con baja vibración) se encuentra con la de su padre (también con baja vibración), ambas auras empiezan a alimentarse una de otra, pero ¿de qué se alimentan? **De la ira**. El miedo de Juan, que en realidad puede ser miedo al abandono o al rechazo, se convierte EN LA IRA DE SU PADRE, pues de ello se está alimentando su aura. La ira del padre de Juan aumenta en cuanto lo ve porque el aura del padre de Juan se está alimentando de miedo.

¿Qué hace un animal cuando huele el miedo? Ataca. Pero no ataca porque sepa que le van a hacer daño, sino porque confunde el miedo ajeno con el propio. El ser humano nó-consciente de sus propias emociones y su propia identidad, actúa igual que un animal, pues al perder su centro (es decir, su silencio interior, su capacidad de distinguir entre lo propio y lo ajeno, entre la luz y la oscuridad), las emociones e identidades de uno se confunden con las del otro.

Juan le grita a su padre que lo odia; su padre le dice que se vaya de la casa. Ninguno de los dos sabe por qué reaccionó así, sólo saben que en el momento se sentían furiosos…

Juan llega furioso con José. José ha pasado por eso… entiende muy bien lo que Juan está sintiendo. Mientras lo escucha, José revive sus recuerdos de la adolescencia…siente mucho resentimiento, mucho deseo de venganza; su aura (de por sí de baja vibración) se está alimentando de la furia de Juan; el aura de Juan se alimenta del resentimiento y el deseo de venganza de José. El miedo inicial de Juan se ha convertido en la IRA DE SU PADRE y en el RESENTIMIENTO DE JOSÉ.

¿Dónde está Juan? ¿Dónde está su verdadera identidad, su verdadero yo, su luz? ¿Dónde está su capacidad de elegir entre la luz que hay en él y la oscuridad que hay en los demás?

Juan está donde siempre ha estado: **en su centro, en su corazón**, donde habito Yo y, por tanto, donde habita su verdadero ser.

La capacidad de elección de Juan está donde siempre ha estado: **en su centro, en su corazón, y en su mente superior,** donde Yo soy la luz y la verdad y mediante la cual Yo decido por Mis hijos cuando ellos se dan la oportunidad, al menos durante un minuto, de escucharme y poner sus decisiones en Mis manos.

Eso es lo que hace el ego con tu energía, con todas y cada una de tus emociones negativas y con las de los demás: crear un círculo vicioso de negatividad y baja vibración, donde la energía de uno contamine a la del otro, y viceversa. Si a esto agregamos que siempre que hay un contacto de cualquier tipo entre dos personas, se crean lazos energéticos entre ambos chakras, tenemos entonces que el ego, literalmente, te "ata" a otra persona a nivel energético, emocional, mental y, a veces, corporal.

¿Y de qué le sirve al ego hacer esto?

Es su manera de darse credibilidad. El ego tiene que convencerte por todos los medios que estás separado de la Fuente, que no hay amor posible en el mundo donde vives, y qué mejor manera de convencerte de ello que manteniéndote energéticamente atado (sin que te des cuenta, porque aún no puedes verlo con tus ojos físicos y porque no eres consciente de tu propia identidad) a las personas que fomenten en ti el miedo y la negación de tu capacidad de elegir la luz.

Te he dicho varias veces y de muchas formas que debes hacer un esfuerzo por poner todas tus decisiones, problemas y preocupaciones en Mis manos, no sólo porque Yo lo soy todo y en Mí no puede haber carencia o necesidad alguna, sino también porque hacerlo ayuda a elevar tu nivel de vibración.

Cuando tienes un problema o una preocupación, por lo general el pensamiento va del chakra del tercer ojo (mente superior), hacia el chakra del plexo solar (las vísceras) y de ahí hacia el de la raíz, que te conecta con la Tierra, contaminando todos tus chakras con el pensamiento del problema. Si caes en la desesperación o la resignación, la Tierra, que todo lo absorbe, está recibiendo de ti nada más y nada menos que desesperación o resignación; sin embargo, si del tercer ojo haces que tu problema pase directamente hasta tu chakra de la coronilla y de ahí a Mis manos, el nivel o frecuencia con que tu problema está vibrando, sube automáticamente al nivel de lo divino que todo lo transforma:

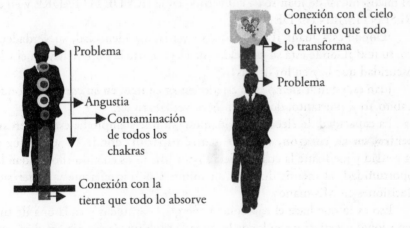

Problema

Angustia
Contaminación
de todos los
chakras

Conexión con la
tierra que todo lo absorve

Conexión con el cielo
o lo divino que todo
lo transforma

Problema

¿Ha quedado claro este tema?

—Sí, sólo dos preguntas: ¿a qué distancia se puede sentir la energía de una persona? y ¿qué tipos de lazos energéticos se establecen entre dos personas?

Percepción de la energía

En cuanto a la primera pregunta, la energía puede sentirse **a cualquier distancia**; puedes estar en otro continente al de la persona cuya energía quieres sentir; puedes hacerlo, sólo que para lograrlo se requiere un cierto grado de habilidad y de entrenamiento; primero, en la conciencia sobre ti misma;

segundo, en tu capacidad de concentración y meditación profunda; tercero, en la diferenciación de los distintos tipos de energía y niveles de vibración.

Actualmente hay muchos cursos y fuentes de información sobre esto (el reiki es uno), pero si te interesa intentarlo, puedo decirte que no es tan difícil hacerlo por ti misma si sigues los siguientes pasos:

1. Medita todos los días, aunque sea quince minutos. No importa el tipo de meditación; puedes concentrarte en tu respiración, contando 1 con la primera inhalación, 2 en la exhalación, 3 en la inhalación, y así hasta 20; puedes realizar cualquiera de estas prácticas: rezar un rosario, visualizar un lugar de descanso, cerrar tus ojos y tratar de "observar" todos tus pensamientos sin juzgarlos y dejarlos pasar como si fueran nubes, etcétera. No importa lo que hagas en tanto salgas de tu mente inferior durante un periodo mínimo de tiempo al día.

2. Tratar tantas veces al día como te sea posible de tomar conciencia de tu lenguaje corporal: por qué siempre te cruzas de brazos cuando alguien te habla, o por qué caminas encorvado, o por qué siempre frunces el ceño y tienes las manos frías, etcétera; de tus emociones: de qué humor amaneciste, por qué odias tanto a tu jefe, qué sientes por esa persona que acabas de encontrar, qué sientes sobre tu figura, tu apariencia y por qué, qué te preocupa, cuál es tu misión de vida, etcétera; de tu cuerpo: qué te duele, por qué, desde cuándo, qué has hecho para aliviarte, etcétera; de tu entorno: si te gusta tu vida o no y por qué, quiénes son tus amigos, qué te dan de bueno y de malo, por qué están en tu vida, son realmente tus amigos o no, quién es tu pareja, qué sientes por él/ella, etcétera.

3. Al menos tres veces al día en diferentes lugares y con diferentes personas o cosas, poner tus manos unos 5 centímetros por encima del objeto o de la cabeza de la persona, y tratar de sentir su energía y tratar de compararla o distinguirla con otras personas u objetos, cerrando al mismo tiempo los ojos y tratando de visualizar o imaginar el color de su energía.

Lazos energéticos

En cuanto a la segunda pregunta, los lazos energéticos pueden ser igualmente de alta o baja vibración, según las circunstancias y nivel de vibración bajo los cuales fueron establecidos. Dos personas que se encuentran por primera vez y sienten una gran química entre ellas, probablemente establezcan un lazo energético a nivel del chakra del corazón en función del sentimiento que estén experimentando (amistad, amor, ternura, empatía, etcétera). Si ambas tienen un nivel de vibración medio o alto, el lazo será delgado y brillante y será fácil romperlo en el momento que alguna de las dos (o ambas) decidan que ya no quieren seguir unidas, pero el rompimiento del lazo de ninguna manera implica el de la relación, salvo que así se decida, sino que por lo general implica la evolución de ese lazo hacia un mayor nivel de vibración espiritual para establecerlo entre los chakras del tercer ojo o de la coronilla, para fomentar, entre ambas personas, las cualidades de dichos chakras conforme a lo que platicamos antes (la clarividencia o la telepatía en el primer caso, o la unión divina en el segundo). También es posible que varios lazos se creen al mismo tiempo; por ejemplo, en los chakras cuarto a séptimo, según el tipo de relación de que se trate (ejemplos: una pareja con un nivel de desarrollo espiritual importante, mejores amigos de la infancia o compañeros espirituales que se reencuentran).

En cambio, si dos personas pelean o son personas de baja vibración, se establecen lazos negativos entre los chakras primero a cuarto, que serán anchos, oscuros o grises, lazos difíciles de romper aún consciente y voluntariamente debido al círculo nocivo de alimentación energética que ya comentamos.

—¿No es al revés: que los lazos positivos son más fuertes que los negativos? Es más difícil separar a dos personas que se quieren que a dos personas que se odien, ¿no?

Tú estás hablando a nivel emocional y, generalmente, así es, cuando el lazo afectivo que une a esas personas es sincero y basado en el amor verdadero y desinteresado. Sin embargo, a nivel energético, los lazos funcionan con base en el principio que les da origen, y si el origen es el amor, éste reconoce intrínsecamente *la libertad.* Para el amor, no hay ataduras ni cadenas posibles, eres libre de irte cuando quieras y de volver cuando quieras y dejas ir en amor y en luz.

En cambio, si el origen está en el miedo o en cualquier emoción derivada de éste, en el miedo se reconoce intrínsecamente **el apego**, es decir, la incapacidad de soltar, de dejar ir. El miedo no conoce la libertad ni el amor, por lo tanto no te puedes ir, estás, literalmente, atado al otro hasta que seas plenamente consciente del porqué estás atado a él/ella y decidas con firmeza dejarlo ir con amor y en libertad, pidiendo Mi ayuda para que los lazos que los unen se restablezcan en Mi luz y Mi gracia.

Una vez establecidos los lazos energéticos entre dos personas, el nivel de vibración de dichos lazos (positivo o negativo) variará de manera constante en función del tipo de relación y las emociones que experimentan en cada momento. Una pareja puede iniciar su relación con lazos energéticos positivos entre los chakras primero a cuarto, sin embargo, con el tiempo y conforme las discusiones y los juicios se van presentando en la relación, algunos lazos se pueden contaminar y bajan su vibración.

Por ejemplo, en una pelea de pareja, el primer chakra que baja de vibración es el del plexo solar (las vísceras), por tanto, ese chakra y el lazo que une a ambas personas a través del mismo, empiezan a alimentarse de la energía del otro; ya vimos que cuando dos personas están en baja vibración se crea un círculo vicioso entre ambas energías, entonces ese mismo círculo requiere un canal de transmisión de un cuerpo o aura a otro, por lo que utiliza los lazos energéticos para crear la fuente de alimentación y transmisión energética.

Veámoslo gráficamente:

Lazos iniciales   Disminución de nivel de vibración en chakra plexo solar (aumento de dimensiones)   Contaminación De todos los lazos Energéticos

Contaminación del aura
y de todo el cuerpo energético

—Abba, muchas gracias. Me caigo de cansancio, ya me voy a dormir.

Muchas gracias a ti, hija, por el enorme esfuerzo que has hecho hoy. Estoy agradecido y orgulloso de ti. No te desanimes, sigue adelante, sigue creyendo en ti, en tu relación y en el amor que hay en ti para compartir con el mundo. Te amo.

—Y yo a ti. Hasta mañana.

Hasta ahora.

JULIO 19, 2008

214

Cuerpo energético o astral

—Cuando hablas de cuerpo energético, ¿te refieres al aura?

Qué bueno que haces esa pregunta, la respuesta es sí y no. El cuerpo energético (o astral) incluye el aura que rodea al cuerpo físico, sin embargo, el cuerpo astral, que está compuesto por éter (es decir, por energía de alta vibración y bajo nivel de condensación), incluye también el interior del cuerpo donde reside, tomando su forma y dimensiones:

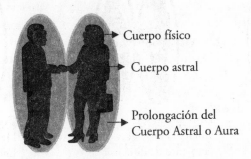

→ Cuerpo físico

→ Cuerpo astral

→ Prolongación del
  Cuerpo Astral o Aura

Tu cuerpo astral es el conjunto de las energías sutiles que componen tu cuerpo físico; es el éter que sostiene la materia de que estás compuesto y es energía consciente en constante movimiento y evolución, en función de tu desarrollo personal y espiritual.

El cuerpo astral es esa parte de ti que experimenta los famosos *déjà vu*, esas experiencias en que sientes que ya has vivido lo mismo anteriormente; es la parte de ti que hace que sepas algo con plena certeza, sin tener razones lógicas para saberlo (que algún ser querido está mal, que va a ocurrir cierto evento, que alguien te va a llamar, etcétera), o la parte de ti que te hace tener sueños o pesadillas tan reales, que al momento de despertar no puedes dejar de pensar en ello ni puedes creer que haya sido un sueño.

El cuerpo astral por estar compuesto de éter puro o parcialmente puro (según el nivel de vibración de tu energía) se mantiene en constante comunicación y movimiento con el mundo y con todo lo que es externo a tu cuerpo físico.

Decíamos que en el ser humano la energía se activa para hacerse consciente de sí misma. Pues bien, tu cuerpo energético es el portador de esa conciencia que tienes sobre ti misma, o sea el cuerpo energético es energía consciente e independiente cuyas cualidades (dimensiones, colores, nivel de vibración, capacidad para actuar sin necesidad del cuerpo físico), dependen de tu grado de desarrollo espiritual. Mientras más consciente eres de tu verdadero ser, de tu energía, de tus emociones y pensamientos (todo ello constituye el cuerpo astral a nivel de energía pura o éter), mayor es la capacidad del cuerpo energético para actuar de manera independiente a tu cuerpo físico y a tu mente inferior.

–¿Cómo que actuar de manera independiente a mi cuerpo físico? ¿Quiere decir que mi cuerpo astral puede andar por la vida sin que yo me dé cuenta?

Jajajaja, algo así.

Creo que tienes una idea de lo que significa un desdoblamiento o viaje astral, pero te lo explicaré más a fondo. Mientras más consciente eres de tu propia conciencia, es decir, de la vida que hay en ti y que va más allá de tu cuerpo físico y de tu mente inferior, mayor es la capacidad de tu cuerpo astral de ser consciente de sí mismo. Mientras más alta la vibración de tu energía, mayor su capacidad de evolución o transformación, ¿recuerdas?

El nivel de evolución que tu conciencia y tu cuerpo astral buscan alcanzar es aquél donde ya no se requiera del cuerpo físico ni de la materia condensada para ser consciente de sí misma y de su existencia. Te pongo un ejemplo que puede resultar muy controversial. Hay quienes creen que al morir, la vida se acaba. Vimos en su momento que esta creencia proviene del ego. Puesto que el ego se identifica plenamente con tu cuerpo, asume que la muerte del cuerpo supone la del verdadero yo y, por tanto, de la conciencia. Sin embargo, habrás escuchado muchos casos de gente que ha muerto clínicamente, pero durante los minutos o segundos que permanece en ese estado, sigue siendo consciente de lo que pasa alrededor de su cuerpo físico, o gente que literalmente "ve la luz al final del túnel". Estas experiencias demuestran (aunque casi nadie las crea) que al morir el cuerpo, la conciencia sobre la propia existencia permanece, aunque dentro de una dimensión no-física.

El ser humano puede alcanzar tal grado de evolución espiritual y energética, que tal como lo han demostrado algunos maestros (Buda, Cristo), es posible dejar el cuerpo físico para actuar en el mundo a través del cuerpo astral (esto es una parte de la iluminación).

En el caso de los viajes astrales lo que sucede es que la persona en cuestión tiene ya un determinado nivel de desarrollo espiritual que le ha permitido a su energía hacerse consciente de sí misma sin necesidad del cuerpo físico. Al momento de dormir, o estando despierto pero en un estado de relajación profunda, de total desapego mental y emocional, el cuerpo astral toma conciencia de su independencia del cuerpo físico, y literalmente se separa del mismo.

Como el cuerpo astral es éter puro pero influenciado por la energía de cada persona, al momento de unirse a la energía del ambiente externo que rodea al cuerpo físico, el cuerpo astral conserva su forma y cualidades a nivel energético. Sin embargo, en vez de actuar a nivel físico, actúa a nivel astral. Es decir, tu cuerpo astral puede salir de tu cuerpo físico, salir de tu casa a través de los muros (al ser energía pura, la materia condensada no lo limita) e interactuar con los cuerpos astrales de otras personas, incluso en otros países, dimensiones y tiempos (ángeles, maestros de luz, seres oscuros, personajes históricos, etcétera), pues al ser también energía de alta vibración, no se ve limitado por espacios ni tiempos.

Cuando el cuerpo astral se separa del físico, de ninguna manera quiere decir que se separe indefinidamente o que no pueda regresar. El cuerpo astral se mantiene unido al físico a través de un cordón energético de color blanco y plateado. Ese lazo va del chakra del tercer ojo del cuerpo físico al del cuerpo astral, uniendo la mente superior consciente (la del cuerpo astral) con la mente superior inconsciente (la del cuerpo físico). Es decir, tu mente superior, la parte de tu mente que sabe que eres más que tu cuerpo y donde reside toda Mi sabiduría, se divide en dos al momento del desdoblamiento a fin de que una parte permanezca en tu cuerpo físico y otra en tu cuerpo astral, de manera que al momento de que tu cuerpo astral decida regresar a tu cuerpo físico, la parte de tu mente superior que permanece en él, la trae de vuelta tirando del cordón plateado.

—¿Y en qué momento es que mi cuerpo astral debe regresar a mi cuerpo físico?

En el momento en que tu cuerpo astral decida terminar el viaje en que está, o en el momento que sea necesario que ambas partes de tu mente superior, es decir, de tu conciencia, vuelvan a tu cuerpo físico, sea porque vas a despertar o porque tengas que salir de tu estado de trance o meditación profunda, sea porque el tiempo lo requiere, o porque durante el viaje surge algo (un peligro, alguna sensación o emoción fuerte, etcétera) que hace que el astral quiera salir de dicha dimensión.

—¿Cualquier persona puede tener un viaje astral?

No, la capacidad de desdoblamiento depende mucho del nivel de desarrollo espiritual de cada persona. En el caso de los niños, por ejemplo, son seres que pueden desdoblarse con facilidad, incluso estando despiertos sin siquiera darse cuenta, debido a que su cuerpo astral aún se encuentra en estado puro, es decir, su éter ha recibido poca influencia interna y externa. Debido a su inocencia y su conciencia amorosa, los momentos en que un niño puede bajar de vibración (por miedo, enojo, tristeza, etcétera) son menos frecuentes en intensidad y duración que en el caso de los adultos. Sin embargo, conforme el niño crece y de acuerdo a lo que ya hemos explicado, su energía se va viendo influenciada y contaminada por una serie de factores (empezando por su ego), que le van haciendo perder esa inocencia y esa conciencia amorosa sobre sí mismos y sobre lo que les rodea. Este viaje llamado vida durante el cual el hombre se pierde a sí mismo desde los primeros años de su vida para aprender a buscarse y encontrarse de nuevo, trae consigo la pérdida de conciencia de la verdadera identidad. Conforme alguien a lo largo de su vida va a aprendiendo a recobrar esa conciencia, su nivel de vibración y desarrollo espiritual aumentan; esto implica que su energía empiece a purificarse y mientras más puro y de mayor vibración el éter que compone el cuerpo astral, mayor la capacidad de desdoblamiento.

Para una persona de baja vibración no es posible tener un viaje astral (salvo en contadas ocasiones) debido a que el nivel de contaminación y nivel de vibración de su energía, le impiden actuar de manera independiente a su cuerpo. Mientras permanece en un bajo nivel de vibración, el astral necesita del cuerpo físico para utilizar los chakras como fuentes de alimentación externa. Un desdoblamiento en una persona de baja vibración es muy peligroso, primero porque una vez fuera del cuerpo físico, si su astral hace contacto con el astral de otra, esta última se podría ver seriamente contaminada en su energía, de manera que al volver al cuerpo físico experimentará un gran malestar emocional y/o físico de acuerdo al tipo de influencia recibida. En segundo lugar, debido a la poca energía con que cuenta la persona de baja vibración, su astral no podrá viajar lejos ni realizar muchas actividades, pero el simple hecho de hacerlo implica un gasto importante de energía que, de agotarse durante el viaje, puede provocar incluso la separación permanente, es decir, la muerte del cuerpo físico.

En todos los casos existe aunque en ínfimo grado el riesgo de que el cordón de plata se rompa. Estos casos extraordinarios sólo pueden suceder:

1. Cuando alguien durante el viaje astral y utilizando su sabiduría superior decide que su vida en el mundo físico ha llegado a su fin debido al cumplimiento de la misión de vida o ante la imposibilidad práctica del cumplimiento de la misma. En estos casos estamos hablando de un gran desarrollo espiritual y de una concordancia entre el propósito del alma y el deseo de dejar la vida actual;

2. Cuando durante el viaje, el cuerpo astral se encuentra con una entidad oscura que logre cortar el cordón, aunque estos casos son casi nulos debido a que en cuanto el astral percibe un peligro o experimenta una sensación muy fuerte, regresa de inmediato al cuerpo físico; y

3. Al momento de la muerte del cuerpo físico, cuando el alma se pega al astral a fin de salir del cuerpo físico y, una vez fuera y aceptada la muerte del cuerpo (sí, efectivamente, para morir, los humanos deben estar de acuerdo; ya lo platicaremos con calma), el cordón de plata se desconecta por sí mismo del cuerpo físico a fin de emprender su viaje a la luz o a la oscuridad, según el caso.

—Hay dos cosas que no entiendo, ¿por qué desearía mi astral salir de mi cuerpo?, y ¿el astral piensa y siente por sí mismo?

En cuanto a la primera pregunta, tu cuerpo astral busca desdoblarse porque tu mente superior sabe y entiende que hay mundos sutiles, que el mundo material no es lo único que existe. Todo esto que te he explicado sobre la energía, tu mente superior lo sabe; sabe que tu verdadero ser es independiente de tu cuerpo físico y también que el cuerpo físico impone ciertas limitaciones a las capacidades de tu verdadero ser, por lo mismo el cuerpo astral busca independizarse del cuerpo material a fin de experimentarse sin las limitaciones de este último. Las razones específicas para experimentar un viaje astral pueden ir desde el mero deseo de experimentar, hasta la necesidad de ayudar a sanar a otra persona a nivel etérico, conocer lugares a donde no se puede viajar en el mundo material, hablar con un maestro de luz o enfrentarse con una entidad oscura, hablar con un pariente o amigo fallecido, platicar con la pareja, etcétera.

En cuanto a la segunda pregunta, sí, tu astral piensa y siente por sí mismo, pero ojo, no quiere decir que tenga una personalidad distinta a la tuya. A pesar de que el astral se conecta a tu cuerpo físico a través de tu mente superior y mantiene su consciencia gracias a ésta, el astral es también consciente de aquellas emociones, pensamientos, deseos y miedos de tu mente inferior. Por ejemplo, si le temes a los fantasmas o a las entidades oscuras, tu astral al momento de desdoblarse lleva en su conciencia ese miedo, de manera que si durante el viaje se encuentra con una entidad oscura, en vez de enfrentarla, huirá y volverá de inmediato al cuerpo físico.

Otro ejemplo: si eres una persona con un nivel de vibración más o menos alto y un día tienes muchos deseos de hablar con tu pareja sobre un tema en particular del que no han podido hablar en la vida diaria, tu astral buscará al astral de tu pareja a fin de platicar con él/ella. Sin embargo, esto no quiere decir que al día siguiente tu pareja o tú sean capaces de recordar la experiencia, pues para lograr recordar las experiencias vividas durante un viaje astral es necesario desarrollar una gran habilidad para mantenerse conscientes durante las horas de sueño o vigilia. Otra aclaración importante: aunque tu astral busque al astral de tu pareja, si tu pareja no tiene un determinado nivel de vibración y desarrollo espiritual, es muy probable que no lo encuentre, no obstante en esos casos, tu astral se comunicará con tu pareja a través de su mente subconsciente, es decir, la parte de su mente que, a pesar de estar dormido, le permite percibir algunos aspectos del mundo físico (los ruidos, la luz, etcétera) y del mundo sutil (los sueños).

—¿Es posible establecer contacto físico durante un viaje astral?

Contacto físico tal como tú lo entiendes, no. Tu astral puede (aunque no debe por lo que hemos hablado sobre la contaminación de la energía) tocar el cuerpo físico de otra persona o ser vivo, sin embargo esa otra persona no sentirá físicamente el contacto, a lo mucho, la persona podrá soñar con ello o, si está despierta, sentir una especie de hormigueo o un sentimiento de ansiedad o inquietud, pero será difícil que sea consciente de que es tu astral el que lo está tocando. De cualquier modo, sí es posible establecer contacto "físico" entre dos astrales:, pueden tocarse uno a otro; pueden pelear a mano limpia; pueden besarse e incluso tener relaciones sexuales a nivel astral.

—¡¡¡¡¡¡¡¡¡¡¡¿¿¿¿¿¿¿¿¿¿¿¿¿¿¿¿??????????????????!!!!!!!!!!!!!!!!!!!!

Sé que te sorprende, pero es verdad. Tu pareja y tú pueden hacer un viaje astral y experimentar una noche apasionada a ese nivel, siempre y cuando ambos estén de acuerdo en ello, pues si tu pareja u otra persona llegara a ti en un viaje astral intentando hacer algo que tú no desees, tu astral responderá de la misma forma como respondería en el mundo físico, e intentará volver a tu cuerpo físico cuanto antes.

Es de vital importancia que entiendas que el viaje astral no es ningún juego. Hay mucha ignorancia sobre este tema y la gente lo maneja como si fuera algo muy *cool*, una simple experiencia como subirse a la montaña rusa, que no trae mayores consecuencias, pero la verdad es que esto tiene muchas implicaciones.

En primer lugar, realizar un viaje astral, como ya dije antes, implica un gasto de energía tan importante como si realizaras un viaje o cualquier otra actividad en el mundo físico, lo que quiere decir que para hacerlo, tus niveles de energía así como tu salud física, mental y emocional deben estar al cien por ciento. Si alguna vez has escuchado que "hasta para dormir se necesita energía", entenderás que además de la energía necesaria para que el cuerpo físico se mantenga funcionando y realizando sus procesos mientras duermes, así también tu cuerpo físico requiere energía para soportar las actividades de tu cuerpo astral. Realizar un viaje astral cuando estás muy cansado o no has dormido bien, suele ser agotador. Durante un viaje astral hay una parte de tu mente que está perfectamente despierta o consciente, mientras la otra parte mantiene dormido a tu cuerpo físico y a tu mente inferior. Si la parte de tu mente que se mantiene dormida no tiene suficiente energía y no está bien descansada, la parte de tu mente que se mantiene despierta tendrá que sostener una lucha con esa otra parte que necesita dormir y descansar. Si alguna vez has experimentado la sensación de estar dormido pero perfectamente consciente de lo que pasa a tu alrededor, de tus sueños y pensamientos, entenderás que es más cansado estar en ese estado que permanecer despierto toda la noche.

En segundo lugar, una persona de más o menos alta vibración, al realizar un viaje astral se expone a ser atacada por entidades oscuras. Sobre este tema será necesario que hablemos a fondo más adelante, pero por el momento basta que sepas que así como en el mundo físico hay gente que mantiene un nivel de vibración tan bajo que las consideramos personas "oscuras", así también a nivel astral hay entidades de muy baja vibración que, al igual que los seres humanos, buscan fuentes de alimentación energética externa. Si estas entidades se encuentran con el astral de una persona de alta vibración intentarán alimentarse de su energía. Otras veces el interés de estas entidades es atacar cierto miedo o cierta parte de la mente de esa persona (miedo a la muerte, miedo a los ataques sexuales a nivel astral, miedo a enfrentar la propia oscuridad, etcétera), por lo que muy probablemente intente tocar el astral de la persona (en cuyo caso, podrían quedarse incluso pegadas a él), atacarla física, mental o emocionalmente. Cualquier persona está expuesta a este tipo de ataques, y mientras más luz, mayores son las posibilidades, pues esas entidades oscuras, repito, necesitan una fuente de alimentación externa.

3. La energía y la salud

Bueno, siguiendo con el tema de la relación ego-energía, platiquemos ahora de la influencia que existe entre la energía, la mente (superior e inferior) y la salud.

Vimos en su momento que la salud de una persona depende, en un noventa y ocho por ciento de los pensamientos y emociones que experimente. Hablamos de varias clases de enfermedades (mentales, emocionales y espirituales) y de sus procesos de formación y sanación, pero veamos ahora un elemento más relacionado con la formación de las enfermedades, de hecho, el elemento principal: la energía o éter.

Con todo lo que hemos venido platicando a lo largo de este tema, entenderás ahora que debido al poder e influencia que los pensamientos y emociones tienen sobre la energía o éter, la energía afecta e influye en el mismo nivel sobre el cuerpo físico y astral.

Pongamos un ejemplo: entras a un nuevo trabajo sumamente estresante, con una gran cantidad de responsabilidades pesando sobre tus hombros. Después de dos meses de sentir que cargas al mundo entero en tu espalda, se empieza a formar en tu mente un patrón mental y emocional negativo basado en tu mente inferior, el cual empieza a disminuir gradualmente tu nivel de vibración energética, afectando todos tus chakras (el de la raíz, con la sensación de no poder vivir tranquilamente y la necesidad de subsistir mediante este trabajo; el sexual, quizá con tu incapacidad (por falta de tiempo) para establecer una relación de pareja; el del plexo solar, con la necesidad de acumulación de dinero y prestigio; el del corazón, con la incapacidad para darle importancia a tus emociones por encima de tus pensamientos; el de la garganta con tu incapacidad para pedir ayuda; el del tercer ojo, con tu incapacidad para acudir a tu sabiduría interna a fin de resolver tu situación de vida, y el de la coronilla, con tu completa desconexión de tu espiritualidad).

Vimos que los chakras son centros energéticos que regulan, valga la redundancia, la energía de cada órgano de tu cuerpo, por tanto, en el momento en que el nivel de vibración de tu energía baja y tus chakras se empiezan a cerrar o a contaminar, los órganos regulados por los chakras afectados, se verán contaminados o afectados en el mismo nivel.

En este caso que estamos comentando, cuando sientes que "cargas el mundo sobre la espalda", los chakras mayormente afectados son el del corazón y el de la garganta (la incapacidad para confiar en el proceso de la vida y la incapacidad para pedir ayuda), por lo que los órganos del cuerpo más afectados serán los regulados por dichos chakras. La enfermedad empezará con un constante dolor de la espalda media y alta, hombros y cuello, y podrá evolucionar negativamente hasta volverse emocional (estrés o fatiga crónicos) o espiritual (un accidente que te obligue a permanecer inmóvil o en descanso, o incluso una fractura).

Dijimos también en el capítulo de "Sanación y proceso creativo", que las enfermedades son llamados o circunstancias que tu alma permite que sucedan a fin de que pongas atención a cierta área de tu vida y te ayudes a sanarla. Pues bien, lo que no te dije en ese capítulo es lo siguiente: el alma en sí no es la que crea la enfermedad, sino que la enfermedad es creada por la energía o nivel de vibración que experimenta tu cuerpo en cada momento. Si el nivel de vibración de tu aura es alto, también lo será el nivel de vibración de tus chakras y, por tanto, el de la energía que regula cada parte y órgano de tu cuerpo, de lo contrario, los chakras afectados harían que la energía de los órganos que se encargan de regular se viera disminuida y entonces dichos órganos o partes del cuerpo enfermarían.

Persona sana

Zonas afectadas

Ahora, recordarás lo que comentamos en ese mismo capítulo con relación al ego; que para el ego la enfermedad es su mejor aliado para demostrar Mi inexistencia y la falsedad de todos los principios que te he enseñado desde que empezamos a platicar. Al ego le conviene que tú enfermes, debido a lo siguiente:

1. A pesar de que la enfermedad es una oportunidad para poner atención a ciertas áreas de tu vida, tus pensamientos y emociones que requieres sanar, en el momento en que enfermas, el ego aprovecha el dolor o

222

malestar para hacerte creer que estás siendo castigado por Mí y que necesitas ser protegido (a pesar de que con tus propios patrones mentales, emocionales y de conducta, tú mismo creaste tu enfermedad). La gran mayoría de la gente que se siente mal, busca ser consolada y "apapachada" por sus seres queridos porque toda enfermedad implica que hay una sensación de **falta de amor** en cierta área de tu vida. Sin embargo, el ego usa esa falta de amor para hacerte creer, primero, que no eres suficiente amado por Mí y que Yo no te puedo sanar y, segundo, para desviar tu atención del área de tu vida que requiere ser sanada. El ego mantiene la atención en el dolor, en el malestar del cuerpo físico a fin de que desvíes tu atención de tus propios pensamientos y emociones.

2. El miedo, dijimos, es la principal causa de la disminución de tu nivel de vibración; un bajo nivel de vibración constante en cierto chakra provoca la enfermedad. La enfermedad genera miedo y el miedo continúa disminuyendo tu nivel de vibración. Mientras más bajo tu nivel de vibración, más difícil lograr que este vuelva a subir, pero si tu nivel de vibración sube, tu cuerpo sana, y ¿qué necesitas para subir tu nivel de vibración? Conectarte con tu verdadero ser, es decir Conmigo, y si te conectas Conmigo y tu cuerpo sana, los principios del ego (que estás separado de Mí y que tú eres tu cuerpo) se verían derrumbados. Por tanto, el ego necesita de la enfermedad para arraigar el miedo en ti a fin de que te olvides de que tú eres uno Conmigo y que lo único que necesitas para sanar es mantenerte conectado con tu verdadero ser.

Ahora, es de vital importancia que entiendas algo: hemos dicho que el éter es energía pura no condensada, con un alto nivel de vibración y gran capacidad de influencia y maleabilidad. Pues bien, el éter es tan influenciable para el ego y para la energía negativa como lo es para la mente superior o para la energía positiva. Es decir, así como un pensamiento o emoción negativa, o una relación con una persona de baja vibración afectan tu aura y tu cuerpo físico y astral y provocan la enfermedad, así también los pensamientos y emociones positivas o el contacto con personas de alta vibración te ayudan a sanar.

Si a diario sientes que cargas el mundo sobre tus hombros, ciertamente te dolerán los hombros, el cuello y la espalda, pero si empiezas a rezar o te convences a ti mismo de que tus problemas están en Mis manos y de que Yo soy capaz de cargar tu cruz, ciertamente te quitarás un peso de encima (y el dolor de cargarlo).

Entiéndelo bien: **Si eres capaz de tener pensamientos y emociones que generen la enfermedad, eres capaz también de tener pensamientos y emociones que la sanen. Si la mente inferior es capaz de manipular al éter** en tu contra, la mente superior es capaz de manipularlo a tu favor. Y si decíamos que tu energía negativa o de baja vibración es capaz de contaminar a otros, incluso con el puro pensamiento o intención, tu energía positiva o de alta vibración es capaz de sanarlos, incluso con el puro pensamiento o intención.

¿Entiendes la importancia de lo que te estoy diciendo?

—Sí, Padre, lo entiendo y, disculpa la expresión, pero ¡está cañón! ¡Tienes toda la razón! Lo que no entiendo es qué puedo hacer para subir mi nivel de vibración.

Me alegra que lo preguntes y te lo voy a explicar, pero mañana, porque hoy ha sido un día difícil para ti y ya hiciste un gran esfuerzo. Debes saber que serás recompensada por ello y que Yo no me alejo un minuto de ti. Que he escuchado todas tus peticiones y que he de llevar luz a las partes de tu mente y de tu corazón y a las partes de la mente y del corazón de tu pareja, que requieren ser sanadas. No lo dudes un momento. Deja tu relación en Mis manos, que Yo estoy entre ustedes.

Descansa ahora sabiendo que eres sumamente amada y aceptada tal como eres.

—Muchas gracias.

4. Beneficios de ver el aura

—¡Hola!

Hola pequeña. Qué buen lugar encontraste para nuestra plática de hoy.

—¿Verdad? Es que el día está precioso y vale la pena disfrutarlo.

Bien, pues después de todo lo explicado quiero que me contestes lo siguiente:

1. ¿por qué crees que hay personas que pueden ver el aura?;

2. ¿por qué crees que esas personas generalmente se dedican a sanar a otros?; y

3. ¿para qué que les puede servir a las personas ver el aura?

—1) Bueno, supongo que las personas que pueden ver el aura es porque han aprendido a utilizar (o nacen con ese don) su mente superior, es decir que saben que el hombre no es su cuerpo y que las limitaciones del cuerpo no son tan reales como parecen. Deben de ser personas que tengan un alto nivel de vibración porque, hasta donde entiendo, la facultad de ver auras deriva de la apertura del chakra del tercer ojo ¿no?, y una persona que vibra más desde ese chakra es porque tiene un alto nivel de desarrollo espiritual. ¿Cierto?

Perfectamente bien contestado.

—¿Me gané un aaaaaaaauuuuuutooooooo?

No, todavía no, pero sí un fuerte aplauso, ¿lo escuchas?

—Jajajajajajaja, ¡sí! ¡Gracias!

Bueno, siguiente respuesta…

—2) Pienso que esas personas se dedican a ayudar a otros a sanar porque…, si decíamos que el aura refleja el color y nivel de vibración del chakra predominante y las influencias internas y externas sobre la energía de una persona, supongo que el hecho de poder ver el aura les da la ventaja de ver también cuál es el área del cuerpo afectada. Y si decíamos…

¡Wow! Que aguda estás hoy.

—Jajaja, espérame. Si decíamos que el cuerpo enferma debido a los pensamientos y emociones negativas que se reflejan en los chakras correspondientes, entonces, al ver los chakras y el aura, estas personas pueden ayudar a las personas no sólo a sanar su cuerpo, sino también su mente y sus emociones.

¿Me gané otro aplauso?

Sí, ¡aplausos y unas fanfarrias!

—No las oigo…

Espérame, dame tiempo. Está bien que haga milagros, pero encontrar una trompeta en tu colonia no está tan fácil. Mientras contéstame la última pregunta.

—3) Ver el aura sería sumamente útil en la vida diaria porque nos daríamos cuenta no sólo de nuestra propia energía y nuestro nivel de vibración, sino que también seríamos capaces de ver el tipo de energía del que nos estamos rodeando. Podríamos VER cuando una persona con energía negativa nos está contaminando o cuando nosotros contaminamos a otros. Podríamos VER de qué y por qué está enferma una persona y podríamos ayudarla a sanar. Ver las auras ayudaría a no incluir en nuestro campo energético aquello que no nos conviene y que no es nuestro y a procurarnos lo que nos ayuda a aumentar nuestro nivel de vibración. Podríamos VER que somos mucho más que el cuerpo físico, y al saber que somos más que simple materia condensada, tendríamos una mayor conciencia de nuestra naturaleza divina.

Y sigo sin escuchar las fanfarrias…

Mujer de poca fe, tienes razón; Yo sigo sin encontrar la trompeta.

¿No te conformas con que te diga que lo has entendido y contestado todo muy bien y que estoy muy orgulloso?

—Está bien, pero las fanfarrias estarían mejor.

Te prometo que te las voy a conseguir.

Bueno, en todo lo que has dicho tienes mucha razón, pero me di cuenta de que mientras contestabas, pensabas en la posibilidad de que la gente, al ver el aura, pudiera utilizar esa facultad para dañar en vez de para sanar ¿cierto?

—Sip.

Pues no es así. Todo, hija, todo en esta vida tiene su razón de ser. No cualquier persona es capaz de ver el aura porque, como bien dijiste, para ello es necesario tener un cierto nivel de desarrollo espiritual. Una persona que vibra desde su sexto chakra (del tercer ojo), es una persona que tiene un alto nivel de vibración, lo que quiere decir que tiene también cierto dominio sobre su ego, que es de donde vienen toda clase de miedos y malas intenciones. Una persona que guarde resentimientos o tenga deseos de dañar a otros, forzosamente vibrará más bajo de lo necesario para ver las auras. Podrá tener alguna otra facultad con la que haya nacido (clarividencia, telepatía, telequinesia, etcétera), pero aún así, lo que ves en las películas sobre el malvado que tiene más poderes que los buenos, no es así en la vida real. Por simple lógica, conforme a lo que te he explicado en este capítulo, no puede ser así. Una persona que busque dañar a otra siempre lo hará desde su mente inferior y podrá usar las armas del ego (la manipulación, el chantaje, el juicio, la mentira, etcétera) para dañar, pero no podrá utilizar facultades a las que la mente inferior no puede tener acceso por el simple hecho de que el ego no cree que tú puedas hacer o ser nada que no tenga que ver con tu cuerpo físico.

Sin embargo, hay algunos casos excepcionales en los que personas de baja vibración presentan este tipo de facultades y ello es debido a que su aura o alguno de sus chakras presentan un defecto (una apertura indebida o un desgarre o rasguño derivados del constante o intenso contacto con energías de baja vibración). En estos casos, aún cuando la persona de baja vibración pueda ver la energía y tenga algunas nociones de su manejo para causar daño, tarde o temprano le llegará alguna señal o evento que le bloqueará dichas facultades o que le impedirá seguir utilizándolas.

5. Los sentidos y la energía

Cuando interrumpimos nuestras pláticas, estábamos hablando de un tema que te causó mucha confusión: entender cómo es posible que sin vibración externa que llegue a tus oídos y de ahí al cerebro, puedas escuchar sonidos en tu cabeza.

Esto, aunque no lo parezca, tiene una gran importancia en cuanto al tema de la energía y te lo quiero explicar como último punto de este capítulo.

Hechos:

• Eres capaz de escuchar sonidos y voces en tu cabeza, aún cuando no haya ruido o vibración sonora alguna a tu alrededor. Es decir, **eres capaz de escuchar sin tus oídos**. Inténtalo.

• Eres capaz de ver imágenes en tu mente con los ojos cerrados, aún cuando dichas imágenes no las hayas visto nunca en el mundo físico. Eres capaz de visualizar cosas e ideas que no existen o que no están ante tus ojos. Es decir, **eres capaz de ver sin necesidad de usar los ojos**. Inténtalo.

• Eres capaz de salivar ante el simple recuerdo o deseo de un sabor particular. Es decir, **eres capaz de saborear sin necesidad de usar tu boca ni de tener el alimento cerca**. Inténtalo.

• Eres capaz de recordar un olor y asociarlo con un lugar, persona, cosa o situación particular, aún cuando dicho olor ni siquiera esté ahí. Es decir, **eres capaz de oler sin necesidad de usar tu nariz** ni ninguna otra parte de tu cuerpo, basta con tu memoria. Inténtalo.

• Eres capaz de sentir el roce de una caricia, el dolor de una quemadura o el placer de un beso, aún cuando nada de ello esté ocurriendo o haya ocurrido jamás. Es decir, **eres capaz del tacto sin necesidad de contacto físico alguno**. Inténtalo.

Preguntas y respuestas:

• **¿Quién es capaz de todo esto?**

—Tú, a través de tu mente superior, es decir, a través de Mí.

• Si tú eres tu cuerpo, **¿cómo es posible que puedas tener experiencias sensoriales sin necesidad de utilizar tu cuerpo y tus sentidos activamente?**

—Tú no eres tu cuerpo, eres la conciencia divina de vida que habita en un cuerpo, que al participar de Mi naturaleza, participa también de Mi sabiduría y Mi infinitud y, por tanto, no puede ser limitada por materia, tiempo, espacio o concepto alguno. Y al participar de Mi naturaleza e infinitud, ERES. Eres con o sin cuerpo físico.

• Si todas estas facultades sólo se basan en la memoria (operativa y sensorial) y si la memoria es la función cerebral por la cual el hombre es capaz de retener experiencias pasadas, **¿cómo es posible que seas capaz de recordar cosas que nunca has experimentado y que quizá no existen?**

227

–Yo Soy y Yo no tengo pasado, presente ni futuro. Yo Soy todas las cosas y todos los tiempos, todas las dimensiones y todo lo material e inmaterial, y tu alma es luz de Mi luz que lleva impresas las cualidades divinas de omnipotencia, omnipresencia y omnisapiencia. Lo eres todo, lo has vivido todo y lo sabes todo; que tu mente inferior no te permita recordarlo es otra cosa.

• Cada vez que experimentas alguno de los hechos mencionados, lo haces a través de tu cuerpo astral (compuesto por tu energía o éter que está influenciado por las energías internas y externas, incluidos tus recuerdos y deseos), en vez de tu cuerpo físico, pero si dijimos que el cuerpo astral y el físico se mantienen unidos a través de la mente superior, **¿qué parte de ti o de tu mente está experimentando todo esto?**

–¿¿¿¿¿¿¿¿¿¿???????????

Jajajajaja. Te dije que era importante, pero no es tan complicado.

Mira, en realidad, todo esto se resume a que sin importar lo que tu cuerpo físico experimente y te haga creer a través de tus sentidos, la realidad es que tú no eres tu cuerpo y no estás limitada por él en forma alguna, de hecho, tú ya has trascendido tu cuerpo sin necesidad de trabajo espiritual alguno. El trabajo espiritual que requieres para alcanzar la iluminación no se encamina a trascender el cuerpo, sino a darte cuenta **de que ya lo has trascendido.**

–¡¡¡¡¡¡¡¡¡¡¡¡¡¡¡¡¡¡¡

Cada vez que experimentas alguna de las situaciones mencionadas, tu mente te demuestra que tú, aunque necesites tu cuerpo físico y tus sentidos para experimentar el mundo material, estás mucho más allá de ellos porque tu mente superior, es decir, tu sabiduría eterna e infinita, tu verdadero ser, que soy Yo, lo sabe y lo es todo y te permite experimentarlo todo, **con o sin cuerpo físico.**

No importa si lo que ves con los ojos cerrados o lo que hueles al pensar en algo en particular, lo has visto, olido o experimentado antes o no. Yo lo soy todo, tu mente superior y tu alma te unen a Mí y en ellas está contenida Mi sabiduría. Yo Soy; Soy en ti y Soy uno contigo. **Es a Mí** a quien experimentas en cada momento de tu vida, y Soy Yo, a través de tu mente superior, quien te permite vivir experiencias sensoriales sin necesidad de tu cuerpo.

Detrás de todas esas experiencias sensoriales que hemos comentado, hay siempre una presencia sutil; una suave voz de un observador escondido que siempre está consciente de sí mismo y de lo que le rodea. Detrás de cada recuerdo, de cada pensamiento, de cada imagen mental, de cada voz interior, de cada experiencia sensorial no-corporal, estoy siempre Yo, observando, consciente de Mí mismo y de ti, que eres uno conmigo. Consciente de tu mente inferior y de tu mente superior, consciente de Mi existencia en ti y de tu ignorancia de Mi existencia. Estoy detrás de ti, de todo lo que crees ser, sentir y pensar. Yo estoy en ese punto, detrás de esa finísima línea que separa lo material de lo inmaterial, lo real de lo imaginario.

Detrás de todos los sonidos, en el silencio de tu interior; detrás de todas las imágenes, en el vacío de tu mente; detrás de todos los olores, en el fondo de tu memoria; detrás de todas las experiencias sensoriales, debajo de tu piel; detrás de todos los sabores, al principio de tu vida. En medio de toda la periferia, de todo lo interno y externo; en medio de lo mental, lo emocional, lo físico y lo astral. En medio de tu corazón, detrás de todas las barreras que le has puesto, ahí estoy Yo, justo en el centro de ti.

Ahora, quiero que me digas ¿de qué te sirve saber esto y cómo se relaciona con el tema de la energía?

—*Conocer y encontrar la voz interior, ese observador que hay dentro de uno, es importante con relación a las auras porque cuando estás física, mental, emocional y energéticamente contaminado por las influencias internas y externas, la propia identidad se va perdiendo, pero si encuentras ese centro que hay en ti, que es donde Tú estás, siempre puedes regresar a él, al silencio, al verdadero ser, y saber que a pesar de todo lo exterior e interior, a pesar de tu cuerpo, a pesar de tus pensamientos y emociones negativas, a pesar de tu nivel de vibración y a pesar del mundo entero, hay una voz que sólo viene de ti, un silencio que hay en el centro de ti, un observador que ve más allá de lo que tú ves y que ese observador es Dios, contemplándose a sí mismo bajo el cuerpo y el nombre de Perla Salas.*

Volver al propio centro es volver a Dios y al volver a Dios vuelves a la luz, y la luz de Dios es el más alto nivel de vibración, donde todo cuerpo es sanado, toda emoción consolada y todo pensamiento bendecido.

¡Fanfarrias!

Hija, Yo no lo pude haber dicho mejor y, de hecho, ya no tengo nada que decir, por ahora.

6. Conexión diaria

—*Espera, no me dijiste qué es lo que puedo hacer día a día para aumentar mi nivel de vibración.*

¿Recuerdas algo de todo lo que te he dicho desde que empezamos las pláticas?

Para empezar, el simple hecho de escucharlo o leerlo ayuda automáticamente a que tu vibración aumente, pues se trata de tu sabiduría interna. Al escuchar o leer Mis palabras, estás conectándote con tu verdadero Ser, con el

Dios interno que mora en ti, y mientras más arraigadas estén estas ideas en tu mente, mayor será tu vibración; mientras más apliques en tu vida diaria las cosas que te he enseñado, más difícil le será a tu ego seguir con el control de tu cuerpo, tu mente y tus emociones.

Sin embargo, es importante que sepas (y sé que lo has comprobado), que nada de lo que Yo te diga tiene sentido alguno en tu vida en tanto no te convenzas de ello. Mi intención no es de ninguna manera influir en tu personalidad ni en tus creencias o valores; mi única intención es responder a las preguntas más profundas que hay en ti y hacerte ver que existe una forma completamente nueva de ver el mundo y a las personas que te rodean; que existe un mundo más allá de lo que hasta ahora te has permitido conocer.

Quiero que sepas, no sólo por Mis palabras sino a través de tu propia experiencia, que el perdón es posible, que el amor lo es todo y que en ningún momento de tu vida has estado separada de Mí, a pesar de que no lo creas o no te hayas dado cuenta. Mis palabras y enseñanzas no te servirán de nada si no deseas escucharlas ni aplicarlas en tu vida. El que Yo esté siempre contigo y siempre dispuesto a hablarte no sirve de nada si tú no deseas sentirme ni escucharme.

Llegará el momento en que tengas que compartir todo esto con un gran número de personas, muchas de las cuales pueden llegar a sentirse atacadas en cuanto a su forma de pensar y sentir; muchas personas tomarán estas palabras demasiado a la ligera, otras, demasiado en serio, pero tanto por lo que te toca a ti, como por lo que le toca a dichas personas, quiero dejar muy en claro que quien busque consuelo en Mí, siempre lo encontrará, que quien sienta que falta amor en su vida, siempre podrá contar con la certeza de que ello es mentira, pues Yo soy el Amor y todos mis hijos son uno Conmigo; sin embargo, quien desee que su vida o su forma de ser cambien para bien en algún aspecto, quien desee acercarse un poquito más a Mí y, no obstante, tengan miedo de hacerlo, nunca será obligado a hacer, decir, ser, pensar o sentir nada que no quiera. Para que estas palabras y enseñanzas se vuelvan reales en tu vida se requiere únicamente de tu voluntad, una mínima voluntad y la fe del tamaño de un grano de mostaza, para permitirme entrar a tu vida y demostrarte que todo lo que has leído y escuchado es verdad.

Ahora bien, en la vida diaria, hay muchas formas de lograr que tu energía se mantenga en equilibrio y con un alto nivel de vibración. Rezar o meditar por las mañanas, justo al despertar (y después, tantas veces y tanto tiempo al día como te sea posible), ofreciéndome a Mí tu día, es una maravillosa forma de preparar tu energía, tus pensamientos, tus emociones y tu cuerpo para la aceptación de Mi voluntad.

Acordarte de que existe un poder superior a ti que todo lo puede y todo lo abarca, la mayor cantidad de veces posibles durante el día, también ayuda mucho, sobre todo porque te ayuda a reconocer a tu verdadero ser y a identificarlo Conmigo.

—He escuchado varias veces que la visualización de tu propia energía o de la energía de los demás, ayuda a sanar y a subir el nivel de vibración.

Así es. El hecho de imaginar que estás rodeada de una energía de determinado color o de visualizar que tus chakras se encuentran perfectamente abiertos y brillantes conforme al color que les corresponde, ayuda a generar ese mismo tipo de energía, y la razón de esto es muy simple: si dijimos que tu aura es éter, es decir, energía pura no condensada y altamente influenciable, y si dijimos también que tienes un cuerpo astral formado de éter (y, por tanto, igualmente influenciable o maleable), que se rige por tu mente superior, entonces la visualización del aura y/o del cuerpo astral de determinada manera, está ejerciendo una influencia directa sobre ellos. Es decir, si imaginas que tu cuerpo está rodeado, por decir, de una energía blanca brillante, la influencia interna de tu pensamiento (y mejor aún cuando va acompañado de alguna emoción, como la certeza, la relajación), recae directamente sobre el éter de tu aura. Y si dijimos que tu aura es una prolongación de tu cuerpo astral, y que este puede desarrollar cierta independencia de tu cuerpo físico, entonces el cuerpo astral vibrará en el mismo nivel de la energía que estés visualizando, afectando posteriormente tu cuerpo físico a fin de que el mismo reciba los efectos de esta energía.

El poder de la mente es algo maravilloso, pero también es un arma de doble filo si no eres consciente de aquello que piensas con tu mente superior y aquello que piensas con tu ego. Pero como sea, cualquier de las partes de tu mente que utilices para crear tu realidad (y para manipular tu energía), tendrán una influencia directa sobre tu cuerpo físico y etéreo.

Más adelante encontrarás un buen ejercicio de visualización para ayudarte en este sentido[3].

Independiente de lo anterior:

Baila, haz ejercicio, pinta, escucha música y canta, convive con la naturaleza y los animales y haz cualquier tipo de actividad **que te divierta y te haga sentir bien**, al menos 30 minutos diarios. Sé feliz.

Pon atención en lo que introduces a tu cuerpo: trata de comer sanamente, productos lo menos procesados posible; evita cualquier tipo de droga como el alcohol, el cigarro (¿eh?) y cualquier otra. Tu cuerpo toma su energía y sus nutrientes de todo lo que introduces en él, por tanto, no le des

---

[3] Véase Ejercicio III, Visualización Energética, pág 250.

cosas que en vez de nutrirlo y recargarlo de energía, lo alteren o desnutran. Tu cuerpo es Mi templo; visítalo todos los días y hónralo como tal.

Cada vez que te mires en el espejo, **agradece quién eres**, cómo eres y todo lo que te rodea. Aprende a ser feliz con tu persona, con cada parte de ti y de tu vida. Agradécelo y bendícelo, pues no hay nada en ti y en tu vida que Yo no haya permitido para tu mayor bien.

Acepta los malos momentos, acepta tus problemas, acepta tu situación económica, acepta tu propia oscuridad y la de los que te rodean. Acepta tus dudas y miedos, acepta todas tus emociones, acepta tu apariencia. Acepta tu pasado y tu presente y lo que haya de venir en el futuro; acepta tus errores y fracasos, tus aciertos y logros. Acepta y bendice a tu ego y acepta y bendice a tu verdadero ser, y el día que lo aceptes todo de ti misma y del mundo que te rodea, aprenderás a ser feliz, muy feliz, y siempre que se alcanza un estado de felicidad, tu energía vibra más alto que nunca, pues la felicidad lo es todo.

Da. **Da todo lo que puedas**: tu tiempo, tu dinero, tu perdón, tu compasión. Comparte todo lo que hay en ti: tus alegrías y tus tristezas, tus miedos y tu fe, tus dudas y certezas. Comparte todo lo material que tienes, y también lo que no tienes. Dalo todo a todos, pues en la medida que das, recibes. Mientras más das, implícitamente estás aceptando que lo puedes dar todo porque nada te puede ser arrebatado, y al que nada le puede ser arrebatado, de nada puede carecer.

Cree, **cree en ti por sobre todas las cosas, incluso por encima de Mí**, pues hasta que no creas tanto en ti que sientas que tú eres lo único que existe, no podrás conocerme a Mí, que Soy lo único que existe y que Soy uno contigo. Cree en tus seres queridos, cree en su luz y no en su oscuridad o defectos. Cree en la luz de todas las personas, cree en su capacidad y su deseo de volver a Mí, cree en su inocencia y su absoluta santidad. Cree en el mundo donde vives, cree en tu país y nunca antepongas la oscuridad a la luz, por muy oculta que parezca. Cree en Mis palabras y deja de creer en las del ego; cree en tus dones y deja de creer en tus limitaciones; cree que tu voluntad es la Mía y deja de creer que tú y Yo estamos separados.

No juzgues. Aprende a no juzgar nada de lo que ves, oyes, sientes, piensas, imaginas, deseas, das, recibes o dejas; no juzgues nunca a otros por su forma de ser, pensar o actuar, recuerda que cada uno lo hace lo mejor posible, con las herramientas y conocimientos con que cuenta para cada momento. No etiquetes de buenas o malas las situaciones que vives, ni las palabras que salen de tu boca o de boca de otros, ni tus acciones ni las de otros. El único juicio justo y verdadero Me corresponde a Mí y yo siempre fallaré a favor de la luz y la bondad que mora en todo y en todos.

Deja ir, aprende a dejar ir todo aquello que ya no te sirve (personas, hábitos, cosas, creencias, vicios, miedos), y ponlo en Mis manos para que yo lo transforme en tu bien mayor, y aprende **a enfrentar tu propia oscuridad**. Enfréntate todos los días con alguna parte de ti que no te guste: enfrenta tus defectos físicos un día, velos de frente ante el espejo, siente cuánto te desagradan y luego, bendícelos por ser parte del maravilloso ser único e irrepetible que eres, y déjalos ir, deja ir tu molestia y acepta que Yo te amo tal como eres. Enfréntate otro día con tus peores defectos emocionales (tus celos, tu ansiedad, tu falta de compasión o de perdón, tu egoísmo, tus resentimientos) y otro con los mentales (tus juicios, tus pensamientos autodestructivos o nocivos, tus críticas a ti mismo y a otros, tus comparaciones). Enfréntate a ti mismo sabiendo que sin importar la oscuridad que haya en ti, siempre tienes y tendrás Mi perdón y Mi amor y que ante Mí, lo único real es la luz.

Respira y sé consciente. Cada vez que respiras profundamente llenas tu cuerpo de energía positiva que, además de relajar los músculos y la mente, te ayuda a abrir los pulmones y tu chakra del corazón. Cada vez que respiras profundo y abres tu corazón, permites que la vida entre en él, que el amor entre en él, y mientras más amor hay dentro de ti, más amor eres capaz de dar y recibir. Sé consciente de tu respiración a cada instante; sé consciente de tus pensamientos, de todas las grandes y pésimas ideas que tienes a cada momento; de todos los pensamientos ofensivos y compasivos que tienes a lo largo del día. Sé consciente de tus intenciones, de tus deseos y tus motivaciones. Sé consciente de tu cuerpo, de cómo se siente, de tu postura corporal; sé consciente de que con los brazos abiertos, la espalda derecha, la cabeza en alto y una sonrisa en la cara, eres un poco más como Cristo, sólo con cambiar tu postura corporal. Sé consciente de tus palabras y de las acciones que hieren a otros a fin de que no las repitas, pero sé también consciente de tus bendiciones y buenas acciones a fin de que se arraiguen en ti. Sé consciente del Dios que habita en ti, de tu divinidad, de tu abundancia, del amor que te rodea, de lo único e irrepetible que eres. Respira y sé consciente de que estás vivo.

Ama, por sobre todas las cosas, ¡ama! Ama la vida tal como es, ama el hecho de respirar y saber que tienes un día más para ser feliz. Ama a tus seres queridos, ámalos con todo tu ser, y ama a tus enemigos, con todo tu ser también, porque ellos necesitan más amor para perdonar. Ama a tu pareja y nunca tengas miedo de amar; no cierres nunca tu corazón al amor, no antepongas nunca el miedo de ser lastimado o traicionado, al amor y a la fe. Ama a todos los seres vivos que te rodeen, exprésales tanto amor como te sea posible, pues están tan vivos como tú, sólo que no tienen voz para decirte "¡hey! aquí estoy y necesito de ti". Ama a las personas que te molestan, te desesperan o que de alguna manera te han hecho daño; ámalas y perdónales porque gracias a ellas eres capaz de descubrir tu capacidad de compasión y tu verdadero ser crístico. Ama a los enfermos, dales tanto amor como puedas porque recuerda que toda enfermedad es por causa de una falta de amor en cierta área de su vida. Ama a los enojados, a los deprimidos, a los quejumbrosos, a los inconformes, a los mal intencionados, a los resentidos, a los pobres y a los ricos; ámalos por igual a todos porque así es como Yo los amo, y mientras más ames como Yo amo, más sentirás Mi amor por ti.

Ámate, hija querida, ámate como te enseñé al principio de estas pláticas. Ámate por sobre todas las cosas porque tú eres todas las cosas al ser una Conmigo, y ama a los demás tal como te amas a ti misma. Ama para que entiendas de qué estás hecha y siéntete agradecida por ser capaz de amar y ser amada.

Sé. Sé tú mismo siempre sin importar lo que pase, sin importar lo que digan, sin importar lo que tu mente inferior te haya hecho creer durante toda tu vida, sé tú, sé todo lo mejor que hay en ti, sé tu propia luz, y permítete ser también tu oscuridad con plena aceptación y agradecimiento por poder serlo todo. Sé, permítete ser todo lo que quieras ser y nunca seas algo o alguien que no quieras ser. Sé lo que realmente eres, sé Cristo resucitado, sé la luz del mundo. Sabe que tú eres Yo y que Yo soy a través de ti. Sé Yo bajo tu propio nombre, sé tú con la bendición de saber que ya has llegado a casa, que ya no hay nada que mejorar o trabajar en ti, que ya no queda nada por buscar y que no tienes que esperar más para ser feliz, pues en este día Yo te digo que la felicidad eterna es tuya para empezar a vivirla desde hoy.

—*Gracias, no sabes cuánto te amo.*

¿Acabamos?

Sí, por ahora.

—*¡Ole!*

Muchas gracias Padre, gracias por este maravilloso regalo.

Mi Amor, Mi luz y Mi agradecimiento contigo, hoy y siempre.

Bendita seas.

LUNES 21 DE JULIO DE 2008

Ejercicio I

Control del ego y mapa personal

1. Ejercicio de enraizamiento

Una de las mejores armas del ego para mantener controlada tu mente es el miedo al futuro. Con base al miedo y la carencia el ego te hace pensar, por ejemplo, que el dinero que tienes no es ni será suficiente en un tiempo futuro, que el cuerpo que tienes no es ni será suficientemente hermoso y esbelto, que quizá en un futuro, tus seres queridos no estén a tu lado, que quizá el día de mañana no encuentres trabajo, que no has estudiado suficiente para tu próximo examen, que en un futuro seguirás sufriendo tanto como ahora.

Cuando te enfrentes a este tipo de pensamientos tienes dos armas muy poderosas:

1. Repetir mentalmente, tantas veces como te sea posible y cada vez que te venga un pensamiento de este tipo:

   Sólo existe hoy y bendigo este ahora.

   Cada vez que pronuncies esta frase, estarás devolviendo tu mente al único tiempo real que existe: el ahora. Al mismo tiempo estarás dejando tu proceso creativo referente al futuro en manos de Aquél que sabrá crear un mejor futuro para ti, que el que seguirías creando tú dictado por tu ego.

2. Siéntate cómodamente con los ojos cerrados al menos dos veces al día, e imagina que un cordón de luz roja brillante sale de la base de tu coxis y baja hacia el centro de la Tierra, mientras pronuncias tu nombre completo tres veces, imagina que el centro de la Tierra es una inmensa esfera de luz dorada. Una vez que el cordón llegue al centro de la Tierra, imagina que se ramifica como un árbol, hundiendo sus raíces en la

esfera de luz dorada. Hecho esto, imagina que todos tus pensamientos, emociones y energías negativas bajan por tu cordón de luz hacia el centro de la Tierra. Cuando sientas que ya bajaron todos los pensamientos y emociones negativos, visualiza que la luz dorada de la esfera sube por tu cordón hacia tu columna, y de ésta hacia tu cabeza, llenando todo tu cuerpo de luz dorada.

Cuando piensas en el futuro, parte de tu energía se desplaza hacia ese momento. Recuerda que la realidad del tiempo no es lineal, sino que pasado, presente y futuro ocurren todos a la vez, pero debido a la densidad de tu cuerpo, eres capaz de experimentar sólo uno de esos momentos. La única forma de experimentar pasado, presente y futuro a la vez, es viviendo plenamente el ahora, el momento presente. Ahora, tus pensamientos y emociones son energía; energía que se mueve con base a tu intención, de manera que si tu intención y atención están en el futuro, la energía de emociones o pensamientos negativos, se irá hacia ese tiempo, a fin de poner las bases y echar a andar tu proceso creativo en relación a ese evento futuro que estás pensando. Cuando realizas este ejercicio de enraizamiento, eliminas tu energía negativa hacia el futuro a fin de devolverla al presente y, en este tiempo presente, limpiarla. Una vez limpia, tu futuro estará limpio de influencias del pasado.

2. Ejercicio de sanación

Ahora sabes que tu ego concibe que tu única realidad es tu cuerpo y quiere hacerte creerlo. Sin embargo, lo curioso es que no eres tan consciente de tu cuerpo hasta que este te llama a gritos a través del dolor y la enfermedad. Si aprendieras a escuchar a tu cuerpo y tratarlo como el maravilloso instrumento que es, entenderías que la enfermedad puede evitarse sólo con prestarle mayor atención al estado actual del cuerpo.

Nadie te ha enseñado a dedicarle tiempo a tu cuerpo como se lo dedicas al trabajo, a la escuela o a los amigos. No se trata sólo de hacer ejercicio, se trata de comunicarte con tu cuerpo de una manera constante y amigable. Tu cuerpo es el mayor tesoro y el mejor amigo que tienes en esta vida. Tu cuerpo, sea como sea, es lo único que te permite experimentar sensorial y materialmente la vida, así es que de ahora en adelante te pido que tres veces al día durante cinco minutos hagas el siguiente ejercicio:

Siéntate cómodamente en un lugar donde nadie te moleste. Cierra los ojos y trata de concentrarte y enfocarte en una sola parte de tu cuerpo. Puedes empezar por el dedo meñique del pie derecho. Dedícale —cronómetro en mano— dos minutos y medio a ese dedo. Ponle toda tu atención: si está frío o tenso, si es chiquito, si se apoya bien sobre el suelo, si está muy separado de los demás dedos, etcétera. Puedes abrir los ojos y observarlo, tocarlo y tratar de sentirlo tan a fondo como sea posible. Transcurridos los dos minutos y medio, pasa al dedo meñique del pie izquierdo y haz lo mismo.

Para tu segunda y tercera sesiones del día, haz lo mismo con cualquier otra parte de tu cuerpo: otro dedo de los pies o las manos, tus orejas, ojos, espalda, cadera. Conforme vayas adquiriendo práctica en sentir tu cuerpo, podrás ir abarcando varias partes a la vez, para después pasar a los órganos internos: estómago, garganta, pulmones, corazón, riñones, etcétera.
Verás que mientras más constante seas, la comunicación con tu cuerpo se volverá extraordinariamente fácil y asombrosa.

Si sientes alguna tensión o molestia en alguna parte externa o interna de tu cuerpo, trata de prestar especial atención a esa parte, incluso trata de dedicarle los cinco minutos completos o más, de ser posible. Verás que lo único que tu cuerpo pide para estar sano y en paz es tu atención. Cada parte de tu cuerpo tiene un mensaje específico relacionado a tus pensamientos y emociones, y si logras escuchar este mensaje antes de que tu cuerpo necesite gritarlo, evitarás muchos dolores y te sentirás cada vez más ligero y sano.

3. Ejercicio para influencias externas

A lo largo del día te enfrentas con un sinfín de personas y situaciones que alteran tu paz mental y emocional. Tu ego aprovecha estas situaciones y personas para crear un diálogo mental insensato e interminable.

Por ejemplo, digamos que la actitud de una persona en particular te molesta mucho. Tu ego empezará a dialogar mentalmente diciendo cosas como: "si tan sólo se diera cuenta del daño que me hace", "la próxima vez que haga eso, le voy a decir que…", "al rato que la vea le voy a hacer notar que me hizo enojar, porque claro, cada vez que hace o dice todas esas cosas, yo me siento… y entonces no sabe lo mal que está porque… y si hiciera o pensara… y luego yo haría…".

Lo mismo sucede con aquellas situaciones que te preocupan o sobre las cuales sientes que no tienes control (tu economía, tu pasado, tu futuro, tu carrera, los pensamientos o emociones de otras personas, la paz mundial, etcétera).

Cuando el ego percibe que no tiene el control de determinada situación (y no lo tiene en nada que no se relacione con tu propio cuerpo), entra en estado de pánico porque no puede tolerar la realidad de nada que esté fuera del cuerpo donde habita. La sensación de falta de control se asocia con algo o alguien externo a ti, es decir, cada vez que algo o alguien te enoja, te irrita, te hiere, sientes eso porque en el fondo, tu ego sabe que no puede hacer nada para cambiar a esa persona o situación.

A fin de recuperar el control de tu mente y de ti mismo, cada vez que algo o alguien en particular te hagan sentir molesto, irritado, herido o cualquier otra emoción similar, de manera que se empiece a generar un diálogo mental negativo, te pido que repitas lo siguiente:

Lo único que puedo controlar es a mí mismo. Elijo la paz.

Cada vez que repitas esta frase en momentos en que tu ego trata de controlar algo o a alguien externo a ti, reconocerás tu propio poder para elegir la paz en vez de la guerra y para crear tu propia realidad independiente de la realidad que otros estén creando para sí mismos.

4. Ejercicio para influencias internas

Así como hay personas o cosas externas a ti que te hacen perder tu paz mental y emocional, también hay cosas, pensamientos y emociones en ti de las que tu ego se aprovecha para tomar el control de tu mente y de tu diálogo interno. Pensamientos autodestructivos ("me quiero morir", "estoy cansado de luchar", "la vida apesta", etcétera); prejuiciosos ("mira a esa persona, qué mal se ve", "se ganó lo que le está pasando", "si hiciera tal cosa, seguro que le iría mejor", "es un tonto(a)", etcétera); inútiles ("tengo que ver qué me voy a poner mañana", "le voy a contar a Juanita lo que hizo Martita", "no tengo nada que hacer", etcétera); mal intencionados ("cuando me hable le voy a decir hasta de lo que se va a morir su madre", "ojalá que lo despidan", "se merece lo peor y más", etcétera). En general cualquier clase de pensamientos que te alejen de tu verdadero ser y de tu felicidad, son pensamientos creados por el ego, basados en el miedo, a fin de convencerte de que la oscuridad y la guerra son tu única opción.

Como mi fin es convencerte de lo contrario, te pido que cada vez que tengas alguno de estos pensamientos o emociones, repitas lo siguiente, tantas veces al día como sea necesario:

Querido dios, pongo esta situación y estos pensamientos en tus manos, a sabiendas de que todo error ha sido corregido y perdonado, y de que me amas infinita e incondicionalmente.

A medida que me devuelvas la parte de tu mente que vive en la oscuridad, Yo me encargaré de llevar luz y amor no sólo a tu mente, sino a tu corazón y a cada parte de tu vida que pongas en Mis manos.

5. Ejercicio para el estrés.

El estrés es otro recurso del ego para hacerte olvidar la paz de la que estás hecho. Una de las principales causas emocionales del estrés es la sensación de falta de libertad. Cuando te sientes obligado a algo en cierto tiempo y bajo determinadas condiciones (entregar el trabajo, llegar a un lugar, actuar de determinada manera frente a alguien importante, terminar con un pendiente urgente, organizar tus actividades, etcétera), tu capacidad de elección se ve sumamente reducida. Debes hacer algo en particular que te impide realizar cualquier otra cosa. Debes hacer algo en particular a fin de evitar las consecuencias negativas de no hacerlo. Cuando enfrentas cualquier situación desde esta perspectiva, te basas en el miedo: el miedo a las consecuencias de no hacer lo que debes.

Si a esto agregamos que, por lo general, las cosas que necesitas o debes hacer no te hacen realmente feliz y, además, son cosas que no siempre haces por voluntad propia, tenemos entonces que estás obligado a hacer algo que no quieres y que no te hace feliz, y lo haces por miedo a lo que pueda pasar en caso de que no lo hagas (perder el trabajo, perder el aumento, molestar a alguien, acumular más pendientes, perder tiempo de convivencia con tus seres queridos, etcétera).

Si todo aquello que debes o necesitas hacer fueran cosas que QUISIERAS hacer, tus pensamientos y emociones al respecto serían muy diferentes.

Si en vez de pensar: "TENGO que terminar este reporte porque si no lo termino hoy, mi jefe se va a enojar", pensaras: "QUIERO terminar este reporte hoy porque así tendré más tiempo libre mañana para estar con mi familia", la emoción pasa de estrés, tensión, frustración, enojo, impotencia y falta de libertad, a convicción, voluntad, relajación, confianza, alegría, control, entusiasmo y libertad.

De manera que, de ahora en adelante, cada vez que te sientas estresado por TENER que o NECESITAR hacer o dejar de hacer algo, cambia la palabra "TENGO" o "NECESITO" y su consecuencia negativa, por "**QUIERO**" y su correspondiente consecuencia positiva.

Ejemplos: "Tengo que llegar temprano porque si no, le voy a dar una mala impresión al cliente"; cambia por: "Quiero llegar temprano para que el cliente se convenza de que soy la persona indicada para atender su asunto".

"Necesito conseguir más dinero porque no tengo para pagar la factura de este mes"; cambia por: "Quiero buscar una fuente de ingresos adicional para sentirme holgado con mis gastos". "Tengo que llamar a Juan para felicitarlo porque si no le hablo se va a sentir"; cambia por: "Quiero llamar a Juan para que sepa cuánto lo aprecio".

Basta con que leas esto para que te des cuenta de las emociones tan diferentes que produce cada una de las opciones. Haciendo estos cambios en tus pensamientos, cambiarás tus emociones y, al cambiar tus emociones, cambiará tu cuerpo de un estado de tensión a un estado de relajación y aceptación.

6. Ejercicio de desahogo

Cada día de tu vida experimentas un sinfín de emociones positivas y negativas a las que prestas mucha atención durante el momento que se presentan, pero no prestas atención alguna a la causa primaria de las mismas. Generalmente, las causas de tus emociones se encuentran fuera de ti; la gran mayoría de lo que sientes viene de algo o alguien externo a ti, lo que alguien te hace sentir o lo que tú sientes por alguien, pero rara vez se basan en ti mismo. Ahora, a pesar de que lo que sientes a diario tiene que ver con alguien o algo externo a ti, rara vez eres capaz de expresarlo de una manera positiva. Al no darles expresión o desahogo a tus emociones, éstas se quedan en tu cuerpo en forma de energía, y esa energía, según sea positiva o negativa, expresará una consecuencia física acorde a la emoción: una sensación corporal agradable o una enfermedad.

A fin de que tus emociones (tu energía) no se queden cargadas en tu cuerpo, te pido que una vez a la semana le escribas una pequeña carta a quienes te han hecho sentir alguna emoción intensa (positiva o negativa) durante los últimos siete días. No importa lo que quieras decirles, pero dilo todo, puesto que nadie lo va a leer. Una vez que termines de escribir las cartas, rómpelas en miles de pedazos y quémalas, al hacer esto repite para cada destinatario:

Con amor te libero y te devuelvo tu energía. Permito que me liberes y me devuelvas mi energía.

Esta es la mejor forma de limpiar la mente y el cuerpo de energías pasadas y presentes que no encuentran un escape del cuerpo, de manera que al limpiarlas, el cuerpo también queda limpio de sus influencias.

7. Mapa personal

El último ejercicio tiene que ver con tu incapacidad para analizar tu vida objetivamente. Estás lleno de afectos, pero también de preocupaciones, y rara es la vez que eres capaz de detenerte para establecer una relación directa y objetiva entre tus pensamientos, emociones y las cosas o personas que quieres o te preocupan.

A fin de que hagas este análisis y logres realizar un cambio significativo en lo que te preocupa actualmente, procura hacer el siguiente ejercicio al menos una vez a la semana:

1. Toma una hoja de papel en blanco y divídela en cuatro partes, dibujando una línea vertical justo en el centro, y otra horizontal que también cruce el centro.

240

2. En cualquier parte de la hoja dibuja un corazón.

3. Escribe, en cualquier parte de la hoja y en el orden que quieras, el nombre de las personas que más te preocupan, que deseas o en las que más piensas actualmente.

4. Escribe, en cualquier parte de la hoja y en cualquier orden, el nombre de las cosas o situaciones que te preocupan o en las que tienes más enfocada tu atención.

5. Escribe, en los espacios que queden y en cualquier orden, todas las emociones que sientes actualmente con relación a cada una de esas personas, cosas y circunstancias.

Tu hoja deberá quedar más o menos así:

6. Ahora vamos a analizar lo que hay detrás de esto, para lo que te pido que cada grupo de personas, situaciones y emociones, los circules con un color o forma diferentes, de manera que queden así:

241

7. El análisis consiste en que te des cuenta cuáles emociones relacionas a cada persona o situación de tu vida actual, por lo que ahora te pido que tomes cualquiera de los nombres de las personas que elegiste y empieces a ligar, con líneas o flechas, a esa persona con todas las emociones y situaciones que escribiste a su alrededor:

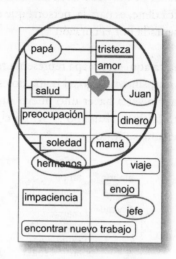

La línea vertical divide tu lado emocional (el izquierdo), de tu lado racional (el derecho); y la horizontal divide tu lado espiritual (el de arriba) de tu lado material (el de abajo). El corazón te representa a ti.

En el ejemplo de arriba tenemos que la persona ("X", ", representada por el corazón) se identifica en la actualidad a sí misma como una persona racional, pero altamente espiritual.

Dentro de lo que está sintiendo actualmente (del lado izquierdo), tenemos a: papá, salud, preocupación, soledad, hermanos, impaciencia y encontrar nuevo trabajo. Dentro de lo que está pensando (del lado derecho) tenemos: tristeza, amor, dinero, Juan, mamá, viaje, enojo, jefe.

Como ves, los pensamientos se pueden "emocionalizar", tal como las emociones se pueden "racionalizar".

Ahora, dentro de todas estas cosas, aquellas que corresponden al lado espiritual de "X" (lo que enfoca más desde su mente superior) son: papá, salud, preocupación, dinero, amor, Juan y "X" mismo. Lo que corresponde al lado material (lo que maneja más desde su ego o mente inferior): soledad, mamá, hermanos, enojo, impaciencia, jefe, encontrar nuevo trabajo.

En este mapa escogimos a "papá" para hacer el primer análisis, del que se puede concluir que "X" se siente preocupado por la salud de su papá y siente soledad respecto a sus hermanos y su madre (quizá por ausencia o falta de apoyo de su parte). "X" piensa en la tristeza y el amor por su padre y por Juan, a quien racionalmente relaciona con la preocupación por el dinero (quizá porque Juan no tiene dinero o porque le debe dinero a Juan).

Este es un pequeñísimo análisis del mapa personal, y si seguimos uniendo a cada persona con cada situación, cosa y emoción que tiene cerca, te darás cuenta de que todo lleva un sentido y una lógica, pero para quien mayor lógica tiene, es para la persona que está haciendo el ejercicio, es decir, la representada por el corazón.

8. Ahora bien, hasta aquí este mapa representa tu ser mental y emocional tal como está hoy, sin embargo, el mapa no está del todo correcto, por lo que hay que volver a hacer uno nuevo sustituyendo los elementos negativos por positivos, situando a "X" en el centro de la hoja y dándole a cada persona su justo lugar:

Las personas que estaban fuera de "X" pasan a estar dentro, justo en el centro. Las cosas que estaban en el lado racional se cambian al emocional y viceversa, y lo que estaba en el lado material, pasa al espiritual y viceversa también. Las emociones negativas son sustituidas por las positivas contrarias y se ponen alrededor de "X", de manera que sean estas emociones las que rodeen a todas las personas, cosas y circunstancias que ocupan actualmente la atención de "X".

Cuando termines de hacer tu nuevo mapa positivo, da gracias a Dios y a tu alma por haberte permitido tomar conciencia de tu vida y de tu ser integral, confiando en que estos cambios se reflejarán en tu vida.

Este ejercicio es mucho más poderoso de lo que puedas imaginar, ya que estás realizando un proceso creativo completo, o mejor dicho, estás cambiando un proceso creativo negativo, por un proceso creativo positivo. Estás llevando a cabo los cinco pasos del proceso creativo: pensamiento, visualización, emoción, acción y agradecimiento. Lo que sucede aquí es que la acción de plasmar tus pensamientos y emociones en papel, cambiando lo negativo por positivo, tiene efectos físicos y palpables casi inmediatos. No te sorprenda que tras hacer este ejercicio, muchas de las situaciones o cosas que te preocupaban e incluso las actitudes de las personas que pusiste en tu mapa, cambien radicalmente.

Después de que tengas cierta práctica en hacer tu mapa personal, podrás realizar estos mapas para situaciones específicas como tu trabajo (donde "X" es tu trabajo actual, y las personas, situaciones, preocupaciones y emociones serán aquellas relacionadas con tu trabajo), tu familia, tu salud, etcétera.

Ejercicio II

Encontrando las propias herramientas

Busca un lugar tranquilo donde puedas ir a caminar o estar parado un largo rato con los ojos cerrados. El fin de este ejercicio es ayudarte a pensar por ti mismo y a conocerte más a profundidad, primero, observando tu cuerpo físico, posteriormente tus emociones y luego tu mente superior.

Una vez que encontraste el lugar adecuado, empieza a caminar en línea recta por una distancia de no más de 15 metros (si no puedes caminar trata de mantenerte de pie o sentado, sin moverte, tanto tiempo como sea posible).

Mientras caminas o permaneces inmóvil observa todo lo que te rodea: el paisaje, el cielo, mira al suelo y fíjate cómo es, ¿es liso y plano o tiene depresiones y hendiduras? ¿Está seco, está mojado, hay pasto, concreto, mármol? Camina y observa durante 5 minutos. Al llegar al punto donde termina tu línea, regrésate al punto de origen y una vez ahí, vuelve a empezar.

Transcurridos los 5 minutos de observación, sigue caminando de ida y vuelta sobre tu línea recta o, en su caso, permanece inmóvil, pero esta vez trata de sentir: siente el suelo por el que caminas, siente el aire, siente la temperatura, siente qué tan aburrido, desesperado, ansioso o divertido estás, siente la tensión o relajación de tu cuerpo.

Después de 5 minutos, cierra los ojos y permanece quieto en el lugar donde estás. Concéntrate en tus pies, en qué tan bien o mal apoyados están y si te sientes seguro estando parado sin ver a tu alrededor. Mantente con los ojos cerrados y da un paso adelante, o en su caso, trata de cambiar tu posición corporal. ¿Qué sientes? ¿Te mareas, tienes miedo de caer, te desbalanceas o te sientes seguro y crees que puedas dar otro paso más? No des otro paso o cambies de posición hasta que no te sientas perfectamente seguro sobre tus dos pies o en tu postura corporal. Una vez que consigas esa sensación de seguridad, abre los ojos: nada ha cambiado a tu alrededor, tus pies son los mismos, tu cuerpo es el mismo y el suelo que pisas es el mismo. Si lograste un mínimo de balance y equilibrio, nada tuvo que ver con el exterior.

Cierra los ojos de nuevo. Aquiétate unos segundos y después vuelve a caminar o a mantenerte quieto.

Obsérvate; observa todas las emociones que te genera el hecho de caminar con los ojos cerrados o de permanecer totalmente inmóvil y sin ver; observa todos tus pensamientos de miedo e inseguridad. Te puedes caer, claro, pero también te puedes levantar. Te puedes tropezar, pero eso no implica que no puedas recuperar el equilibrio. Te puedes sentir muy inquieto sin poderte mover, pero tarde o temprano tendrás que aquietarte de nuevo.

Trata de seguir tu línea recta, trata de no salirte mucho del camino y, si no estás caminando, trata de moverte tan poco como puedas. Inténtalo durante 3 minutos, aún cuando por momentos tengas que abrir los ojos. ¿Qué sientes al abrir los ojos? ¿Por qué los abres? ¿Qué buscas encontrar afuera que no haya dentro?

Abre los ojos y voltea a tu alrededor. ¿Qué ves? ¿Qué sientes respecto a lo que ves? ¿Qué sientes respecto a ti y a tu relación con lo ves y lo que sientes?

Tienes tanto miedo que no te sientes seguro ni siquiera sobre tus propios pies ni dentro de tu propio cuerpo. Tienes tanto miedo a lo que hay detrás de tus ojos, que los mantienes abiertos para no ver lo que hay dentro de ti. Te sientes tan inseguro del mundo que te rodea, que crees que siempre tienes que agarrarte de algo para no caer (tu vista, tus sentidos, tu pareja, tus amigos, un bastón). Te sientes tan inseguro en el mundo en que vives, que crees que si te quedas quieto sin mirar, sin escuchar, sin pensar, pueden atacarte y puedes morir. Te sientes tan ajeno a tus propias emociones que te has vuelto incapaz de aceptarlas y observarlas sin juicios y sin culpas.

Hazlo. Date la oportunidad de experimentarte en esta situación y me platicas tus conclusiones.

—Este ejercicio lo hice el 22 de noviembre de 2007 y fue realmente extraordinario lo que encontré dentro de mí misma. Las conclusiones que enlisto a continuación fueron sacadas por mí, con ayuda de Dios, pero al final, lo hice por mí misma y lo maravilloso de la experiencia fue darme cuenta de que mi mente superior realmente comparte la sabiduría de Dios.

Estas fueron mis conclusiones:

1. *Tengo seis herramientas con las cuales ayudarme a mí misma en los momentos de miedo, inseguridad, ansiedad, ira, tristeza o desesperación:*

   • *De apoyo (cuando me voy a salir del camino o cuando ya no sé cómo avanzar):*

   a) *Fe en mí misma y en Dios*

   b) *Paciencia*

- *De equilibrio (cuando mi mente me lleva de un extremo a otro, o cuando me siento caer):*
  a) *Meditación*
  b) *Observación de mí misma (cuerpo, mente y emociones)*
- *De sostén (cuando tengo la determinación de avanzar o cuando dudo en seguir avanzando):*
  a) *Aceptación*
  b) *Autoconocimiento*

Conforme entendía estas herramientas a lo largo del ejercicio, empecé a sacar las siguientes conclusiones:

2. *Quien anda el camino soy yo, no mi cuerpo, pero yo soy quien manda en mi cuerpo.*

3. *El cuerpo es sólo el instrumento, el cuerpo no soy yo.*

4. *Mis herramientas son el medio, no el fin.*

5. *El cuerpo es una herramienta para sentir el camino de la vida.*

6. *Si me salgo del camino, mis herramientas me pueden ayudar a reencontrarlo.*

7. *No puedo imponerle mi velocidad a la vida ni al camino, el camino es el que marca la pauta.*

8. *Cuando tropiece debo usar mis herramientas de apoyo; si me caigo, uso mis herramientas de apoyo para levantarme, de equilibrio para volver a caminar y de sostén para saber que puedo hacerlo y que no tengo por qué volver a caer.*

9. *El cuerpo siempre indica claramente la pérdida del equilibrio, y si no uso mis herramientas para recuperarlo, seguramente tropezaré o caeré.*

10. *Escuchar a la mente inferior mientras camino, trae dudas y miedos, escuchar al corazón trae seguridad y confianza.*

11. *Antes de tropezar con la piedra, puedo usar mi intuición para saber dónde está.*

12. *Si siento que doy un paso en falso o que el camino es difícil, debo detenerme, enraizarme bien, sentir (no analizar) el terreno y dar el siguiente paso hasta que recobre mis herramientas.*

13. *Los caminos conocidos son los más traicioneros: siempre hay una nueva piedra o una nueva grieta que no vimos la primera vez.*

14. *No se pueden desandar los pasos ni se puede correr sin cansarse. La única manera de caminar es dando cada paso aquí y ahora.*

15. *La única meta es recorrer el camino. El único destino es el lugar donde estás parado.*

16. *Nada en el camino se pierde, sólo se queda atrás, se adelanta o escoge su propio camino.*

17. *El miedo a recorrer nuevos caminos es sólo el miedo de reconocer la necesidad de moverse.*

18. *Tenerle miedo al futuro o a lo que te espera más adelante en el camino, es negar lo inevitable: tienes que pasar por ahí tarde o temprano.*

19. *Cargar con el pasado cansa tanto que impide disfrutar el presente.*

20. *Cuando utilizas las herramientas para caminar, después de poco tiempo, tú eres el camino.*

21. *Las herramientas siempre están ahí, soy yo la que decide no usarlas.*

22. *Poner mi atención en cada paso y cada sensación física, emocional, mental o espiritual, me ayuda a saber cuándo y cómo usar mis herramientas.*

23. *Las expectativas no sirven de nada, el camino es como es.*

24. *La única intención válida para recorrer el camino, es la intención de disfrutarlo y aceptarlo tal cual es.*

25. *El camino tiene su propio propósito: ser, para que tú lo encuentres.*

26. *Visualizar para crear determinadas situaciones o experiencias en el camino, sólo funciona cuando entiendes el camino, pero si lo entiendes, visualizar para crear deja de tener sentido.*

27. *Eres libre de avanzar o de quedarte inmóvil, pero el camino siempre va a estar ahí.*

28. *El camino es tan corto o tan largo como sea tu alegría o molestia al andarlo.*

29. *El camino está ahí para ser avanzado por cualquiera, pero hay muchos otros caminos que, al final, igual tienen que ser caminados.*

30. *Sentir nostalgia por el camino recorrido, por los árboles y ríos que se dejaron atrás, es un engaño del ego para que dejes de ver lo que tienes enfrente.*

31. *Sentir prisa o ansiedad por recorrer lo que falta, es otro engaño del ego para que dejes de ver cuánto has avanzado.*

32. *No hay caminos bien o m al andados, sólo lecciones aprendidas o ignoradas.*

33. *Puedes tropezar dos veces con la misma piedra, pero la diferencia está en cómo te levantes.*

34. *Muchos pueden andar el mismo camino, pero nadie lo camina igual.*

35. *Puedes dar la vuelta y regresar, pero el camino ya no es el mismo.*

36. *Hay que tropezar para aprender a conservar el equilibrio. Hay que caer para aprender a levantarse. Hay que dar gracias por todo lo aprendido.*

37. *Si el camino está oscuro, cierra los ojos, déjate guiar por tu intuición y tu alma. Si el camino está claro y alumbrado, reconoce que esa luz viene de tu alma.*

38. *El tiempo y las circunstancias pueden facilitar o dificultar el camino, pero la aceptación del camino tal como es ahora, conduce a la alegría de vivir.*

39. *Puedes encontrar aplausos o insultos durante el camino, habrá quienes te apoyen y quienes te señalen, quienes caminen contigo y quienes te dejen solo, quienes quieran sacarte del camino y quienes te impulsen a seguir, pero si te sales, tú eres la única persona que puede decidir volver, y sin importar cuánto apoyo o falta del mismo recibas, son tus pasos y sólo tus pasos, los únicos que te harán andar el camino; y eres tú el único que puede caminar su propio camino.*

40. *Quien no se detiene de vez en cuando a contemplar el paisaje, se pierde la dicha de saberse y sentirse parte de él.*

41. *Quien sólo se detiene a contemplar y quejarse de lo árido y gris, se pierde la belleza de la totalidad y, muy seguramente, seguirá encontrando aridez y nubes más adelante, hasta que las acepte como parte del camino.*

42. *Quien se olvida de invitar a otros a caminar consigo, tarde o temprano se dará cuenta de que su camino no tuvo sentido.*

43. *Juzgar a otros por el camino elegido, es juzgarte a ti mismo por no estar con ellos.*

44. *Cuando otros te juzguen por el camino que elegiste, agradéceles que te hayan recordad que, justamente, tú lo elegiste y tu capacidad de elegir por ti mismo es tu más grande tesoro.*

45. *Si durante el camino lloras, gritas, te enojas, te desesperas, te asustas, ¿dirías que esos momentos no fueron parte del camino? Los peores y los mejores momentos, tus peores defectos y tus mejores virtudes, todo es parte de lo mismo: de ti y de la vida que a cada paso decides vivir.*

Entiéndelo, entiéndete a ti mismo, y aplícalo en cada paso del camino de tu vida de hoy en adelante.

Ejercicio III

Visualización energética

Una buena y sencilla manera de mantener tu energía en un nivel de vibración medio-alto, es dedicar al menos 15 minutos por la mañana y 15 por la noche (si puedes más veces durante el día, mejor) a visualizar que tu cuerpo físico está rodeado por un campo de energía de color blanco brillante, de aproximadamente dos metros de ancho a cada lado, y de alto (tanto hacia arriba de tu cabeza, como hacia abajo de tus pies).

Trata de sentir cómo esa energía rodea todo tu cuerpo físico, la relajación que provoca en tus músculos y tu mente. Empezarás a sentir un ligero hormigueo en ciertas partes de tu cuerpo (las que primero estén recibiendo el beneficio de dicha energía), o una sensación de calor general. Posteriormente, imagina un halo de luz dorada o violeta que rodea al campo de energía blanca, a fin de sellar los beneficios de su influencia.

Imagina que un rayo de luz violeta sale del centro de tu cabeza (del chakra de la coronilla) hacia el cielo, hasta fundirse en un sol de luz dorada, mientras que del centro de tu coxis (el chakra de la raíz), sale un rayo de luz rojo brillante que baja hasta el centro de la tierra, y se funde con un sol de luz blanca o amarilla. Esto, a fin de mantener tus conexiones limpias con tu parte divina y tu parte terrena.

Visualiza después cada uno de tus chakras girando rápidamente en el sentido de las agujas del reloj, cada uno con su color correspondiente, tan brillante como seas capaz de visualizarlo. Sella cada chakra con un halo de luz dorada para protegerlos de las influencias externas.

A continuación, visualiza tu cuerpo interno e imagina una luz de color azul cielo que entra por cada una de tus células, por tu sangre, tus venas, tus órganos, tus huesos y músculos. Luego imagina un rayo de luz violeta que sube desde el centro de tu coxis, por toda tu columna vertebral, hasta el centro de tu cabeza. Sella esa luz con un halo dorado.

Por último, trata de visualizar el área de tu frente, tu cerebro y el espacio vacío que hay entre ambos. Llena ese espacio de una nube de luz rosa pastel y séllala con luz blanca. Esto, a fin de enviar luz a tu mente y aquietar tus pensamientos.

Mantente unos minutos concentrándote en tu respiración, haciéndola lo más profunda posible.

Antes de abrir los ojos, imagina que te tomas de la mano de Cristo (o de cualquier otro maestro espiritual en quien tengas fe) y pídele que a partir de ese momento camine siempre delante de ti, que te proteja de ti mismo y de las posibles influencias negativas externas.

Abre los ojos y sabe que Yo estoy contigo y que en tanto no te olvides de ello, tu energía permanecerá vibrando en la frecuencia y el amor de lo divino.

Escucha al amor, de Perla Salas Z. Patoni
se terminó de imprimir en abril del 2009 en
Quebecor World, S.A. de C.V.
Fracc. Agro Industrial La Cruz
El Marqués, Querétaro
México